U0910930

中国社会科学院创新工程学术出版资助项目
“十三五”国家重点出版物出版规划项目

朱 伦 刘 泓 主编

ETHNIC POLITICS

A Study of Problems and Policies in UK

民族政治学

英国的族裔问题及其治理研究

■ 刘 泓 著

中国社会科学出版社

图书在版编目(CIP)数据

民族政治学：英国的族裔问题及其治理研究／刘泓著．—北京：中国社会科学出版社，2017.10

ISBN 978-7-5203-1167-0

Ⅰ.①民… Ⅱ.①刘… Ⅲ.①民族学—政治学—研究—英国 Ⅳ.①D0-05

中国版本图书馆CIP数据核字(2017)第244757号

出 版 人 赵剑英
责任编辑 安 芳
责任校对 冯英爽
责任印制 李寡寡

出 版 中国社会科学出版社
社 址 北京鼓楼西大街甲158号
邮 编 100720
网 址 http://www.csspw.cn
发 行 部 010-84083685
门 市 部 010-84029450
经 销 新华书店及其他书店

印 刷 北京明恒达印务有限公司
装 订 廊坊市广阳区广增装订厂
版 次 2017年10月第1版
印 次 2017年10月第1次印刷

开 本 710×1000 1/16
印 张 16
插 页 2
字 数 285千字
定 价 68.00元

凡购买中国社会科学出版社图书，如有质量问题请与本社营销中心联系调换
电话:010-84083683

目　录

引　言

民族主义通常是指人们在历史上形成的对本民族的认同、归属、忠诚的强烈思想意识和实践活动，是思想、学说和运动的统一。其外延和内涵都相当广泛和复杂，是一个特定的历史现象与观念，一经产生便改变了世界政治理念的格局。今天，民族观念已成为人们新的价值判断标准。在民族之间发生冲突时，这种标准往往会压倒其他的一切标准，使本民族的利益成为高于一切的准则。现代民族主义起源于欧洲，是现代资本主义经济发展的产物。在民族主义意识的形成过程中，日益壮大的商品经济提供了最初的动力，而民族—国家则起着决定性的作用。民族主义自诞生起便具有多种多样的表现形式，尤其是自它与“民族—国家至高无上”学说和推动现代化的力量结盟后，其表现形式更加纷繁。但不论何种形式的民族主义，贯穿其核心的都是一种共同的历史，以及由此而产生的“民族”认同感，一种与其他现代的集体观念如集团、种族和阶级等完全不同的观念。

多年来，民族主义一直是中外学者关注的话题。民族主义内涵随着民族主义的扩展而铺陈开来。各国的思想家和学者都在不同程度上给民族主义增加了新的内容，使人们对民族主义的理解进一步复杂化。有关民族主义的基本概念理论、运动和内涵的认识众说纷纭。

民族主义是欧洲民族—国家当代政治生活中的一个棘手问题。冷战时期地缘政治对立的结束开启了一个新世界。随后，民族和民族主义的愿望强烈滋生而不是减弱，因此，要实现和平的世界秩序，各国公民都必须面对这一问题。但是，在欧洲现行政治中，的确存在着不容忽略的认识，即拒绝承认民族主义问题，不承认实际潜在问题的差异性，认为在处理民族问题时就不应考虑民族和民族主义那些“令人厌烦”的要求，除非“民族”指的是已被承认的国家。事实上，问题的关键在于，即使转移视线、回避问题，问题依然存在。事实上，因为被忽略，问题也许会变得更加危险、更加恶劣。如果说欧盟现在真的是“超越主权国家”的开路先锋，那么欧洲人也许正在建构某种至关重要的框架。如今，那些创造并向全世界推广独立政体思想的人，在某种程度上似乎正凭着直觉来建立一种政治和经济合作的后继模式。虽然这一模式继续保存了国家，但它已是成员国而不是传统主权意义上的民族—国家了，而且，它只是存在于合作的法律秩序中，而不是完全独立的决策者。

西方思想家们提出了两种理想的民族主义形式。一是公民民族主义，它建立在认同感的基础上，主体为那些因共同的诉求被联系在一起的共享公民机制的人，其诉求被尤尔根·哈贝马斯（Jurgen Habermas）称为“宪法的爱国主义”。① 公民民族主义认为，民族是开放的，所有认可公民机制的人都可以自愿加入。二是族裔民族主义，它强调由历史，甚至是基因决定共同体的自决，这种共同体具有文化上和渊源上的归属感。

如前所述，欧洲崛起是一个错综复杂的历史过程，除了精神文化因素之外，还有实践方面的原因，比如地理大发现、海外殖民扩张活动、资本原始积累、民族—国家的兴起与民主政治的发展，等等。从观念形态演变的角度来看，基督教信仰的文化背景是探讨欧洲崛起无法回避的问题。欧洲人（尤其是广义的日耳曼民族）的文化植根于基督教信仰，他们的社会变革活动难以离开欧洲这一背景。从社会政治实践的角度而言，民族主义对欧洲的崛起起着难以估量的作用。作为一种“资本主义精神”，它一方面全面地推动近代欧洲民族—国家的建设；另一方面通过赋予具有民族认同感的大众个体以一种尊严感来全面动员民众，从而激发民族—国家的经济活力，促使近代欧洲的民族—国家此起彼伏地崛起。可以说，如果没有民族主义的推动，近代欧洲的崛起是难以想象的，因为如果没有民族—国家这一现代化的载体，没有民族主义对民族—国家内的民族大众所产生的巨大整合和激励能力，近代欧洲的崛起是难以想象的。

“今天，什么是欧洲最强大的政治力量?” “不是马克思主义，不

---

① 参见 Jurgen Habermas, *Between Facts and Norms*, Cambridge: Polity, 1997。

是……仍然是民族主义（nationalism）。”[①] 族性（ethnicity）、民族认同（national identity）和国家主权之间的关系不断地引起人们讨论的激情，从瑞士的多元文化主义（multiculturalism）到科索沃的自决（self - determination）。确实，全球化时代的民族—国家的主权已不再至高无上，为了生存和发展它们必须参加国际合作，在许多关键的领域民族—国家自愿或被迫交出了一定量的主权，相应地，传统的民族文化和认同也因为全球化的冲击而发生了诸多变化。然而，在相当长的时期内，民族—国家仍然掌控基本权力，是全球经济、政治和安全中最重要的一类角色。可以预言，它们不可能是全球化的被动消极角色，而更多的则是主动积极的参加者。“国家、公司和其他集团都在积极推动全球化的进展。”[②]

目前，民族主义已经在欧洲取得了令人瞩目的胜利，大多数欧洲国家的宪法都清楚地体现了其民族特性。这些宪法的导言公开宣称对民族遗产和国家命运的捍卫，而宪法本身则强调民族语言和旗帜等的特性。几乎所有欧洲国家的宪法都用民族语言界定了公民身份，虽然其中部分宪法对“外国人”比对其他人似乎表现出更大的开放性。有些宪法在界定公民身份时表现出显著的族裔（ethnic）性，同时接受了祖传的资质与出生（居住）在主权国家土地上的事实。所有这一切似乎都是经历了自然而然的发展过程，事实上，许多个案的发展都伴随着纷繁复杂的演进条件的制约，比如漫长的居住期、对语言的理解以及经济生存能力等。寻求庇护的人们有时被允许定居下来，甚至最终获得了公民身份，但是，近年来，欧洲各地的难民获得此种机会的可能性已变得越来越小。

应该说，民族主义的张力已对欧洲现存的国家秩序和势力范围提出了有力的挑战。民族主义的领导地位及其政治机构的现实作用，在欧洲民族—国家中正得到普遍的加强。因战争、革命或反革命行动所引发的主权的更迭，为民族主义击溃主权国家提供了有利的契机。本书试图以不列颠群岛为个案，探讨欧洲民族主义政治现实表现，以期可以为思考欧盟的未来提供借鉴。

---

① Edward Mortimer and Robert Fine (eds.), *People, Nation & State: The Meaning of Ethnicity & Nationalism*, I. B. Tamuris, 1999, p. vii.

② Anthony Giddens, *The Third Way: The Renewal of Social Democracy*, Polity Press, 1998, p. 33.

一 不列颠历史沿革

不列颠群岛指欧洲西北部的岛群。位于北海与大西洋之间，东南以英吉利海峡、多佛尔海峡与欧洲大陆相望。有大不列颠岛和爱尔兰岛两大岛屿，以及附近的赫布里底群岛、奥克尼群岛、设得兰群岛、安格尔西岛和马恩岛等约5000个小岛。总面积31.5万平方公里。海岸绵长曲折，海湾深入内陆，多良港。海洋性气候。最冷1月平均气温3℃，因受北大西洋暖流影响，冬季较同纬度地区暖和；最热7、8月气温自北向南为13℃—18℃。降水集中在秋冬，以西部山区为多。主要河流有塞文、泰晤士、特兰特、乌斯等河。东部宽广的北海大陆架，是西欧最大的油、气储藏地，也是世界著名渔场之一。

（一）民族构成

今天的不列颠群岛由两个国家组成——大不列颠与北爱尔兰联合王国（the United Kingdom of Great Britain and Northern Ireland，简称英国）和爱尔兰共和国（the Republic of Ireland）。群岛上人口数量比较多的民族主要有四个——英格兰人（England）、苏格兰人（Scotland）、威尔士人（Wales或Cymru）和爱尔兰人（Ireland）。此外，根据马恩岛人（Manxman）和康沃尔（Cornwall，英格兰郡名）民族主义者的要求，群岛居民民族成分中还应包括马恩岛族和康沃尔族。许多生活在奥克尼郡（Orkney，英国苏格兰原郡名）和设得兰群岛（Shetland，英国苏格兰东北部一郡）的居民否认自己是苏格兰人，认为自己是挪威人（Norse，1469年之前他们一直受挪威人统治），这部分人从来不讲盖尔语（Gaelic）。今天，在苏格兰讲盖尔语的人，不论其语言与大多数苏格兰人（现在讲英语）具有怎样的差异，他们都能接受自己是苏格兰人这一身份认同。

马恩岛人认为自己属于挪威人和凯尔特人（Celtic），而海峡群岛人则认为自己具有诺曼底（Norman）法兰西人血统。马恩岛与海峡群岛都不是联合王国的组成部分，长期以来一直普遍实行自治（self - government）。因为与欧盟之间的关系比较特殊，现在两地已成为纳税者的天堂。尽管生活在那里的外来者人数众多，然而传统文化和族裔认同（ethnic identity）得到了较好的保留。虽然与伦敦偶尔也会发生冲突，并且经受了主流社会对其实行的诸多殖民统治，但是分离主义者或民族主义者并未在这些地区找寻到生存的土壤。

康沃尔、奥克尼郡和设得兰群岛已被整合为英国的一部分，这些地区的区域认同感、地区政治表现得比较强烈。康沃尔民族主义力量相对来说比较薄弱。在议会选举中，奥克尼郡/设得兰群岛的地区主义（regionalism）力量的主要代言人是英国自由民主党（British Liberal Democratic Party），其议会席位正在不断增加。在地方选举中，康沃尔民族主义党（Cornish Nationalist Party）以及奥克尼郡和设得兰群岛运动都已拥有自己的代表。后者于 1987 年支持英国议会，受到 14.5% 选民的支持。但是，苏格兰民族党（Scottish National Party，SNP）在发生于奥克尼郡和设得兰群岛的那次选举中的表现并未赢得世人的关注。

（二）民族主义政党

英国的上述地区无一展现出强烈的政治民族主义风貌，民族主义在那里被理解为通过参加在选举中支持民族主义政党和组织，进而支持民族自决，其目标或是争取本民族独立，或是为本民族建立自治政权。事实上，在当今不列颠群岛中广泛存在的是非民族主义政党，而非保守党。这些非民族主义政党支持“地方自治”（home rule），包括在工党领导下实行委托管理，在自由民主党领导下实行联邦主义治理，所有相关努力均建立在广泛的非民族主义基础之上。当然，从某种角度上说，民族主义与非民族主义和地区主义之间的差异可以视为专断程度的不同。在通常情况下，非民族主义和地区主义政党在政治上均极力强调其成员不是民族主义者，同时，民族主义者反对将其民族所在地称为地区。其原因大致有两方面：一是民族主义者和非民族主义者在选举中需要彼此展开竞争，二是两者在思想意识上对民族主义的理解存有差异。

在不列颠群岛上，“官方”（offical）或国家（state）民族主义是存在的，而非官方民族主义却在危及社会（social）和族裔（ethnic）民族主义的安全。官方民族主义受到英国和爱尔兰两国的支持，后者试图利用新的民族—国家或民族政体代替官方民族主义。当然，这其中所反映的问题是比较复杂的，因为官方的爱尔兰民族主义直至最近一直在试图将北爱尔兰（英国的一部分）纳为己有，努力改变爱尔兰共和国和英国的现有版图。自 1998 年以来，爱尔兰共和国已经接受了北爱尔兰人必须赞同其民族身份发生改变的事实。所以，爱尔兰共和国还残存着部分致力于民族统一的民族主义势力，其中坚力量为民族统一党党员（Irredentist）。

相对 30 年之前的情况而言，今日不列颠群岛上的官方民族主义与非民族主义的力量对比的确发生了巨大的变化。英国的分离力量现在变得比较强大了，自 20 世纪 60 年代中期以来，苏格兰和威尔士民族主义以及北爱尔兰的民族对抗时涨时缓，久解难消。此外，在反对欧盟和非白人移民方面，英格兰民族主义表现得比较活跃。它排斥英国的非英格兰民族，希望保护和提升英格兰族的利益，与不列颠民族主义具有显著的不同。迄今为止，捍卫英国人的民族—国家利益的英国人的民族主义政党一直没能出现。

不列颠民族主义从 18 世纪走到今天，已经淡出往日的辉煌。[①] 研究发现，所有的国家范围的政党的言行中均含有或多或少的极端种族主义的表现形式，比如“民族阵线”（the National Front）和不列颠民族党（the British National Party）。北爱尔兰的统一主义者（Unionist）属于不列颠民族主义者的组成部分。他们“忠诚”英国，反对爱尔兰民族主义者有关北爱尔兰应加入爱尔兰共和国的主张。但是，如果以伦敦为基础的官方民族主义不能为爱尔兰统一主义者（Ulster Unionist）的利益提供服务，则要招致他们的反对。爱尔兰统一主义者分裂为数个政党，主要有“官方的”北爱尔兰统一党（the“Official”Ulster Unionist Party, UUP）和民主统一党（the Democratic Unionist Party, DUP）。爱尔兰官方民族主义的代表是爱尔兰共和党（Fianna Fail, Soldiers of Destiny）和 统一党（Fine Gael, Irish Tribe），二者共同执掌政府大权。爱尔兰非官方民族主义的主要代表是新芬党（Sinn Féin），该党致力于争夺在北爱尔兰和爱尔兰共和国议会中的席位。就北爱尔兰本身而言，社会与民主工党（the Social and Democratic Labour Party, SDLP）是主要的民族主义政党，该党与新芬党关系密切。

由此看来，在联合王国和爱尔兰共和国中存在着一系列复杂的民族主义力量。而在不列颠群岛的其他地区，如马恩岛、海峡群岛、奥克尼郡和设得兰群岛，民族主义政党或比较弱小，或根本就不存在，这些都不是我

---

① Linda Colley, *British Forging the Nation 1707 - 1837*, New Haven and London: Yale University Press, 1992, pp. 374 - 375.

们将进一步研讨的内容。

（三）民族主义的产生

1922 年之前，不列颠群岛各地区（包括马恩岛、海峡群岛）同属一个国家。爱尔兰民族主义者摧毁了这个国家，并将其一分为二——联合王国和爱尔兰自由邦（Irish Free State，1937 年改名为爱尔兰共和国，éire）。大多数有关爱尔兰民族主义的阐释，都是以爱尔兰（一个天主教大国）和不列颠群岛其他地区之间的文化与宗教差异为基础的。相关的社会学思考大多是正确的，但是，它们往往忽略了一个不争的事实，即许多爱尔兰民族主义者并不是天主教徒而是新教徒，比如查尔斯·斯图尔特·帕内尔（Charles Stewart Parnell，1846—1891）。不应忽略的是，将爱尔兰人与不列颠群岛上的其他民族之间的差异视为族裔（ethnic）差异的观念。实际上，这种差异不仅存在于爱尔兰人与不列颠其他民族之间，也存在于爱尔兰不同的人们共同体之间——17 世纪经大不列颠政府“介绍”到爱尔兰殖民的拓居者，从他们踏上爱尔兰的土地起，便与原住民展开了一系列族裔斗争。如果没有族裔和其他条件出现的话，宗教本身很可能不会导致这些冲突的发生。族裔差异可能是引发冲突的主要原因，但是不列颠帝国对爱尔兰人所实行的诸多毁灭性的政策与族裔差异相比，究竟哪一个在造成民族冲突方面发挥的作用更大，的确值得思考。当时的不列颠政府，对那些不与英国国教交流的人，从社会和政治等各方面大加歧视和迫害。这类政策的实施对象是罗马天主教徒和信奉新教而非英国国教的人，其实际作用主要是反对爱尔兰人，因为他们是彻头彻尾的天主教徒。政治歧视包括将爱尔兰人从民族政体、议会，甚至是议会选举中排除出去。1829 年，丹尼尔·奥康奈尔（Daniel O'Connell）被选为议员后，通过“天主教徒解放法”（Catholic Emancipation Act），将爱尔兰人排除于议会和议会选举的政策被取代。尽管如此，对天主教徒的社会和经济能力的严格限制依然普遍存在。

这些政策对爱尔兰人来说是致命的，因为他们从中看到了不列颠帝国和那些生活在他们的土地上，却对不列颠帝国给予无限忠诚的人们，对他们的文化和民族性的态度始终是敌视的。另外，对于那些信奉新教而非英国国教的人来说，他们的祖先是 17 世纪来自不列颠的拓居者，所以他们大多认为自己属于英国人。他们的认同意识，更改了英国人对他们的歧视意识。事实上，这些人需要不列颠政府保护他们在爱尔兰已经取得的利益。在爱尔兰的东北部，他们成为主体居民。这样，对该地区的天主教徒和新教徒而言，因民族矛盾而引发的冲突在所难免。

对于爱尔兰民族主义和北爱尔兰统一主义而言，宗教是其兴起的一个必要条件，但不是一个充分条件。问题的关键在于，长期以来英国人对其实行的一系列歧视和排斥政策所引发的“爱尔兰”族性观、宗教观和认同意识的日渐成熟。在民族主义者看来，由国家实施的反对具体某些民族（即使他们不是政策的靶向，其宗教信仰、语言使用和经济机会也会受到影响）的歧视政策，是用来反对这个国家的有力武器。就北爱尔兰地区而言，自 20 世纪 70 年代以来，官方对天主教徒的歧视已经步入衰退状态，但是在就业、天主教教育和盖尔语适应等方面，带有民族歧视倾向的强硬政策依旧存在。

20 世纪 20 年代，英国政府在内外各种因素的推动下，决定在爱尔兰实行分治。1921 年英、爱缔结条约，南部以天主教徒为主的 26 郡组成爱尔兰自由邦，成为大不列颠自治领，北部以新教徒为主的 6 郡仍留在英王国内。英国对爱尔兰的分割，遭到爱尔兰族人一致反对。北爱尔兰留在英国是与爱尔兰大多数人的意愿相违背的，新芬党党内也产生了分歧。部分领袖和共和军战士坚决反对 1921 年和约。当时在北方 6 郡，由于英国几个世纪的移民，英格兰和苏格兰的后裔已占多数，他们坚决主张北爱尔兰留在英国。1949 年，英国承认爱尔兰独立，但拒绝归还北方 6 郡，北爱尔兰问题由此产生。这样，在北爱尔兰人口中至今仍然有 2/5 以上为天主教徒，其民族主义属于爱尔兰民族主义，而不是不列颠民族主义。经 1998 年的政治安排后，北爱尔兰地区天主教徒与新教徒之间的冲突开始有所缓和。

从 1922 年起，北爱尔兰地方政府和议会开始对天主教徒实行歧视性统治，此举与伦敦政府同出一辙，有时甚至有过之而无不及。爱尔兰统一主义者称其为“新教信仰者的新教议会”。在地方选举中，官方通过颁布公民权规定和改变选举区等措施，将天主教徒排除在外。此外，在住房、就业和爱尔兰情感表达（比如悬挂爱尔兰旗帜，使用盖尔语等）方面，天主教徒们也受到了多种歧视。在 20 世纪 70 年代之前，虽然天主教徒仍然在一些地方政权受到排斥，但是当委托体系暂停与威斯敏斯特被迫实施公民权立法期间，政治歧视基本处于停滞状态。1974 年，英国政府提出了北爱尔兰地区的新教徒与天主教徒实行“权力分享”的方案，天主教工人罢工由此平息下去。此后，天主教徒难以相信占人口大多数的新教徒会平等地对待他们。1998 年 4 月，“友好星期五协议” 确立了北爱尔兰政党和议会间的权力分享体制。1998 年 5 月 22 日，英国的北爱尔兰地区和爱尔兰共和国举行历史性全民公决，并分别以 71% 和 94.4% 的投票结果通过了 4 月达成的“北爱和平协议”。爱尔兰共和军和联合派的一些军事组织随之宣布停火。最为重要的是，爱尔兰共和国可以通过各种“北—南” 和 “东—西” 架构，参与北方事务的管理之中，并且放弃了统治整个爱尔兰的权限诉求。

虽然如此，爱尔兰民族主义者的不满情绪一直未消，同时民族主义和统一主义军事集团的武装斗争始终不断。在精英集团迈开和平的步伐的同时，草根集团的紧张意识一如从前。贝尔法斯特实质上仍旧分为新教徒和天主教徒两个部分，族裔归属不同的人们的教育被隔离开来，爱尔兰象征和不列颠的民族性符号（如旗帜等）无所不在。在北爱尔兰的土地上，不列颠的军队依然可见。皇家爱尔兰警察现在被改编为北爱尔兰警察服务部队，天主教徒和一些新符号被补充进来。

二　不列颠民族主义政治的特性

将不列颠群岛民族主义视为抑制性民族主义的观点，似乎更容易被人们所接受。值得注意的是，不列颠群岛的民族认同通常具有相当的灵活性，属于个人的一种选择，而非外力导致的强制性结果。当然，北爱尔兰是一个例外，生活在贝尔法斯特的人们因宗教信仰和民族归属不同，被分为不同的人们共同体。无疑，北爱尔兰地区的民族主义是最具暴力性、最棘手的。在英格兰、苏格兰和威尔士，民族身份是一种主观选择，而“国籍”（公民身份）则是不列颠国家分配的。这一方面为人们选择自己接受的民族身份提供了机会；另一方面，也降低了民族身份在社会和政治领域中的作用。同时，还削弱了民族主义话题在大不列颠王国政治与选举中的作用。一般来说，只有 1/5 的人将独立或分割国土视为最重要的话题，大多数人都选择了将经济和社会事务作为最重要的议事日程。即使苏格兰民族党也是在解决失业和健康问题的前提下，才论及独立问题。[①] 但

① A. Brown, D. McCorn and L. Paterson, *Politics and Society in Scotland*, Basingstoke: Macmillan, 1998, p. 213.

是，这种形势也在变化，分立、独立的现象是否出现，关键取决于主权国家对待国内各民族的方式与方法。

（一）爱尔兰民族主义的特征

大多数北爱尔兰地区的天主教徒都将自己视为爱尔兰人而非不列颠人。但是，有 1/3 或更多比例的北爱尔兰天主教徒希望留在英国。对这部分人而言，爱尔兰民族认同并不意味着他们反对获得英国公民身份。在北爱尔兰，他们可以感受到宪法和政治中的“爱尔兰维度”。作为不列颠的“叛逆”和自诩为“忠诚者”的“爱尔兰的新教精英”所代表的一直是爱尔兰共同体。

今天，民族统一主义（irredentism）已不再是爱尔兰民族主义的主要发展方向，因为爱尔兰共和国现行政治和优先权的改变已阻止了爱尔兰的联合。近年来，民族主义者的活跃程度亦有所下降，爱尔兰民族主义者和不列颠“忠诚者”要求的方程式已被接受。这些方程式改变了传统的民族主义者主张建立爱尔兰民族—国家的诉求，努力使统一主义忠诚者投身于一系列复杂的计划当中，以营造北爱尔兰享有爱尔兰和不列颠双重主权的局面，同时使北爱尔兰立法确认代表新教和天主教两大共同体的党派对地方权力的分享。

但是，传统的爱尔兰民族主义力量依然不可低估，特别是新芬党和爱尔兰共和军，另外还有社会与民主工党，虽然，后者现在强调人权而非领土，但是，总的来说，这些党派和组织都要求建立爱尔兰联合体。从这股力量内部看，“忠诚派”民族主义反对爱尔兰联合，认为此举对其不列颠民族认同和公民身份是一种威胁。20 世纪 90 年代，当爱尔兰民族主义者在爱尔兰共和国和北爱尔兰支持建立联合的爱尔兰的主张时，民族统一主义却通过接受北爱尔兰多数人的权利主张（陈述了他们的归属意愿）而改弦更张。因为这些人大多希望留在英国，将南北爱尔兰整合为爱尔兰民族—国家的希望故而被从现实中排除出去。对于那些少数人（拥有不同的称谓，比如共和主义者、天主教徒或民族主义者）而言，将北爱尔兰全部整合入英国是他们所不能接受的。

英、爱两国和美国的相关政策对爱尔兰民族主义者和北爱尔兰统一主义者均有重要影响。爱尔兰的北部和南部都属于欧盟，所以欧盟的发展变化对二者的影响也是不容忽视的。从分解到做出实质性让步，不列颠对爱尔兰民族主义统一力量的态度已经发生了转变。这种转变始于1985年“英—爱协定”（Anglo-Irish Agreement）的签署。之后，不列颠政府表示英方对北爱尔兰地区不存在任何“战略和经济利益考虑”，可以容忍该地区公民通过公投决定去留。[①] 但是，这份由12段文字所组成的简短的文件不久即被刷新。取而代之的文件为“联合框架”（1995年2月22日出台，正文26页，附加部分12页），针对北爱尔兰地方政府和议会的运作提出相应的可行性框架。所有这一切均表明，不列颠政府的态度已经转向接受爱尔兰的联合和阻止新教徒对北爱尔兰的绝对统治。

爱尔兰的态度也在发生转变。它开始支持建立新型的贝尔法斯特政府，实现英、爱两国对该地区的共管，显然，此举已经偏离了其以往坚持的民族统一主义（irredentism）原则。《爱尔兰共和国宪法》第2条声称：“（爱尔兰）国家领土由爱尔兰全岛及其所有岛屿和领海组成。”[②] 1999年11月，与之意义相近的第3条被修正条款取代。

美国对北爱尔兰“和平进程”的影响是间接的。比如通过总统的行政体系、民主党和爱尔兰裔美国议员对英国和爱尔兰施加政治和经济压力。从1995年开始，美国参议院前议员乔治·米切尔（George Mitchell）在协调英、爱两国关系，推动北爱尔兰和平进程方面发挥了重要的作用。他的积极努力，为1998年“友好星期五协定”的出台和爱尔兰共和军宣布停火创造了前提条件，一系列复杂机构在贝尔法斯特、伦敦和都柏林因而相继建立起来。

欧盟虽然不是参与北爱尔兰和谈的一个派别，但是，由于英国和爱尔兰都属于欧盟成员国，其作用是不容忽视的。作为具有某种准联邦特征的欧洲，其内部是没有疆界的，在它看来，爱尔兰南、北两个部分之间的差异是反常的。随着欧洲公民向欧洲法院（包括欧洲人权法院理事会）求援案例的日渐增多，欧洲的准国家结构显露出来，特别是在公民权利方面，欧洲公民身份已与主权国家公民身份的意义接近。更为重要的是，新欧洲已将对爱尔兰共和国的关注从贝尔法斯特转向布鲁塞尔。这样，欧洲大陆居民对爱尔兰民族命运的重视，几乎可与其本土居民所持的关注等同

---

① 参见英、爱两国于1993年12月签署的《唐宁街宣言》，www.people.com.cn/GB/paper464/656/76230.html。

② 参见 *The Constitution of Ireland*，http://www.constitution.ie/reports/ConstitutionofIreland.pdf。

起来，同时，爱尔兰完成了从相对落后的经济到“老虎经济”的转变，一种前所未有的自信心因而在爱尔兰人内心深处建立起来。

爱尔兰的案例提出了许多概念和问题。比如，那些认同、共同体和民族主义究竟意味着什么？从政治角度衡量，其力量究竟有多大？爱尔兰民族主义者在北爱尔兰甚至是英格兰所实施的暴力行为（比如恐怖炸弹），以及不列颠忠诚者在北爱尔兰地区采取的武装反击行动是否得到了彻底的解决？

在今天的不列颠群岛，爱尔兰民族主义存在与发展的根源是难以解释的问题。北爱尔兰地区的社会分界线深长、悠远，这样，在宗教、教育、阶级和政治领域的分界线将两个民族划分为泾渭分明的两个共同体。在1970 年以前，天主教徒和新教徒之间通婚现象比较少见，1989 年达到了4%。① 近年来，这个数字有所上升，一个间接的统计数字或许可以说明问题——从婚姻登记处所提供的数字看，2000 年两族的通婚率增至 25.2%。②

爱尔兰民族主义者的最高理想（不是现行的《爱尔兰宪法》所包含的内容）是建立一个领土范围扩及爱尔兰全岛的民族—国家。众所周知，发生在北爱尔兰地区的由来已久的民族歧视和权力冲突近年来有所下降。自 1998 年以来，随着形势的好转，爱尔兰民族主义和北爱尔兰统一主义的传统要求也已开始发生变化。政治大环境正处于变化之中，民族主义者和统一主义者中的极端分子都开始厌倦以往的冲突经历，北爱尔兰的公众也逐渐开始疏远这些极端分子，这些因素都是推动形势好转的主要条件。尤其重要的是，英、爱两国政府对北爱尔兰政策的转变和欧盟一体化措施的实施。

（二）苏格兰民族主义的特征

与爱尔兰民族主义相比，不列颠群岛上的其他民族主义力量（包括现存的不列颠民族主义）都比较温和，当然，它们与爱尔兰民族主义也有一些相似处。

---

① P. Stringer and G. Robinson (eds.), *Social Attitudes in Northern Ireland*, Belfast: Blackstaff, 1991, p. 23.

② General Register Office for Northern Ireland, *Seventy - Nine Annual Report of the Registrar General 2000*, Table7. 7, London: Stationery Office, 2001. 8.

苏格兰民族主义希望建立独立的苏格兰国家（1707 年并入英国）。在苏格兰，并非所有的居民都愿意将自己的民族认同定位于苏格兰人，愿意选择这种民族认同定位的大约有 90% 的居民，但是，这里没有民族统一主义力量，社会也没有被明晰的分界线划分为不同的共同体。半数以上的居民的族裔认同属于“混合型”认同——认为自己既是苏格兰人，也是不列颠人。在苏格兰民族党（Scottish National Party，SNP）的领导下，苏格兰民族主义者为建立独立的苏格兰国家付出了诸多努力。苏格兰民族党的支持者在选民中并不占绝对多数，但它在议会中所获得的议会席位却相当可观。苏格兰民族党很可能希望通过争取选票和议会席位来实现自己的目标，并不主张采取与不列颠的宪法规定相抵触的行动。苏格兰议会可能已认定自己掌控了支持其独立主张的选票。但是，1998 年颁布的《苏格兰法案》使“联盟”得以“保存”而非“发展”。因此，在民族主义力量掌控议会期间，其现行政治很可能会超出宪法的精准规定。

苏格兰人没有制定或颁布“权力分享协议”，因为在宗教、族体或语言等诸方面，他们都没有被“划分”为不同的共同体。苏格兰民族党并不赞同“族裔”民族主义，它拥护的是“公民”民族主义或“社会”民族主义，其力量包括所有与“族类”无关的、要求获得苏格兰公民身份的“苏格兰居民”。这样，苏格兰内部的地区和政治分界线被视为按比例分配议会代表数量的凭据，此举已被苏格兰议会所接受。权力转移派或联邦主义者得到半数左右民族主义选民（而非苏格兰民族党）的支持。目前，民族主义者与统一主义者的数量相当，这引起许多统一主义者的不满。

虽然，苏格兰民族解放军（Scottish National Liberation Army）曾经为其实验性行动举行过一些庆祝活动，但是，这个由极端分子组成、拥护族裔民族主义的组织毕竟只是一个规模有限的小集团，所以其影响的维度和层级都比较有限。总的来说，苏格兰的民族主义力量或统一主义力量都没有组建准军事组织。近年出现的“苏格兰守护”等族裔民族主义组织，均未得到苏格兰民族党的认可。

（三）威尔士民族主义的特征

从某种程度上说，威尔士民族主义的问题要比苏格兰民族主义更多。由于讲威尔士语的人与许多操英语者（占全部人口的 30%，在威尔士的部分地方，还要超出这个比例；他们往往被民族主义者视为对威尔士民族主义要求持敌视态度的人）混居在一起，威尔士的民族构成因而比苏格兰要复杂一些。对于那些讲威尔士语的“威尔士的威尔士人”（Welsh Welsh）来说，他们认为自己的威尔士族性要高于那些不讲威尔士语的人，虽然后者一直都属于威尔士人。在威尔士，只有 1/5 的人讲威尔士语。在社会就业和商店、集会等公共场所，讲英语的人在过去时常受到排斥。由此看来，威尔士社会的语言分界线也是民族分界线。威尔士民族主义在选举中以“威尔士人党”（Plaid Cymry，The Party of Wales）的“姿态/身份”出现，与威尔士语区（即威尔士西北地区）关系密切。威尔士民族主义者将许多精力投入到推动威尔士语言的使用方面，而威尔士民族主义对使用盖尔语（在威尔士人口中有不到2%的人讲盖尔语）的关注力度则比较有限。苏格兰民族党准备将盖尔语作为独立后的苏格兰的官方语言之一（其他两种官方语言是英语和苏格兰语）。“威尔士民族党”现在接受将英语作为威尔士“民族语言”，从某种程度上说，此举会使威尔士民族主义者分解为不同的共同体。“威尔士民族党人”背负建立“充分的自治政府”的重任，但是，与其强烈的语言要求相比，其建立独立国家的主张并不十分明确，这一点与苏格兰民族党的相关态度是有差别的。

威尔士民族主义者的奋斗目标的共同性和文化性较强，“威尔士民族党”领导人则认为这种目标已经过时。他们认为威尔士应为以欧盟为基础的欧洲地区的一个民族（nation），而不是在联合国享有席位的主权国家。苏格兰民族党则在欧盟和联合国中均对其获得充分的主权国家的国际地位提出了要求，欧盟“超国家”机构的角度对其违反传统主权体制的主张提出质疑，但是，苏格兰民族党的此种要求似乎并未受到什么影响。

三 不列颠民族主义政治的现实表现

从目前情况看来，不列颠各岛屿继续保持联盟依然是有可能的，但主要是通过欧盟和欧共体而不是通过内部联盟或准联盟形式保持联盟状态。这就是苏格兰民族党提出的“在欧洲独立”的计划。尽管该计划在某种程度上尚未得到多数派的支持，但是它已得到的支持率仍不失为可观。联合王国在西欧不断发展并逐渐扩大边界，其成员各自独立的地位正好克服了组成联盟的民主缺陷，也没有导致授权上的难题。1998 年“友好星期五协议”可谓符合自由民族主义的最佳选择。但是，在整体的利益平衡上还存在一个选择问题，更为重要的是要让每一种选择都符合自由民族主义的原则。

（一）民族认同

认同是一个学科交叉术语。它的生成意义在于构建有关“我们是谁”“我们与他人差异”方面的概念。民族认同是国族认同的基础，国族认同是国家利益的重要组成部分，从某种意义上说，是国家存在和延续的关键。实现从民族认同到国族认同的转变过程，也是民族的国族化过程。认同理论有两种，即个人认同和集体认同。

民族认同虽然具有形成后的惯性和稳定性，但不是一成不变的，可根据环境和条件的变化而不断自我调整。民族认同是集体认同的基本对象，但不是终极指向。随着经济的发展，民族难以完全满足其成员的多元化的诉求。以国族认同取代民族认同，意味着认同的层次多元化的出现。这是多层次、多维度的族际关系与国家关系发展的必然要求。民族主义可以利用民族利益、民族安危等词句去动员人民服从国族这个集体。

民族利益与利益观念的变化与扩展，可使国族认同的出现成为可能。国族认同是以传统文化符号作工具，通过民族集团的组织和制度化建立起来，可通过民族集团政策加以引导和塑造。国族的形成过程也是国族认同的形成过程。民族间共有观念的形成，既是历史的产物，也是民族国族化及其互动的结果。换言之，国族化是近现代民族促进民族利益的手段，国族认同也是民族利益的建构结果，在族际互动过程中形成的共同利益观念建构着国族认同。

当人们讨论苏格兰、威尔士和英格兰的社会与经济差异，探寻民族认同的性质与力量的时候，似乎很难清楚地感知到经济、社会等相关因素对民族主义的影响。事实上，民族主义的政治力量往往更多地依赖于政治因素，其依赖程度通常要高于大多数民族主义作家所愿意接受的层级。比如，民族认同经常受到政治歧视和政权变迁等变量的左右，但是，除非几种变量同时出现，否则，其中任何一种变量都不会招致民族主义的上升。当然，对民族主义而言，民族认同是其发展演变的必要条件。民族认同的排他性和强硬性一旦生成，便很可能为相应的民族主义的兴起提供充分的条件。

需要说明的是，描述和估量民族认同的本体与力量是比较困难的。现代人通过分析调查对民族认同提出了许多看法，但是，跨国、历时的研究成果很少。欧洲许多民族对自己族体的认同情况并没有做过调查，所以要对其民族认同进行比较几乎是不可能的。在通常情况下，民族认同并不能充当政治事件的预言家。确切地说，政治事件对民族认同的改变与民族认同对政治事件的改变大体相当。可见，对民族认同的考察实为探寻民族主义的一种资源。①

北爱尔兰的民族认同与民族主义之间展现出一种浓厚的关系，相关特质与新教徒和天主教徒的宗教差异密切相关。1989 年，在北爱尔兰的天主教徒中，有 60% 的人认为自己属于爱尔兰人，27% 的人认为自己属于北爱尔兰人/厄斯特（Ulster），只有 8% 的人认为自己属于不列颠人。同时，在北爱尔兰的新教徒中，有 68% 的人认为自己属于不列颠人，26% 的人认为自己属于北方人/厄斯特（Ulster），只有 3% 的人认为自己属于爱尔兰人。这些认同反映了人们所支持的政治党派的不同。在爱尔兰民族主义党派中，比如社会与民主工党和新芬党，其支持者的爱尔兰认同率分别为 65% 和 73%，而北爱尔兰/厄斯特认同率则分别为 26% 和 27%，不列颠认同率分别为 8% 和 0。在统一主义党派中，比如民主统一党和官方统一党，其支持者的不列颠认同率分别为 70% 和 71%，厄斯特/北爱尔兰认同率分别为 24% 和 27%，爱尔兰认同率分别为 6% 和 3%。在 1968 年以后的相当长时间里，每当“恐怖”出现时，在新教徒和天主教徒两个共同体中，爱尔兰和不列颠两种认同便会进一步极化。1968 年，20% 的天主教徒选择了不列颠认同，而 1989 年，这个数字只有 8%。1968 年，20% 的新教徒选择了爱尔兰认同，而 1989 年，这个数字降至 3%，此后一直停滞于较低的百分率。现在，越来越多的新教徒和天主教徒开始选择北爱尔兰认同。对北爱尔兰认同的天主教徒而言，1986—1989 年，选择北爱尔兰认同的天主教徒从其人口总数的 20% 增至 25%；1968—1978 年，厄斯特认同率在 1968 年和 1978 年分别为 5% 和 6%，1995 年，天主教工人阶级的厄斯特认同率降至 0。②

---

① 参见 David Miller, *On Nationality*, Oxford: Charendon Press, 1995。

② M. Duffy and G. Evans, “Class, Community Polarization and Politics”, in L. Dowds et al., *Social Attitudes in Northern Ireland*, *The Six Report*, Belfast: Appletree, 1997, chap. 6.

1979 年，从民族认同角度看，苏格兰与英格兰和威尔士的情况具有令人吃惊的相似处。① 在苏格兰，不列颠民族认同率为 35%，苏格兰民族认同率为 52%，其他为 10%。在英格兰，不列颠民族认同率为 38%，英格兰民族认同率为 57%。在威尔士，不列颠民族认同率为 33%，英格兰民族认同率为 57%。如果说苏格兰民族主义运动是现实存在的，而英格兰民族主义运动是不存在的，那么，苏格兰人要少于英格兰人则很可能是临时的。但问题是，或许英格兰人根本无须开展民族主义运动，因为他们本身便是不列颠的主体民族。对英格兰民族认同造成威胁的并非不列颠的"非英语"民族，而是欧盟。1990 年春的一项调查结果显示，不列颠人的欧洲认同率较低，71% 的不列颠被调查者从不认为他们自己是欧洲人或不列颠人。② 这个数字在当时欧盟 12 个成员国中为最高，紧随其后的是不列颠群岛和爱尔兰（比率为 67%）。

1979 年，在北爱尔兰的新教徒中，67% 的人认为自己属于不列颠人，8% 的人认为自己属于爱尔兰人，20% 的人认为自己属于厄斯特（Ulster）。在北爱尔兰的天主教徒中，15% 的人认为自己属于不列颠人，69% 的人认为自己属于爱尔兰人，6% 的人认为自己属于厄斯特（Ulster），10% 的人回答其认同为混合性、"不知道"及其他。无论原因是否在于为爱尔兰民族主义运动与不列颠统一运动的产生与发展，从民族认同角度看，北爱尔兰新教徒和天主教徒的差异体现了诸多政治意义。一般人通常认为，爱尔兰民族主义是政治冲突的产物，事实上，不列颠统一运动也是政治发展的产物。在现今的北爱尔兰，新教徒持不列颠认同的人数要超过从前，天主教徒持不列颠认同的人数要少于从前，有人认为 1986 年"英—爱协定"的签署与此密切相关。

民族认同不是固定不变的，政治形势深刻地影响着它的产生与发展。调查表明，在 1979 年的苏格兰，有 52% 的人认为自己属于苏格兰人，35% 的人认为自己属于不列颠人。1986 年的民族认同观测则更为深入。③ 现在，双重民族认同（比如英格兰/苏格兰/威尔士认同与英国不列颠认

① R. Rose, *Understanding the United Kingdom*, *The Territorial Dimension in Government*, London: Longman, 1982, pp. 14 – 15.

② Commission of the European Communities, *Eurobarometer No. 33 Vol. 1*: *Report*, *Brussels*, June 1990, p. 2.

③ L. Paterson et al., *New Scotland*, *New Politics*? Edinburgh: Polygon, 2001, p. 105.

同）和不同程度的认同（比如排斥、主导、平等）都是被允许的。1986—1999 年，情况出现了很大变化。在苏格兰，1986 年，有 39% 的人认为自己是苏格兰人而不是不列颠人；1992 年，这个数字只有 19%；在 1997 年的普选和公民投票中，这个数字分别为 23% 和 32%；1999 年，仍为 32%。苏格兰民族党在不列颠议会中的得票率要低于其在苏格兰议会中的得票率。①

1992—1999 年，排他型的苏格兰认同取得了长足发展（其比率从 19% 上升至 32%），同时，原作为"最佳型"的不列颠认同率却呈下降态势（其比率从 25% 降至 17%）。1997 年，不列颠各民族的民族认同情况各具风采。对排他型和主导型的民族认同（即认为自己属于苏格兰人/威尔士人/英格兰人而不是不列颠人，认为自己属于苏格兰人/威尔士人/英格兰人成分多于不列颠人成分）进行比较研究的结果表明，苏格兰人、威尔士人和英格兰人的相关比率分别为 61%、42% 与 24%。②

总的来说，"不列颠是多民族的"这一观念在苏格兰比较普遍，很多苏格兰人都以苏格兰作为自己民族认同的首选，不列颠为其次。那些与伦敦政府关系密切的人坚持认为，在享有联盟的特别利益时，需要充分保护、加强和发展苏格兰的公民机制和文化遗产，各民族要在一个强有力的中央集权制国家中合作，联合王国作为主权国家的力量在于它对除英格兰以外的其他民族传统的尊重。事实上，苏格兰的法律、教育体系、地方政府机制和苏格兰的教堂都未受到威胁，但是只有在联合王国中拥有完全成员身份的人们才能享有这些公民机制。

（二）公民身份

同欧洲其他国家宪法相比，《不列颠宪法》有关民族主义、民族和国家性质的陈述是比较模糊的。它既没有像法国、西班牙和葡萄牙宪法一样，说明民族的"不可分割性"，也没有像德国宪法一样，对不列颠人的族裔标准做出声明。

从不列颠的历史上看，与主权国家捆绑在一起的不是国籍，而是

---

① L. Paterson et al., *New Scotland, New Politics*? Edinburgh: Polygon, 2001, p. 105.

② A. Brown, D. McCorne and L. Paterson, *Politics and Society in Scotland*, 2nd edition, Basingstoke: Macmillan, 1998, p. 213.

“王朝”和议会。显然，新教徒是封建等级制度的支柱之一。1700 年的《殖民法案》和 1707 年的《联盟法案》，让天主教徒们至今仍然倍感苦恼。“王朝—议会”也是主权，这种主权意味着，英国不存在联邦主义和联合民主。[①]

根据 1981 年《不列颠宪法》（1983 年实施）规定，不列颠人获得公民身份[②]主要有三类条件：一是不列颠公民身份赋予与不列颠、海峡群岛和马恩岛相关联的人；二是不列颠属地上的公民身份赋予与此属地相关联的人；三是不列颠海外公民身份赋予那些在 1981 年法令强制执行时，未获得其他公民身份的联合王国及其殖民地公民。现在，除英格兰之外，联合王国的其他地区（苏格兰、威尔士和北爱尔兰）的情况已经发生了变化，北爱尔兰政府转变为联合政府。

在英国，新生儿的父母中的任何一方为英国公民或在英国定居，他或她在英国所生的子女便自动获得英国公民身份。那些由英国公民在海外生养的孩子，可根据其血缘在不列颠采用、注册或被授予为英国公民。

不列颠公民身份还可通过以下方式获得：一是那些在出生时没有自动获得这种公民身份的人（或在海外产生，但其父母一方根据血缘拥有英国公民身份的人）可通过注册获得英国公民身份；二是英国属地的公民在英国居住 5 年后，可获得英国公民身份（直布罗陀人除外，即使他们没有在英国定居的经历，也可直接注册为英国公民）；三是英联邦国家的公民、爱尔兰公民和来自其他国家 18 岁以上（含 18 岁）的人，可被授予英国国籍。但是，被授予英国国籍者必须符合诸多规定，比如 5 年的居住期，良好的品质，其后在英国建立家庭的意向，对英语、威尔士语或苏格兰语、盖尔语有充分的了解。英国公民的配偶可不受此规定的限制，他们只需要 3 年的居住期，也无须受到语言和未来意向资格的限制。根据英国法令规定，并不是所有的英国公民都有权在英国生活，除非他们在 1983 年前便拥有了住所权。还有一些英国公民需要获得许可方能进入英国或在英国停留。英国是唯一一个将其部分公民排除于母国之外的国家，在英国，双重国籍是合法的，最典型的人群是那些 1949 年以前出生的爱

① 在欧洲，实行联邦主义和联合民主制度经常被视为处理多民族国家事务的有效方式。在这一方面，比利时和瑞士两国被认为是典型范例。

② *Britain 1992: An Official Handbook*, London: HMSO, 1992, pp. 19 - 20, 12.

尔兰公民。

1937 年修正的《爱尔兰共和国宪法》对语言和公民身份的陈述也颇具特色。

爱尔兰人在其宪法第 6 条中做出了语言方面的规定：其一，作为民族语言的爱尔兰语为第一官方语言。其二，英语为第二官方语言。其三，可出自某一或更多的官方目的，通过制定法规决定在全国或爱尔兰的任何一个部分使用上述任何一种语言。

爱尔兰人在其宪法第 6 条中做出了公民身份方面的规定：其一，任何一个前爱尔兰公民在付诸实施的宪法面前，将立即成为爱尔兰公民。其二，忠实于民族和忠诚于国家是所有爱尔兰公民的基本的政治义务。

在《公民的职责和权力法》中，爱尔兰人对其公民的职责和权力做出如下规定：其一，任何一个在爱尔兰出生的人自动成为爱尔兰人，任何一个在其出生时父亲或母亲为爱尔兰人的人也自动成为爱尔兰人。其二，任何一个祖父或祖母（不是他或她的父母）为爱尔兰人的人，可通过注册成为爱尔兰公民。其三，任何一个 1922 年 12 月以后在北爱尔兰出生，其父母或祖父母一方在 1922 年 12 月之前生于爱尔兰的人，自动成为爱尔兰公民。其四，那些在北爱尔兰出生的不符合这种要求的人，可以适当的法律形式对爱尔兰公民的基本的政治义务发表声明。

被授予爱尔兰国籍者应具备以下条件：其一，在申请日前的 9 年间，有 5 年的居住时间。其二，爱尔兰国籍也可授予有爱尔兰血缘的申请者、难民或无国家者。

此外，爱尔兰法律还规定，双重国籍是合法的。

（三）民族主义的共性

不列颠群岛民族主义的共性在于：所有的民族主义表现形式都与英国有着这样或那样的联系。英格兰民族（nation）与国家的关系是最令人满意的，因为它所依赖的国家可以经常代表和支持本族利益。只有当非英格兰民族夺取或颠覆国家时，英格兰民族主义者才会考虑从国家分立出去的可能性。迄今为止，分立国家的观念只限于个别保守的闹独立的人。得到英格兰民族主义者普遍认同的观念是，捍卫国家主权，反对欧盟势力的侵袭；捍卫英格兰民族的整合，反对非英裔移民与非英裔公民后代对本族整合的“侵袭”。欧洲怀疑主义与仇外主义情绪在英格兰人和国会议员中广泛存在，自 20 世纪 60 年代以来，这种情绪对不列颠各党派产生了深厚的影响。工党和保守党政府制定和施行了一系列严苛的移民法。虽然，我们目前很难用翔实的数字证实，但是，从种种迹象中可以推断，英格兰的欧洲怀疑主义与仇外主义情绪，要比不列颠群岛其他地区存在的相关情绪具有更大的广泛性。非英格兰民族主义所要针对的是英格兰人和伦敦政府，而英格兰民族主义所针对的往往只是移民和欧洲。

不列颠群岛其他民族将其民族主义指向界定为伦敦政府和英格兰。同 20 世纪 70 年代相比，这些民族对欧洲共同体/联盟的态度已有所改善，很可能因为欧盟经常对不列颠和英格兰民族主义的举措进行批判的缘故。非英格兰人对移民的态度与英格兰人对移民的态度几乎没有什么不同。威尔士民族主义者强烈反对英格兰人进入威尔士。苏格兰民族主义的发展状况与威尔士民族主义大体相同，苏格兰人普遍认为，许多文化机构已经为英格兰人所“接管”，这一点在爱丁堡和格拉斯哥表现得尤为显著。一些民族主义者指出，英格兰人在高地和岛屿上居住、经营企业，对于土著文化的生存与发展是十分有害的。但是，苏格兰国民党的观点与上述民族主义主张具有显著的不同，迄今为止，反英格兰情感在苏格兰并未产生任何政治影响。威尔士的情况则不同，威尔士族裔民族主义得到了威尔士民族党和广大威尔士人民的共同支持。

对于爱尔兰民族主义而言，它主要反对的是英格兰民族主义，特别是不列颠王国对爱尔兰的侵占。在爱尔兰的北方和南方分别活跃着族裔民族主义和社会民族主义以及官方民族主义。如果不列颠王国对天主教不曾采取歧视态度的话，爱尔兰民族主义很可能已被包括其中。爱尔兰人的自治始于 1922 年，但是，自治的范围并非整个爱尔兰，而是爱尔兰的一部分。爱尔兰民族主义者对此一直心存不满。在北爱尔兰，英格兰民族主义与爱尔兰民族主义曾为争夺对同一块领土的所有权展开了激烈的争斗。现在，人们正在试图用和平的方式解决在该地区长期存留不解的争端，但是，应该承认，传统的民族主义意识的影响依然不可忽视。如英、爱谈判双方在北爱问题上均不肯做出让步的话，其僵局恐怕只能通过武力解决。

不列颠群岛民族主义未来将会如何发展？在“帝国终结”和欧盟新呼声的影响下，造成联合王国的诸民族之间的裂隙日渐醒目，民族主义意向在所有领域都比以往表现得更加强烈。但是，从选举结果看，民族党通常并没有获得民族主义所表现出要求的那种强大的力量。不列颠公民对分立和分割等概念一直保持着较高的警惕性。他们已经衡量过相关的利益得失，大都选择保持中立的态度。因此，他们中的大多数人的民族认同是双重的，而不是排他的。这一点在英格兰、苏格兰和威尔士表现得特别显著。国家的政策失误和愚蠢的仇外行动，可能会将平衡点推向民族主义一边。爱尔兰、苏格兰和威尔士都发生过类似事件。

如此看来，英格兰人似乎是不列颠国家中的“囚犯”，其他民族主义和欧洲的“外国人”将其包围起来。对苏格兰人、威尔士人和爱尔兰人的统治，将给予英格兰人以他们自己的国家或整体。无疑，英格兰在不列颠群岛的人口与经济上的主导地位，将会弱化其现有的孤立感。但是，英格兰民族主义已经体现出与多民族的不列颠国家应有的民族主义明显的不同之处，它可能会更具族裔性、排他性，并对“帝国的丧失”表现出更多的不快。因为，苏格兰人、威尔士人和爱尔兰人可能不再接受伦敦的统治，并且成为外侨。如果不列颠国家不存在，不列颠民族可能会被完全摧毁，如同苏联的崩溃带来苏维埃公民身份的消失一样。英格兰人现在会感到更加自由，还是像俄罗斯人一样，支持那些旨在复原领土的侵略性民族主义？苏格兰和威尔士会步爱尔兰独立的后尘吗？事实上，不列颠国家已经从新的爱尔兰永久地撤出了，并且在大多数时间里均与之保持友善关系。苏格兰和威尔士都不存在“北爱尔兰”，如果不列颠各族独立或被委托管理的话，也许“北爱尔兰”也会出现于苏格兰和威尔士。

认识联合王国有多种方式。其一，也是用得较多的方式，是像一些保守分子一样将它视为经典的“民族—国家”，这样就有充分的理由推行“一个民族”的政策了。这导致了在历史上长期存在的英国君主制的盛行，导致了中央集权制议会中的中央集权制王权的主权的产生，王权守卫着植根于惯例、习俗和习惯法的不成文宪法的出现，重要的是，这导致了阶级的区分以及不得不努力超越这种划分，以重建或建设能超越不同的社会阶级和经济发展水平、有共同利益和情感的单一民族。

但是，这一观点并不是无异议的。从宪法中就可以看出不同。宪法显示，最初的大不列颠、之后的大不列颠和爱尔兰联合王国，以及从 1922 年起的大不列颠及北爱尔兰联合王国，都是由达成一致的联盟条例（Articles of Union）将之前已存在的法律和政治实体联系在一起所组成的新联盟，而且有意地未将各部分同化。虽然联合王国建立了中央集权制的王权和议会，但其他重要的国家机构都十分谨慎地保持了各自的特点：不同的教堂，不同的立法和司法体系，不同的地方政府形式和不同的教育体制。而且，在苏格兰与英格兰的联盟中，还规定要保证苏格兰机制独特性的继续，并且这被认为是联盟继续合法存在的基础的和重要的思想。因此，不列颠的宪法，尽管包含了很多源自英格兰习惯法和宪法习俗的内容，但它不是本土的，也不是不成文的，而是 1707 年和 1801 年所做出的郑重协议的结果，随后又为顺应爱尔兰大部分地区的分离和其他一些情况作了修订。①

一个民族（one – nation）的观点实际上是企图把整个联合王国缩小至英格兰版图。在联合王国内外都有人争辩说或者常常只是心里认为，即使将苏格兰和爱尔兰通过条约而不是通过占领统一起来，它们也只是附加于英格兰的，并且认为，尽管地方的或“地区的”特点或多或少地被保存下来了，也只是历史的遗迹，或者说这只是主权议会可以容忍的借以安抚地方情绪的东西。简单地说，这种观点就是认为，英国只有一个民族即英格兰人。

另一种相反的观点则是将这种历史和宪法记录的现实各民族理解为多民族国家（multinational state）的组成部分，并认为这是源于欧洲常见的某种君主联盟。在单一民族的国家中，各种民族传统和机制都能幸存下来，尽管主要传统当然来自其更发达的组成部分。从这个观点来看，单一民族论虽然目标很宽容、包容，但在实际上也是帝国主义的，因为这种理论企图以大民族来同化小民族。

当然，这一观点并没有得到广泛的接受，因为它不承认有效的内在民主，如批评的必要性。苏格兰在联盟中的代表实际上反映的是政府行政机构的意愿，它的代表即苏格兰的国务秘书，能够得到这一职位的人一直是英国首相指派的人和联合王国多数党派在联合王国议会中的代表，而并不是苏格兰多数派的领导，苏格兰的多数派也许——事实上也经常如此——与联合王国的多数派不同。

要将法律和议会的权利实实在在地给予苏格兰的要求随之产生，但这种要求仍然在联合王国的范畴之中，联合王国的中央集权制议会仍然是处

---

① 参见 McCormick, “The English Constitution, the British State and the Scottish Anomaly” (1997 British Academy Lecture), *Scottish Affairs*, Special Issue, Understanding Constitutional Change, Edinburgh, 1998, pp. 129 – 145。

理所有与整个联合王国共同利益相关问题的最终权威。整个联合王国继续承担国防、外交事务、在欧洲代表着宏观经济政策和大部分税收的责任，但在苏格兰建立了一个地方议会，它拥有行政能力，能管理其他有关和平、秩序和良好行政的事情。虽然这个议会的征税能力较小，也无法寻求地方资助，但联合王国会从财政中拨出一部分款项来资助它。1999 年夏初开始实行的“1998 年苏格兰条例”（Scotland Act 1998）以及 1707 年以来的首届苏格兰议会的选举所反映的就是这种解决问题的办法。

但是，这种解决问题的方案所存在的问题比较严重。除非其他成员如英格兰、威尔士和北爱尔兰也拥有同等的权力，否则在联合王国的议会中将会出现明显的代表权不平衡的问题，来自苏格兰的下议院议员能够在英格兰的教育、供水设备、交通运输等问题上投票，但在苏格兰的类似问题上，英格兰的下议院和联合王国议会中的苏格兰成员事实上都按一般规矩被限制了立法能力。同样地，限制苏格兰的征税能力而实行部分资助会引发各种各样的潜在冲突，会导致控制中央的资助从而取消苏格兰的独立预算。要解决这些难题，也许有必要号召建立一个全英格兰议会或全英国各地区议会，但英格兰人民并无这种要求，两种议会似乎都不可能建立或发挥作用。所以，尽管在理论上问题重重，事实上，一切依然取决于英国的妥协天分，取决于英国能否在实践中创造出解决方案。

第一章　不列颠民族主义情感解构

关于苏格兰、威尔士和爱尔兰民族主义的研究是非常广泛的，但是关于不列颠民族主义的研究几乎没有。关于不列颠选举的分析表明，不列颠民族主义情感不能简单地简化为传统的左翼—右翼和自由主义—威权主义价值维度，或者在他们自己的权利方面建构一个独特的维度。不列颠民族主义情感是与如何对待欧洲、核防卫、苏格兰分权和爱尔兰统一等问题的态度有关。虽然绝对不像左翼—右翼维度那么重要，但是它们在当代票决行为中至少像自由主义—威权主义同等重要。

民族主义一直是 20 世纪欧洲政治的主要推动力量，但是在英格兰，却很少受到关注，相关的研讨更多的是聚焦于阶级的或者其他经济利益的作用。可以认为，由于不列颠（或者说英格兰）的民族认同比较协调一致，或者其民族主义在选举政治中作用有限，导致了这样一个状况。与欧洲其他国家相比，相对缺乏有影响力的政党，如民族阵线或不列颠民族党，也加深了这一印象。

关于苏格兰、爱尔兰和威尔士民族主义和民族认同的作用已经有一些经验主义的研究成果。①但关于英格兰民族主义和民族认同，据我们所知，

---

① On Scotland, see William L. Miler, Bo Särlvik, Ivor Crewe and James Alt, "The Connection between SNP Voting and Demand for Scottish Self - Government", *European Journal of Political Research*, 5 (1977), 83 - 102; Jack Brand, James Mitchell and Paula Surridge, "Identity and the Vote: Class and Nationality in Scotland", in David Denver, Pippa Norris, Colin Rallings and David Broughton, eds., *British Elections and Parties Yearbook 1973*, Hemel Hempstead: Harvester Wheatsheaf, 1973; Jack Brand, James Mitchell and Paula Surridge, "Social Consitituency and Ideological Profile: Scottish Nationalism in the 1990s", *Political Studies*, 42 (1994), 616 - 629. On Northern Ireland, see Richard Rose, *Governing without Consensus: An Irish Perspective*, London: Faber and Faber, 1971; Eddie Moxon Browne, *Nation, Class and Creed in Northern Ireland*, Aldershot Gower: 1983; Geoffrey Evans and Mary

迄今为止还没有体系完整的著作。[①]也许，没有重视这方面的研究，部分原因是典型的民族主义运动多出现在被排挤在政治权力之外的族群（如爱尔兰或苏格兰）中，而在自己国家已经掌握统治权的族群不需要开展民族主义运动。主体族群很少提出鲜明的民族主义宣言。

实际上，民族认同问题长期潜伏在英国政治之中，它们时不时会进入公众视野。保守党在处理爱尔兰和帝国关系方面与众不同的传统政策，也变成了与众不同地处理苏格兰宪法问题的办法。或明或暗地，它也企图在福克兰战争之后打“爱国主义”牌。在与欧洲整合过程中，民族认同也一次又一次地浮出英国政治进程的水面。

民族主义不是一个直白的概念。最简单的，我们需要区别民族身份，分类上可以认为是自概念。民族主义情感，可以认为是一个维度。迦尔纳（Gellner）这样定义民族主义：

> ……主要是一个政治原则，认为政治和民族单元应该是重合的。民族主义作为一种情感，或者作为一个运动，可以用这一原则来最恰当地界定。民族主义情感是当这一原则受到侵害时所产生的愤怒情

Duffy, “Beyond the Sectarian Divide: The Social Bases and Political Implications of Nationalist and Unionist Party Competition in Northern Ireland”, *British Journal of Political Science*, 27 (1997), 47 – 81. On Wales, see Denis Balsom, P. J. Madgwick and Denis van Mechelen, “The Red and The Green: Patterns of Partisan Choice in Wales”, *British Journal of Political Science*, 13 (1983), 299 – 325; C. Ragin, “Ethnic Political Mobilization: The Welsh Case”, *American Sociological Review*, 44 (1979), 619 – 635. For a comparison of all three countries, see William L. Miller, “The Denationalisation of British Politics: The Re – Emergence of the Periphery”, *West European Politics*, 6 (1983), 103 – 129, and for an overview of the relation between nationalism and political behavior, see J. Kellas, *The Politics of Nationalism and Ethnicity*, London: Macmillan, 1991.

① 在不列颠有相当多的关于民族自尊的研究，但是没有一篇是关于民族自尊与投票行为之间关系的著作。关于民族自尊，可参见 Richard Rose, “National Pride in Cross – National Perspective”, *International Social Science Journal*, 36 (1985), 85 –96; Richard Topf, Peter Mohler and Anthony F. Heath, “Pride in One’s Country: Britain and West Germany”, in Roger Jowell, Sharon Witherspoon and Lindsay Brook, eds., *British Social Attitudes: Special International Report*, Aldershot: Gower, 1989; C. H. Martin and B. Stronach, *Politics East and West: A Comparison of Japanese and British Political Culture*, Armonk, New York: M. E. Sharpe, 1992。早期也有研究专制的传统，与不列颠民族情感的研究有关。可参见 Denis Kavanagh, The Edward Shils and Michael Young, “The Meaning of the Coronation”, *Sociological Review*, ns 1 (1953), 63 – 71; Norman Brirnbaum, Monarchs and Sociologists: A Reply to Professor Shils and Mr T. J. Nossiter, “Attitude to the Monarchy: Their Structure and Development During a Ceremonial Occasion”, *Political Studies*, 17 (1971), 149 –171。

> 绪，或者当它得以实现时所产生的满足情绪。民族主义运动就是被这种情绪驱使的运动。①

如迦尔纳所指出的那样，这一定义预设了国家和民族的概念。关于国家，他用韦伯的词汇来定义，就是在一个社会中拥有垄断的立法权力的机构。关于民族，用主观的词汇来定义，就是分享一种共同的文化，彼此认可都属于同一民族的群体。②民族不是一个法律概念，因此，只是一个文化概念，这在不列颠尤其重要。在那里人们都能够共享法律上的不列颠公民身份，也能对是否属于苏格兰、爱尔兰、威尔士或确实是属于英格兰民族而持不同的见解。③

很清楚，迦尔纳的概念非常适用于不列颠联合王国的。这里我们可以看到，作为一种运动，苏格兰民族主义的目标是取得苏格兰民族的国家地位，爱尔兰民族主义的目标是寻求作为爱尔兰民族的一个成员与爱尔兰共和国再统一。如迦尔纳指出的那样，民族主义情感是民族主义原则以某一特殊形式受到侵害时表现出来的一种特殊情绪——当政治单元的统治者属于一个民族而不是大多数被统治者的民族时就会产生这种情况。

在这里，我们把焦点从苏格兰、威尔士和爱尔兰民族主义运动转移到不列颠民族主义运动上来，这可以被认为是不列颠的“官方民族主义”。这一官方民族主义是建立在不列颠公民和他们的爱国主义之上的。④它意在反对苏格兰、威尔士和爱尔兰民族主义的分离主义倾向，并试图再次确认民族—国家的统一性。在国际关系中，尤其是与欧洲的整合，它至少也要强调民族治权问题。这些不列颠民族主义的内部方面和外部方面有很多联系。如克拉斯所指出的那样：

> 有证据表明，内部的民族统一和民族—国家的成功实现，能够保持稳定，缓和国家对外政策中的民族主义。一个民族和族裔没有统一

---

① Ernest Gellner, *Nations and Nationalism*, Oxford: Blackwell, 1983, p. 1. 迦尔纳在某些环境下民族主义会出现的理论受到了批评，但是他关于这些概念的讨论仍然是很有价值的。

② Gellner, *Nations and Nationalism*, p. 7.

③ 为讨论一些不同的民族主义概念，请参见 Anthony D. Smith, *National Identity*, London: Penguin, 1991。

④ Kellas, *The Politics of Nationalism and Ethnicity*, p. 52.

的国家可能会通过实施外部的民族主义活动转移对内部问题的关注。所以民族主义的内部方面和外部方面是联结在一起的。①

我们会问不列颠民族主义是不是一个不列颠全体选民分裂之源，是不是不同政党（绿党、不列颠民族党以及保守党、工党和自由民主党）的支持者在接受官方不列颠民族主义方面是不同的。我们的一般性假设是人民有一个相对稳定和持久的价值观和情感，反过来塑造了他们对暂时性政治问题态度。价值观的两个主要维度经常是区分开的：左翼—右翼（或社会主义—自由主义）维度和自由主义—威权主义维度。②我们要讨论的主要问题是民族主义情感是否应该像权力自治原则那样概念化。民族主义是否是能够涵盖民族主义内外两个方面的一系列政治态度和表达情感行为的第三维度？或者我们不用求助民族主义情感概念就能确定不列颠的政治态度？这一维度是如何与选民的行为相关联的？

一 数据与测量

我们的资料来源于“不列颠选举定群研究”（BEPS）1992—1997 年之间的统计数据和调研报告。BEPS 跟踪了 1992 年不列颠选举调查的受访者。受访者在 1993 年、1994 年、1995 年和 1996 年再度接受访谈，并于 1997 年大选后最后一次接受访谈。1994 年的访谈是在 1994 年 6 月 9 日欧洲选举后不久进行的，包含了一系列覆盖那些选举的问题。③

BEPS 构建了一个量表，意在衡量人们不列颠民族主义情感的力量。在构建量表的过程中，BEPS 没有直接涉及迦尔纳关于政治原则的任何问题，但的确还是有几个涉及不列颠民族情感表达维度上的问题。这几个问题是：

---

① Kellas, *The Politics of Nationalism and Ethnicity*, p. 149.

② 参见 Anthony F. Heath, Geoffery Evans and Jean Martin, “The Measurement of Core Beliefs and Values: The Development of Balanced Socialist/Laissez Fair and Liberation/Authoritarian Scales”, *British Journal of Political Science*, 24 (1994), 115 - 32。

③ 对不列颠选举样本研究的技术细节，参见附录 A 以及 Lindsay Brook 和 Bright Taylor, “The British Election Panel Study 1992 - 95: Interim Technical Notes”, CREST Working Paper 41 (1996)。

在处理自己的事务方面，不列颠还有许多方面需要向其他国家学习。

在这个世界上，我宁愿做不列颠的而不是其他国家的公民。

今天有些关于不列颠的事情让我羞于是个不列颠人。

不列颠人民太愿意批评他们的国家了。

对于每一个题目，有5个相应的答案，从“强烈同意”到“强烈不同意”。用这4个题目来构建了一个平衡的莱科特（Likert）量表。题目重新设定了分值刻度，以便所有的刻度都是从1到10，高分值意味着有不列颠民族主义情绪。这个量表有一个低克朗巴哈阿尔法系数（内部可靠性度量）0.35。因为只有4个题目，不能期望有一个高阿尔法水平。

低可靠性部分原因是问题导向造成的：一些受访者，尤其是受教育程度不高的人，倾向于赞同题目的观点，“说—对”的倾向引导着题目答案的措辞也朝向同样的方向，彼此高度相关（高度与用词负面题目不相关）。[①]就像所看到的，两个题目的用词是偏好不列颠方向，两个是反对不列颠方向。因此，四个题目的因素分析导致两个因素解决方案契合题目的方向。较高水平的内部可信度可以通过选择题目以同方向措辞来实现，但是，量表的倾向应该是平衡的，而不是不平衡的，要有较高内部可信度。但它会受“说—对”的影响，是会受偏见影响的。内部可信度问题并不是不重要，但偏见和有效性问题是最基础的。我们转到下一个问题，考虑准则的有效性，在后面我们将考虑预测上的有效性。[②]

在1992年这轮访谈中，关于民族认同，BEPS也询问了受访者“在苏格兰谁是居民”这样的问题。可以用这个来评估关于不列颠民族情感量度标准的有效性问题。它能够从那些非此即彼的单一认同的人群中分辨

---

① 对于讨论“说—对”，参见H. Schumann and S. Presser, *Questions and Answers in Attitude Research*, New York: Academic Press, 1981, A relevant example is given in Heath, Evans and Martin, “The Measurement of Core Beliefs and Values”。

② 关于克朗巴赫阿尔法的评论，参见J. M. Cortina, “What is Coefficient Alpha? An Examination of Theory and Applications”, *Journal of Applied Psychology*, 78 (1993), 98－104。关于政治科学方面可靠性和有效性问题的一个更通用性的讨论，参见Anthony F. Heath and Jean Martin, “Why Are There So Few Formal Measuring Instruments in Social and Political Research ?” in Lars Lyberg et al., eds., *Survey Measurement and Process Quality*, New York: Wiley, 1997, pp. 71－86。

出具有不列颠和苏格兰双重认同的人。① 问题的措辞是这样的：

> 我们对生活在苏格兰的人民如何看待他们自己感兴趣。这张卡片上的哪一个陈述最能准确描述你是如何看你自己的？
>
> 苏格兰人而不是不列颠人
>
> 苏格兰的成分比不列颠的成分更多一些
>
> 一半是苏格兰人一半是不列颠人
>
> 不列颠的成分比苏格兰的成分更多一些
>
> 不列颠人而不是苏格兰人

BEPS 希望的是把自己描述为苏格兰人而不是不列颠人的人在不列颠民族情感的量表上得到一个最低的分值，而把自己描述为不列颠人而不是苏格兰人的人得到一个最高的分值。当把视自己更像一个苏格兰人而不是不列颠人移至视自己更像一个不列颠人而不是苏格兰人的另一端时，受访者分值在不列颠民族情感量表上稳步上升（见表 1 – 1）。

表 1 – 1　　　　民族认同与不列颠民族主义

	平均分值	人数（人）
苏格兰人而不是不列颠人	5.5（5.2—5.8）	103
苏格兰的成分比不列颠的成分更多一些	5.8（5.6—6.0）	239
一半是苏格兰人一半是不列颠人	6.3（6.1—6.5）	186
不列颠的成分比苏格兰的成分更多一些	6.7（6.0—7.5）	23
不列颠人而不是苏格兰人	7.0（6.1—7.9）	13
全部	6.0	564

资料来源：1992 SES and 1994 wave of BEPS; respondents resident in Scotland, unweighted data. Figures in brackets give the 95 percent confidence intervals。

关于不列颠民族情感，除了这个量表，BEPS 还用了两个莱科特量

① See L. Moreno, "Scotland and Catalonia: The Path to Home Rule", in David McCrone and Alice Brown, eds., *The Scottish Government Yearbook*, Edinburgh: Unit for the Study of Government in Scotland, 1988.

表，它们能够测量左翼—右翼（或者更确切的社会主义—自由主义）和自由主义—威权主义价值观。这两个量表除了使用6个题目，再一次做了平衡。刻度设定为1到10，相对地，高分值代表自由主义和威权主义价值观。①在1994年的BEPS面谈中用到了这两个量表。1994年这个社会主义—自由主义量表，克朗巴哈的阿尔法系数为0.63，而自由主义—威权主义量表的阿尔法系数为0.56。

如果对构建3个量表的所有16个题目同步进行因素分析，就能得到一个4因素的解决方案（就像在表1-2中看到的那样）。第一个因素与社会主义—自由资本主义维度对应，第二个与自由主义—威权主义维度对应。对于第三个因素，虽然自由主义题目“企图推翻民主的政治党派”和“自由举办公众聚会”相对也有强大的载荷，但两个“反—不列颠”题目还是有最强大的载荷，就像左翼题目“一个富人的法律和一个穷人的法律”“主要公共服务应该国有化”和“国家有责任为每一个想要工作的人提供就业”那样。最后，两个“赞—不列颠”题目对第四个因素有着最强大的载荷，但是威权主义题目“今天的年轻人对传统的不列颠价值观没有足够的尊重”对于这个因素，也有一个较高的载荷。

在某种程度上，虽然可能有其他独立的程序在起作用，但问题导向效果好像要对来自预料中的三要素模式产生的绝对偏差负责。尤其是，“传统不列颠价值观”题目出现在自由主义—威权主义量表中可能使该量表偏向了民族主义方向。然而，三个量表之间相关性的模式表明它们彼此之间是有合理区隔的。如在先前的研究中所发现的那样，社会主义—自由资本主义和自由主义—威权主义题目在1994年的BEPS中只有微弱的0.16的相关性。而这个新的不列颠民族情感量表与两个旧表之间有0.31和0.28的相关性。

这一相关性模式表明不列颠民族情感量表是处于其他两个量表之间的中间地带，也许包含了两个表中的因素。它是不是因此将一些东西加进了左翼—右翼和自由主义—威权主义量表的信息中了？或者它就是一个简单的其他两个表的混合物，自己不具备额外的解释价值？

① 关于这两个量表的细节，可参考Heath, Evans and Martin, “The Measurement of Core Beliefs and Values”。

表 1-2　　三个价值观量表题目的因素分析

	因素 1	因素 2	因素 3	因素 4
社会主义—自由资本主义题目				
普通民众公平分享	0.64	0.21	0.00	0.06
一个富人的法律	0.55	-0.17	0.38	-0.15
工会没有必要	0.62	0.30	0.06	0.11
私营企业最好	0.72	0.00	0.04	0.18
国有	0.37	-0.18	0.30	0.02
为每个人提供工作	0.37	-0.30	0.36	0.00
自由主义—威权主义题目				
传统不列颠价值观	0.01	0.35	-0.06	0.63
监控必要	0.05	0.53	-0.04	0.33
允许新教聚会	0.15	0.19	0.53	0.11
同性恋是错误	0.05	0.77	0.08	0.07
更多的容忍	0.09	0.60	0.38	-0.10
允许反民主政党存在	-0.27	0.16	0.44	0.24
不列颠民族主义题目				
不列颠应该学习	0.07	0.02	0.59	0.11
愿为不列颠公民	0.01	0.07	0.17	0.67
随时准备批评不列颠	0.24	-0.09	-0.02	0.70
羞为不列颠人	0.10	0.04	0.57	-0.17
特征值	2.79	1.92	1.37	1.06
偏差解释	17.4	12.0	8.6	6.6

资料来源：BEPS，1994 wave，weighted data。

二　民族主义情感与政治问题

就像前面指出的那样，我们假设人有相对稳定和持久的价值观和情感，这些价值观和情感会塑造他们对短时政治问题的态度。BEPS 以询问不列颠民族情感是否提供了对当代政治态度的额外视角或者关于左和右、自由主义和威权主义的传统观念是否满足了他们自己的需要开始。更具体地，民族主义情感是否对人们关于内部和外部问题的态度的形成有所帮助？这些都是面对苏格兰和爱尔兰民族主义、解散工会的可能性以及不列颠在欧洲和国际关系中的作用的一般性问题的态度。

为研究这个问题，笔者找出了一系列包含在 1992 年 BES（不列颠选举调研）和 1994 年 BEPS 中关于一系列政策的问题。这些问题都是经过筛选的，它们在当代不列颠政治中很重要，它们被包含在问卷中以测试民族主义理论。所选的题目是：

减税和减少政府支出（BEPS 1994）
失业与通胀（BEPS 1994）
国有化和私有化（BEPS 1994）
苏格兰交权（BES 1992）
爱尔兰再统一（BES 1992）
欧洲整合（BEPS 1994）
不列颠的核威慑（BES 1992）
援助第三世界（BES 1992）
种族平等（BES 1992）
死刑（BEPS 1994）
重判（BEPS 1994）

在 5 个调研中，上述问题只是用在了 1992 年选举季的 BEPS 中（即开始于 1992 年的不列颠和苏格兰选举调查）。关于不列颠民族主义的问题用在了 1994 年量表中。在这 5 个调研中，这些量表也许能够预测两年之前人们的态度。

关于三个主要价值维度，我们回归到针对这些具体政策问题的态度上来：社会主义—自由资本主义、自由主义—威权主义和不列颠民族情感维度。①表 1－3 显示了标准化的回归系数。这些结果显示了一个令人满意的模型。有一些问题，如私有化、失业和减税，主要受社会主义—自由资本主义量表的影响并与其他两个量表有微弱的联系。其他的，如死刑和重判，主要是受自由主义—威权主义价值量表的影响。

表 1－3　**预测对政策的态度**

对……的态度	标准回归系数				
	社会主义—自由资本主义量表	不列颠民族情感量表	自由主义—威权主义量表	Delta	N
国有化—私有化	0.47***	0.07***	－0.06*	1.5	1761
失业—通胀	0.30***	0.03	0.01	0.3	1763
支出—税收削减	0.25***	0.04	0.01	0.8	1762
苏格兰分权	0.13***	0.12***	0.07**	28.9	1633
爱尔兰再统一	0.10***	0.10***	0.06*	30.9	1729
不列颠核威慑	0.10***	0.14***	0.06**	56.6	1762
欧洲一体化	0.06*	0.19***	0.15***	52.5	1766
援助第二世界	－0.04	0.14***	0.17***	41.8	1763
种族平等	0.01	0.12***	0.25***	15.8	1764
死刑	－0.05*	0.08***	0.34**	3.4	1758
重判	－0.08**	0.09***	0.37***	4.2	1760

注：列头为“Delta”的一列显示当不列颠民族主义情感量表加入模型时，R^2（调整）百分比的变化。

资料来源：BES 1992 and BEPS 1994，weighted data。

注：关于苏格兰分权的题目只向英格兰和苏格兰受访者提问，关于威尔士分权，有一个独立的问题会向威尔士受访者提问。

*p　0.05；**p　0.01　***p　0.001。

① 在大多数案例中，变量用 5 级量表来衡量。严格来讲，一个有序的对数单位模型比线性回归更受欢迎，但好像结果差距不是很大。

在两极之间的一些题目，与测量不列颠民族主义情感有相对强的关联性。这些题目包括民族主义的外部方面，如欧洲整合和不列颠核武器的保留；以及内部方面，如苏格兰分权和爱尔兰再统一。种族主义态度更多地属于自由主义—威权主义维度，而不是民族主义维度。当像民族阵线或不列颠民族党这样的党派企图为他们本来的种族主义事业盗用民族符号的时候，民族主义不应该过于简单化地等同于仇外主义和种族主义。经验上讲，这两个概念不是没有相关性，但它们绝不是一回事。①

与不列颠民族主义情感的关系不像那些左翼—右翼与自由主义—威权主义题目以及它们相关的量表之间的关系那么强劲。不列颠民族情感量表对欧洲整合有一个最大化的影响（回归系数 0.19），因此其他两个量表显示出了几个实质性的较大的系数。这表明不列颠民族主义不会像其他两个维度有同样程度的意识形态方面的独特性和一致性。

表 1 -3 中的回归系数模式与人的直觉惊人地一致并且展现出一些概念上的一致性。在民族主义维度上，最有关系和最有影响力的题目是一个宪法上的题目，它可能会导致英国在欧洲失去民族治权。在迦尔纳的表述中，这是一个严谨的问题，可以测量到它与不列颠民族主义情感有最强的关联关系。不列颠核武器与其他两个维度中的任何一个相比更与民族主义维度有强关联关系。民族主义也许不愿意看到他们的民族—国家在国防上依赖超国家的政体，不列颠拥有他们自己的核威慑可以被看作不列颠独立性的重要的符号。“独立的核威慑”一组词经常被它的支持者引用，强调它与民族治权之间的关系。

这些结果表明，民族主义量表确实与具体的政策问题相关，它能够解释其他两个价值维度调查的结果。例如，在对欧洲的态度方面，包含不列颠民族主义的量表把解释的偏差从 5.65 个百分点增加到了 8.62 个

---

① 有很多关于威权主义、民族中心主义和民族主义之间关系的文献，其他的研究一致地发现，就我们做的那样，在威权主义和民族中心主义之间有一个强关系，关于这两个概念与民主主义之间的联系的研究成果并不能保持一致。在我们的案例中，我们发现了在不列颠民族情感量表与种族平等题目之间有一个 0.19 的相关性。种族平等题目与自由主义—威权主义量表之间的相关性是 0.28。关于其他研究的充分讨论，可参见 H. D. Forbes, *Nationalism, Ethnocentrism and Personality*, Chicago: University of Chicago Press, 1985。

百分点，[①] 增加了52.5%。表1-3的最后一列（列头是“Delta”）显示了当不列颠民族情感量表加入模型后，增加的百分比。如我们所看到的，在苏格兰分权、核武器、爱尔兰再统一和援助第三世界以及欧洲一体化方面，都得到了实质性的增加。相反，在诸如国有化或死刑方面，包含不列颠民族主义情感量表的解释性偏差没有多大变化。这清楚地说明民族情感对左翼—右翼和自由主义—威权主义量表有解释作用，而不是两个已有量表的混合物。

三 不列颠民族主义者情感的社会基础

民族主义理论没有给我们任何特别清晰的指引来鉴别民族主义者情感的社会基础。然而，一方面是“排他性的”或族裔民族主义，另一方面是“包容性的”或社会民族主义，这两者之间是相关的概念性区分。根据定义，排他性的形式将被限制在特殊的族群人数范围内，并有一个归属的特征。在这样的案例中，族裔的标识，如语言或宗教将与民族主义情感有强关联关系。例如，在北爱尔兰，我们能够发现民族识别和民族情感与宗教教派紧紧地关联在一起，教派当然与对宪法问题的态度紧紧地关联在一起。[②]

相反，在苏格兰，民族主义具有社会特征。它是建立在共享的民族文化而不是共同的血缘基础上的。它具有包容意义，任何一个人都可以适应那种文化并加入这个民族，即使那个人不被认为是“族裔民族”的一个成员。[③]因此，苏格兰民族主义不像北爱尔兰那么强调归属，而是更具唯意志论的特点。因此，我们不会发现苏格兰民族主义情感像北爱尔兰那样

---

① 相对低的解释性偏差是部分地由于我们的因变量只有5个反馈类别这样一个事实。可以在理论上加以解释的最大的偏差好像是相当不统一。像其所发生的那样，除了用于表3的5—点量表，我们也有一个11—点量表来测量对欧洲的态度。假如我们用11—点量表来测量因变量，解释性偏差将从8.8个百分点上升到13.3个百分点。对于这类设计统计问题的讨论，可参见David R. Cox and Nanny Wermuth，“A Comment on the Cofficent of Determination for Binary Responses”，*The American Statistician*，46（1992），pp. 1-4。

② 例如，可参见Geoffrey A. Evans，“Northern Ireland during the Cease-Fire”，in R. Jowell et al.，eds.，*British Social Attitudes*：*The 13th Report*，Aldershot：Dartmouth，1996；Bernie Hayes and Ian McAllister，“British and Irish Public Opinion towards the Northern Ireland Problem”，*Irish Political Studies*，11（1996），61-62。

③ Kellas，*The Politics of Nationalism and Ethnicity*，p. 51.

与族裔标识有一个强关联关系。在苏格兰，关于苏格兰民族党（SNP）支持者的研究表明，它的最有力的决定因素事实上是年龄和社会等级，苏格兰民族党尤其对年轻人和工人阶级具有吸引力。①

类似地，官方不列颠民族主义也颇具包容特点。作为官方民族主义，它越有效就越具有一致性，与特殊社会群体的关系就越弱。站在理论立场上，它应该与不列颠国家的主体机体建立紧密的关系，如工薪阶层、已有的英格兰宗教、公共学校、军队以及君主政体。我们也发现了一个民族情感传世的重要基础：经历过第二次世界大战和冷战的一代人可以比年轻的一代展现更加强烈的民族主义情感；对年轻人来说，如在苏格兰，不同的身份认同也许更有吸引力。在这方面，不列颠民族主义也许会是苏格兰民族主义结构性的以及政治性的对立面，因为苏格兰民族主义在某种程度上是反对苏格兰持续地臣属于不列颠国家。

表 1 - 4 显示年龄和教育背景与不列颠民族情感有着强关联关系。大学毕业生被证明是最不喜欢表达民族主义情感的，而那些没有学位的人最喜欢这样做。年龄较大的受访者在不列颠民族情感量表中展现出了较高的分值；1992 年 50 岁以上的人大多数生于战前，在量表中获得了较高的分值。这些年龄差异是代际差异而不是生命周期造成。非常类似，在君主政体支持者态度中也发现了代际差异的证据（与民族自豪感密切相关）。②

表 1 - 4　**民族主义情感的社会基础**

	因变量	
	不列颠民族主义量表	苏格兰民族主义量表
1992 年时的年龄		
20—29 岁（基础范围）		
30—39 岁	- 0. 07	0. 15
40—49 岁	0. 14	0. 00
50—59 岁	0. 32 * *	0. 21
60 岁及以上	0. 48 * * *	- 0. 39 * * *

① 参见 Brand, Mitchell and Surridge, "Social Constituency and Ideological Profile"。

② 参见 Anthony F. Heath and Alison Park, "Thatcher' s Children?" in Roger Jowell et al., eds., *British Social Attitudes: The 14th Report*, Aldershot: Dartmouth, 1997。

续表

	因变量	
	不列颠民族主义量表	苏格兰民族主义量表
最高资质		
学位	-0.72***	-0.22
中间学历	-0.21**	0.05
没有（基础范围）		
宗教		
英格兰/苏格兰教派	0.27***	-0.19*
天主教	-0.04	0.00
非国教徒	0.17	-0.07
其他	-0.21	-0.37**
无（基础范围）		
社会阶层		
薪水阶层	0.22*	-0.39***
杂役	0.02	-0.21**
小资产阶级	0.33*	0.00
工头	0.20	-0.15
工人（基础范围）		
民族识别		
不列颠人（基础范围）		
威尔士人	-0.03	--
苏格兰人	-0.48***	--
爱尔兰人	-0.62*	--
解释性方差（调整的）	7.8%	6.0%
样本数	1701	884

资料来源：BEPS, 1992 and 1994 waves, weighteddata（for column 1）, SES 1992, unweighted data（for column 2）。

*p 0.05；**p 0.01；***p 0.001。

意料之中的是，不列颠民族主义情感与民族识别有着密切的关系。苏格兰人和爱尔兰人与不列颠人或英格兰人相比，得分相当的低。可以预计这也与宗教有关，国教信众表现出了较强的大不列颠民族主义。不列颠社会中其他主体人群是工薪阶层、小资产阶级，而他们的预估系数是相对较小的，但依然有意义。对军队成员的预估系数是很大的，但由于其在调查样本中数量非常小，没有达到统计学意义上的惯常水平，因此在分析中删掉了这个变量。①

发现哪一个结构上的位置和特点不会展现出与民族情感有些微联系也是很有趣的。性、族裔起源（黑人或亚洲人）、失业、工会成员、英格兰行政区，以及私立学校都被证明没有意义。在这些方面，不列颠民族情感确实表现出了相对的一致性。

不列颠民族主义的社会基础与苏格兰民族主义是对立的。5类量表测量了苏格兰民族主义，从前面的“是苏格兰人而不是不列颠人”排列到后面的“是不列颠人而不是苏格兰人”（高分值表示更强的苏格兰风格）的排列。表1－4的第二列显示了测量结果。

一般地讲，苏格兰民族主义的测量结果确实是与不列颠民族情感相对立的。关于年龄、教派信众和社会阶层的符号都是整齐划一地相反。主要的例外是教育，对不列颠民族情感和苏格兰民族识别都是负面的符号。在不列颠，作为一个整体，受过良好教育的人在不列颠民族主义量表中只获得了较低的分值，但是在苏格兰，对苏格兰民族主义来说，也没有转化成高分值。好像是较高的教育水平导致了国际主义。在这个意义上，受过良好教育的人将反对特殊的民族主义，不管是不列颠人还是苏格兰人。在这个方面，民族主义的内部和外部方面某种程度上可以是彼此掣肘。如果我们来看涉及不列颠民族主义内部和外部具体的问题，我们发现较高的教育水平与对待欧洲一体化的态度是正相关关系，但与苏格兰分享权力没有关系。然而，年龄与两者都有预期的负相关关系。

四　不列颠民族主义情感对政党的支持

不列颠民族主义在选举政治中发挥了怎样的作用？通过考察1994年三个量表与其对政党支持之间的关系，我们可以得到第一个全面的概观。BEPS不用标准的政党识别办法，而是使用提问法来进行识别，如会问受

① 指出这一模型中表1－4的系数必须解释为其他变量的净值是非常重要的。因此，表1－4中的系数不应该用来显示工薪阶层总体上比其他阶层更具民族主义倾向。工薪阶层的许多成员当然是受过良好的教育，因此，将不会太倾向于民族主义。

访者他们如何看待这些党派。

受访者会被问道：

> 请从这个卡片中选择一个词组来表明你感觉保守党如何……非常赞成、赞成、既不赞成也不反对、反对、强烈反对。

在1994年选举中，关乎对工党、自由民主党、绿党、不列颠民族党，还有苏格兰民族党（在威尔士，是威尔士民族党）的感觉，BEPS提出了相关的识别问题。把在提问中回答“非常赞成”或者简单“赞成”这个党的人归为支持者。这些不是相互排斥的分类，被访者可以赞成一个以上的政党。

在表1－5的三个价值量表中，展示了7组政党支持者的平均分值（所有的都是0—10）。如可期望的那样，主要政党的支持者在左翼—右翼量表上的极化现象非常严重，在保守党5.8和工党的3.8之间有2个点的差距。苏格兰民族党吸引了左翼的投票人，① 同时我们可以看到自由民主党和绿党也居于中心点的左侧。

表1－5　　1994年价值定位和对各政党的支持

受访者赞成……	价值量表上的平均分值			
	社会主义—自由资本主义	不列颠民族主义情感	自由主义—威权主义	人数
保守党	5.8	6.9	6.2	474
工党	3.8	5.9	5.7	795
自由民主党	4.3	6.1	5.7	691
绿党	4.2	5.7	5.3	388
不列颠民族党	4.5	6.3	6.4	37
苏格兰民族党（只是苏格兰）	3.8	5.7	5.7	82
威尔士民族党（只是威尔士）	4.0	5.9	6.2	16

资料来源：1994 wave of BEPS，weighted data。

① 参见Brand，Mitchell and Surridge，“Socail Constituency and Ideological Profile”。

主要政党在自由主义—威权主义量表上的分野是很小的，只有0.5个点，保守党为6.2个点，而工党为5.7个点。事实上，绿党和不列颠民族党在这个量表上得到了极值，绿党支持者在自由主义者维度上所得分值最大为5.3，不列颠民族党在威权主义维度上所得分值最大为6.4。

我们发现了主要政党的支持者在不列颠民族主义情感的测量上的分化，比他们在自由主义—威权主义维度的分化要严重。而且，是保守党而不是不列颠民族党的支持者在不列颠民族主义情感上得到了最高的分值，而苏格兰民族党和绿党的支持者得到了最低的分值。我们发现不列颠民族党的支持者在民族主义情感上是没有任何不同。先前的研究表明是对待种族主义的态度与不列颠民族党的支持者有紧密的联系。种族偏见和反人类，与自由主义—威权主义维度的关系比民族主义更紧密。①

民族主义情感不是左翼—右翼或自由主义—威权主义量表简单而苍白的反射。它让各政党不同于在其他两个量表中的任何一个中的表现。而且，在一个多变量的分析中，我们发现它对政党支持的解释做出了一个相当有价值的贡献，即使是在其他两个量表已经包括在这个分析之后。

对于多变量分析，可以把1994年欧洲选举中的投票行为作为因变量。在表1－6中，有三个独立的逻辑上的回归分析。第一个，对比保守党和自由民主党的得票；第二个，对比保守党和工党得票，第三个，只对苏格兰受访者，对比保守党和苏格兰民族党的得票。对一个多项的逻辑回归分析而言，这是一个等效分析。可以使用三个价值量表作为预测工具。在所有的三个回归分析中，能够看到左翼—右翼维度与得票有着最强的网状关系，在工党与保守党的对比案例中，这个预估参数是最大的。自由主义—威权主义量表只有在保守党和自由民主党的对比案例中才具有网状关系。在保守党—工党或者保守党—苏格兰民族党的对比中，它没有表现出有特别的影响。

---

①　对于定位问题和民族阵线支持的分析，使用了1979年BES的资料，参见Anthony F. Heath, "What Has Happended to the Extreme Right in Britain?" *Rea Publica*, 37 (1995), pp. 197－206。

表 1－6　　价值量表和 1994 年欧洲选举

	对比保守党得票数的逻辑回归参数		
	自由民主党	工党	苏格兰民族党
社会主义—自由资本主义	－0.87***	－1.50***	－0.87**
自由主义—威权主义	－0.37**	－0.13	－0.37
不列颠民族主义情感	－0.36**	－0.41**	－0.55**
正确分类（%）	76.9	84.3	84.9
Delta	14.4***	18.7***	8.2***
N	524	776	139

注：Delta 代表当不列颠民族情感量表加入模型时，适用性的改善。

资料来源：BEPS 1994，SNP 数据只是基于 SNP 与保守党在苏格兰的投票数未加权的比较结果。其他数据是基于加权的各项 N 的结果。

*p　0.05；**p　0.01；***p　0.001。

不列颠民族主义情感量表在 3 个对比中都具有相当的影响力。在苏格兰它对苏格兰民族党有最大的影响，它对保守党—工党的对比有同样大的影响。表的最后一行（标着“Delta”）显示了当民族主义情感量表加入时，所得到的适用性方面的改善。如我们所看到的，在所有三个案例中，这个改善是非常有意义的。①

即使是对工党与自由民主党的对比而言，一个可能性是这个结果被苏格兰的政治驱动。在苏格兰，除了保守党作为唯一一个无可置疑的统一主义政党，工党和自由民主党都采取了一个强烈的地方分权主义立场。因为民族主义问题在苏格兰比在英格兰更加政治化，苏格兰投票行为是否在驱动着表 1－6 所展现的结果？对这个问题的回答是毋庸置疑的“否”。当我们重新运算英格兰保守党—工党和保守党—自由民主党的回归分析时，剔除了所有苏格兰的受访者，不列颠民族主义情感的预

① 表 1－6 最后一行的数据代表了当民族情感量表加入到包含其他两个量表的模型中所得到的对数似然变化，如所展现的那样，可以看作是民族情感对模型的适用性独特的贡献。这个对数似然的变化分布接近于卡方，当这个样本很大时，这个变化的意义的程度可以从常规的卡方表得到确认。

估参数没有变化。因此，不列颠民族主义情感在相似规模的英格兰工党、保守党和自由民主党政治中也发挥着类似在其北部边境之外的地方发挥的作用。

表 1－7　**价值量表和 1997 年大选**

	对比保守党得票数的逻辑回归参数		
	自由民主党	工党	苏格兰民族党
社会主义—自由资本主义	－0.64***	－1.16***	－0.76***
自由主义—威权主义	－0.32***	－0.21**	－0.36*
不列颠民族主义情感	－0.28***	－0.30***	－0.46**
正确分类（%）	72.1	78.7	79.2
Delta	13.5***	20.6***	8.5***
N	737	1129	140

注：Delta 代表当不列颠民族情感量表加入模型时，适用性的改善（－2 对数似然）。

资料来源：BEPS 1994 和 1997，SNP 数据只是基于 SNP 与保守党在苏格兰的投票数未加权的比较结果。其他数据是基于加权的各项 N 的结果。

*p　0.05；**p　0.01；***p　0.001。

另一个可能性是 1994 年欧洲选举投票的选项强化了不列颠治权作为一个问题和民族情感作为一个解释性变量的特征。很清楚，需要在不同的背景下重现这一分析来进行印证。能够进行的一个基本测试是使用 1994 年的三个价值量表预测随后 1997 年大选投票结果。这对分析量表是一个严峻的考验，因为预测方法和所反馈的变量之间有三年的时间间隔。结果展示在表 1－7 中。表 1－7 模型的解释能力某种程度上比表 1－6要弱，因为是要预测三年后的行为。因而案例分类的准确性（百分比）下降了，在保守党—工党对比的案例中，由 84.3% 下降至 78.7%。虽然对不列颠民族情感来说下降的量级与社会主义—自由资本主义的量表一样，但在预估参数规模方面也有了相应的下降。而且，对不列颠民族情感的测量对模型的适用性做出了贡献，并且对自由主义—威权主义维度也是有大致一样的量级。所以，即使如此严苛，不列颠民族情感还是通过了测试。

欧洲与不列颠大选之间的比较还是很复杂的，后者参加投票的人数比前者要高出几个数量级。这样表 1 – 6 和表 1 – 7 之间的差异可能是由参加欧洲选举和投票与参加不列颠大选和投票的人群类别不同造成的，而不是由相同的个体在不同的范围内投票方法不同造成的。如果在表 1 – 7 中把受访者样本限制在那些在 1994 年欧洲选举中实际投票的人，会发现不列颠民族情感预估参数会上升到像表 1 – 6 那样的水平。

结 论

不列颠民族主义情感看上去确实分化了选举，并且不同于长期存在的左翼—右翼和自由主义—威权主义维度。它确实与这些维度中的两个相关，并且在某种意义上处于它们之间的位置上，它不能被减弱，拥有自己的解释性力量。在保持其作为“官方”国家民族主义的角色时，不列颠民族主义有一个相对包容性的特征。某种程度上，它的社会基础是苏格兰民族主义社会基础的镜像，当然官方民族主义，至少是在保守党治下，已经受到了直接的反对。

这些民族主义情感，以内部和外部一致性的方式，建构了针对更多话题性的政治问题的态度。1994 年欧洲选举和 1997 年大选已经证明它与投票有着重要的关系。可以确认，民族情感在两次选举中起到了非同寻常的主导作用，某种意义上说，成了非典型选举。1994 年，民族治权的“外部”问题在欧洲一体化和马斯特里赫特条约的讨论中受到异常突出的关注，而在 1997 年大选中公投党的作用也提高了关于这些问题的意识。即使工党宣言的承诺在威尔士议会和苏格兰议会顶住了公投党的压力，对威尔士和苏格兰来说“内部”分权问题也在 1992 年选举中发挥了不同寻常的巨大的作用。

如果那些欧洲一体化问题与苏格兰和威尔士分权问题再一次变成新宪法问题解决方案一个共同的组成部分的话，也许可以预测，外部和内部两方面的问题在将来会从政治议程上消失。或者，如果出现对官方民族主义进一步的挑战（或者来自欧洲一体化或者来自苏格兰寻求独立），民族情感的政治特征也许会得到强化。在不列颠政治中，民族主义维度的未来或许将有一个高度变通的特点。相比左翼—右翼的持续性的主导性的角色而言，它们将在不列颠政治中扮演一个间歇性的角色，也许是一个非趋势性的起伏。

然而，如果不是趋势性的起伏，不列颠民族主义就可能已经达到了它的最高点并注定会在将来逐渐地下滑。随着老一代逐渐退出选举并被年轻的、更国际化的大军所替代，不列颠民族主义的代际基础表明官方民族主义，至少以现在的形式，生命周期是有限度的。苏格兰民族主义，假设其基础是年轻的投票人，或许会有一个更有前途的未来。但是代际变化是很慢的，而且易被某具体政治偶然性衍生的“阶段”效果淹没。①

附录 A：调查对象

文中的数据来源于 1992—1997 年不列颠选举定群研究（BEPS）。这个受访者群组是 1992 年不列颠和苏格兰选举研究所长期追踪的访谈对象。这些访谈对象每年接受一次访谈，1994 年之后中断了 6 个月，一直持续到 1997 年大选。1992 年的调查是通过面对面访谈的形式进行的，1994 年和 1995 年春、1996 年和 1997 年也是这样。1995 年秋和 1996 年选举季是通过电话进行的，而 1993 年选举季是通过邮寄的方式进行的。

最初的 1992 年选举研究，在苏格兰是完全采样，以便能够对苏格兰人的投票行为进行一个详细的研究。②只对居住在苏格兰的受访者提问了一系列的附加问题。这些数据被用作不列颠样本的地方都做了加权处理，以降低苏格兰人完全采样的权重，形成一个代表性的不列颠人样本。

在 1992 年的不列颠选举研究中，完成了 3534 个访谈，反馈率为 73%。这些初始受访者中有 2277 人参加了 1994 年选举季的访谈，有 1924 人在 1997 年大选后参加了最后一拨访谈。为了保持这样一个被调查对象

① 关于在解释态度变化方面的主导代际阶段性效果的展示，参见 Anthony Heath and Jean Martin, “Changing Attitudes towards Abortion: Life - Cycle, Period and Cohort Effects”, in B. Taylor and K. Thompson, eds., *Understanding Change in Social Attitudes*, Aldershot: Dartimouth, 1996, pp. 55 - 74。

② Brand, Mitchel and Surridge, “Social Constituency and Ideological Profile”.

群体，想尽了一切办法，但是很清楚，研究受到了调查对象损耗的影响，而且是不可避免的。这些损耗集中在某些群组，而不是统一地分散在所有的群组中。①

附录 B：政策问题表述

1992 年访谈问卷

32 这些陈述中，哪一个最接近你自己感觉是应该做的？如果你没有意见，就这样说。

不列颠应该保有自己的核武器，独立于其他国家

不列颠应该拥有核武器，只是作为西方防务系统的一个组成部分

不列颠不应该对核武器做任何事情，无论在何种条件下

33a 关于北爱尔兰的长期政策，你认为对它而言应该是……

……保留为联合王国的一个部分

或，与爱尔兰其余部分重新统一？

47b 使用这张卡片，请说出你是同意还是不同意这些陈述中的每一个，或者说出你是否不确定那种方式……

政府应该给予贫穷的非洲和亚洲国家以更多的帮助？

（答案符号是：强烈支持/支持/不确定那种方式/不支持/强烈不支持）

50e 现在我想问一些关于最近几年发生在不列颠变化的问题。每个问题我都读出来，请用这张卡片来说明你是否认为它走得太远或者走得还不够远……

主张给不列颠的黑人和亚洲人平等的机会

① 调研对象损耗的细节，它对留下的调研对象代表的影响，为减少影响所采取的办法，还有关于成员资格是否限制了受访者行为不同于他们以前的行为的调查，可以在这些文献中获得：Bridget Taylor, Anthony Heath and Peter Lynn, “British Election Panel Study 1992 - 95: Response Characteristics and Attrition”, CREST Working Paper No. 40, London and Oxford: Centre for Research into Election and Social Trends, 1996。

（答案符号是：走得太过远/走得太远/关于权利/没有走太远/走得还不够远）

60a 在苏格兰，问题是选举的议会——一个特殊的议会。对苏格兰，处理苏格兰事务。哪一个陈述最接近你的观点：
苏格兰应该独立，从联合王国和欧共体分离出来
苏格兰应该独立，从联合王国分离出来，但是是欧共体的一个部分
苏格兰应该保持为联合王国的一个组成部分，但是拥有自己的选举出来的议会，议会可以征税和指出的权力，或者，
现有的制度不应该改变

1994 年访谈问卷

11 你是否认为不列颠长期政策应该……
离开欧共体，
留在欧共体，试着削减它的权力，
保持现状，
留在欧共体，试着增加它的权利，
或者，积极推进单一欧洲政府的形成。

38a 某些人感觉使人们回到工作中去应该是政府的最优先选项，这些人将把他们自己放入盒子 A 中。
其他人感觉保持价格下降应该是政府的最优先选项，这些人把他们自己放入盒子 K 中。
还有其他人的观点介于两者之间的某一点。
请点选最接近你自己观点的关于就业和通胀的盒子。

39a 某些人感觉政府应该大幅征税并且在健康和社会服务方面增加支出。这些人应该放在盒子 A 里面。
其他人感觉政府应该大幅减税并且在健康和社会服务方面减少支出。这些人应该放在盒子 K 里面。
请点选最接近你的观点的关于征税和政府支出的盒子。

40a　某些人感觉政府应该对许多私有公司进行国有化，这些人把他们自己放在盒子 A 中。

其他人感觉政府应该卖出许多国有化工业，这些人把他们自己放在盒子 K 中。

请点选最接近你自己观点的关于国有化和私有化的盒子。

（这三个题目提供给答题人 11 个盒子，分别标有从 A 到 K。）

1994 年　自完成调查

01b　请点选这些陈述中的相应的盒子，以表明你是多么赞同或者不赞同它。

不列颠应该找回死刑

01c　触犯法律的人应该被处以重判

（答案的符号是：强烈赞成/赞成/既不同意也不赞成/不赞成/强烈不赞成/无法选择）

说明：关于欧洲一体化、北爱尔兰的未来、核武器、种族平等、死刑和重判的题目，做了重新排序以便高分值代表“右翼”的答案。在所有的案例中，“不知道”被包含在中间点，而“没有回答”被排除了。

第二章　不列颠族裔政治理论及其应用

族裔认同一直是学者们感兴趣的话题之一。由于世界各地族裔政治运动相继出现，学者们对它的关注度还在持续增长。许多早期的著作揭示了这些运动最严重的后果——政治家的崛起、极端主义政党的发展、公民的分化、政治游行、罢工、暴乱、谋杀、政变，甚至内战。它们多发生在前殖民地或者经济上的发展中国家，如塞浦路斯、黎巴嫩和尼日利亚。而且，关于这些选题的理论著作，或者是试图解释运动的实际发生过程，或者是试图分析如何减轻或阻止这样的结果的发生。由于很多这样的社会处于持续不断的政治“流变”状态以及在一些经济发达的国族（nation）存在不断增强的族裔政治特点，这些著作的很多观点都不得不重新进行评估。这样的国族之一——北爱尔兰，就是本章的主要研究对象。当我们认真地审视北爱尔兰政治时，我们发现几乎没有什么研究工作对相关的理论思想的直接应用有所涉猎。①本章会提炼四个派系的思想，并评析它们的适用性。这样的评析是有一定的学术价值的，理由有三：第一，在理论的经验性应用方面，它是一个具体的、有指导意义的真实世界的案例。第二，在一些社会中，我们发现政治分裂早于或者经常伴随着形式更暴力的族裔冲突发生着。这样，因为北爱尔兰经历了这种分裂的某些最坏的结果，即最终演化成战争边缘的军事冲突，理论上的研讨可以帮助我们理解这些结果的前置条件。第三，这一分析可以帮助我们理解北爱尔兰冲突政治解决方案。

---

① 显然，巴奇（Budge）和欧黎瑞（1973，1971），达特（Dutter，1974），莱佛（Laver，1976a，1976b），黎直法特（1977a，1975b），瑞巴什卡和石浦赛尔（Rubashka and Shepsle，1972）和罗斯（Rose1971）是例外，具体出版信息见参考文献。

一　相关族裔政治理论评析

关于族裔政治理论和思想，有四种是我们比较关注的。它们是：（1）由瑞巴什卡和石浦赛尔（Rubashka and Shepsle）提出的理论（后文简称“瑞一石理论”）；（2）由一批学者提出的“多元主义”（pluralist）；（3）黎直法特（Lijphart）提出的“协和式民主”（consociational democracy）；（4）由沃尔芬格（Wolfinger）提出并由皮立戈（Peleg）修正的“动员”（mobilization）理论。

瑞巴什卡和石浦赛尔定义了一个“多元（plural）”社会——“文化不同并且它的文化派别与政治派别紧密地黏合在一起。”然后他们具体描述了一系列有利于分析的假设。他们的关键假设是个体的政治倾向是“精确定义”的，人们知道他们想从集体决策程序中得到什么。比如，倾向性可以与政治和政府机构的形式和运作机制相关联，可以与政党和候选人相关联，可以与社会中的经济和社会群体的地位相关联，也可以与公共政策的具体问题或者这些问题的组合等相关联。他们的理论具体描述了这些精确定义的倾向与以下三个假设之间的逻辑关系：

> A.1 社群内部的一致性：存在族裔共同体成员一致理解和表达的政治选择的倾向性。这样，一致的“族裔倾向函数”就可以代表所有成员；
>
> A.2 社群间冲突：面对所有集合问题，族裔共同体之间不能达成一致；
>
> A.3 感知上的一致性：所有行动人都是基于共同的感知框架评估那些可选项。

A.1 和 A.2 可以解释为，一个族裔共同体的倾向性排序是与其他族裔共同体的倾向性排序相反的。例如，一个族裔共同体选择是 a 到 b 到 c，那么其他族裔共同体的选择就是 c 到 b 到 a。A.3 意味着每一个个体都知道这些选择（a，b，c）的性质以及它们对他归属的社群的影响。在这个范围内，产生了三个从属的假设。

首先，冲突法是可操作的。这项法律表明一个社群最倾向的政策的社会选择排除了其他社群最倾向的政策的社会选择。

其次，假定集体决策是通过选举机制产生的，不同的候选人和政党在竞争选票过程中拥护不同的政策并且允许赢家执行这些政策。

最后，也是最重要的，假设族裔的倾向性是坚定不移的。这一假设已经远远超越了它的主张，以至于每一社群都非常在意它的目标的实现。逻辑上讲，假如一个个体有强烈的倾向性，它意味着与所有其他人①相比，他非常看重他最倾向的选择。

具体到北爱尔兰的相关性，以最简单的形式，这一瑞—石理论包括三个假设：（1）冲突的维度；（2）社会分成两个群体；（3）群体人数比例和政策模式的相关性，即假如一个群体具有决定性的多数，那么它可以有效地将其他群体的权利剥夺。

基于这些假设，瑞—石理论勾勒出了一个多元社会政治行为的“范式”，“进程”是：

（1）独立前族裔合作；（2）独立后族裔合作——模糊策略；（3）需求的产生和族裔特征的日益凸显；（4）提高门槛，多族裔联合倾向下降；（5）选举阴谋和不信任。

在应用中，瑞—石理论发现，进程（1）是契合许多前殖民地独立前历史的，即族裔差异从属于驱逐殖民统治者这一共同目标。然而，在这里它不适用于相关的那段北爱尔兰政治史，因此不必做进一步的讨论。进程（2）到（5）确实适用，而且描述它们如何在一个抽象的多元社会展开的是很有价值的。设想我们正在考察这样一个社会，它的文化是不一致的，但是它的族裔特征尚未发展成重要的政治问题。当然，在任的政治领导人对保持权利的地位感兴趣并且一定会通过选举机制来这样做。让我们进一步假定这一社会是由两个族群构成的，每一个都有坚定的、相互排斥的政策倾向。任职的政客所面临的问题是要采取一个能够吸引足够选票的选举策略来再次赢得选举。在这里，采用“模糊策略”将一个相关问题归入范式中的进程（2）是很重要的。

对立场问题采取模糊策略的政客，在任何一个社会都不少，但是在

---

① 这里我们尽可能地保持它是一个非技术特性的讨论。有数字倾向的读者——渴望一个关于强烈倾向更正式的说明——可以咨询瑞巴什卡和石浦赛尔。

一个多元社会尤其多。例如，可以设想一个多族裔群体候选人对不同的选民谈论不同的事情。如果一个对手采取相对不太模糊的立场，那么我们可以想象一些投票人会对自己说："这位候选人后来说的话太多，我无法确定他在这些问题上的立场，但是我非常清楚他的对手站在哪一边。我应该投给谁?"瑞—石理论预测，一个立场更为模糊的候选人将是他的选择。这一过程的重要特征是他的*对称性*。来自两个族群的投票人做出*同样的选择*。

继续采用这一范式进行分析，我们看到立场模糊的候选人不确定能否*再次*赢得选举。具体地讲，假设所有的候选人可以自由选择任何立场，但在进入范式的进程（3）和（4）的过程中，立场模糊的多族裔群体的候选人都会被无所不用其极地围攻。例如，假设某候选人，一个"政治家"，选择最偏向于某一族群的政策，这个族群的投票人将会把票投给他。那么立场模糊的、多族裔候选人就丢失了来自这一族群的选票；同样，也会失去其他族群的选票。最终，这个多族裔的候选人由于他的模糊立场陷入困境而只获得了少许的选票。出于对权力的渴望，进入范式的进程（5），他会采取"非法的"手段。类似地，假设政治家没有达成目标，他们和他们的追随者同样会这么做。结果，初始的民主政治制度好像要消失了，而社会好像要经历前面提到的暴力、不稳定的局面。

关于稳定的民主存在的必要性，与我们讨论的相关的多元主义理论，可以用三个主张来概括。如黎直法特所指出的那样：

（1）多元社会给各种民主政府带来沉重的负担；（2）从属族群通过核查和制衡政府权威以及阻止社会虚化，为稳定的民主做出了贡献；（3）通过稀释任何一个区块的特征，十字花式切割从属关系，对稳定的民主做出了额外的贡献。

动员理论是由一系列的出现族裔政治的必要的先决条件构成的。这些先决条件是：

（1）"识别"——在一个社会中，族裔政治活动的量直接与族裔识别的强烈程度相关；（2）"问题的相关性"——所观察到的活动量有赖于所牵涉的问题是什么；（3）"经济层级化"——劣势族群必须获得一些经济利益以保持政治活跃度；（4）"领导"——即在"族群动员"过程中，族裔的领导人至关重要；（5）"强化"——族群中的个体，对能够给其带来初步成功的组织保持忠诚；（6）"防卫"——为保持他们已有的权力和地位，族群要领先一步；（7）“诉求”——如果族群间的差异持久存在着，那么“强力的族裔动员政治”可能性会增长，而且多样化的族裔诉求和极端主义的领导模式更容易出现。

尽管这些理论对相似现象的解释有相关性，上述提到的思想还是表现出了显著的差异。例如，瑞—石理论首先聚焦于“群众”——族群和他们的态度、信仰、理念以及倾向性。与此相反，协和式民主主要聚焦于精英行为，假定它对保持群众“可控”至关重要。然而，我们发现不管是理论的还是经验的，这一协和式民主的核心面是瑞—石理论范式可以覆盖的。多元主义理论处理更为普遍的关切，而不是聚焦。由于这一原因，还因为瑞—石理论主要是详尽阐述多元主义的第一主张，多元主义理论没有受到额外的关注。动员理论也包含着其他三个理论的因素。再一次，我们发现它被瑞—石理论覆盖了。简言之，没有必要去评估每一理论对北爱尔兰的适用性，相反，我们可以用瑞—石理论作为评析爱尔兰族裔政治的框架。

二 瑞—石理论在北爱尔兰族裔政治中的应用

（一）先决条件

瑞—石理论在应用之前有两个先决条件必须得到满足。第一，社会必须在文化上和族裔上都是不同的。第二，这种不同必须具备政治相关性——这些不同的族群必须组成“紧密的政治派别”。然而，这并不意味着所有或者大多数族群成员必须隶属于同样的政治组织或展示出一致的政治行为。但是，它意味着他们必须拥有，如假设 A. 1、A. 2 和 A. 3 所定义的那样，共同的政治态度、信仰、理念和倾向。

北爱尔兰明显地满足第一个先决条件。①它的两大族群中，每一个都能够通过主流特征宗教属性识别出来。新教，大约三分之二的人口，是来自不列颠定居者的后裔（主要发生在 17 世纪）。天主教，其他三分之一人口，是早期爱尔兰凯尔特人的后裔。考虑到每个族群的理念，把他们称为新教不列颠人社群和天主教爱尔兰社群更准确一些。第二个先决条件也

① 参见巴瑞特（Barrit）和布斯（Booth）（1972），巴里（Barry）（1975），巴奇（Budge）和欧黎瑞（O’Leary）（1973，1971），杜博（Doob）和弗尔兹（Foltz）（1973），埃利奥特（Elliot）和海奇（Hickie）（1971），海斯林格（Heslinga）（1962），杰克逊（Jackson）（1971），莱佛（Laver）（1976c），黎直法特（Lijphart）（1975b），以及罗斯（Rose）（1976，1971）的著作。

是满足的。[①]本质上，北爱尔兰冲突是一个政治斗争——争夺统治权，最重要的，是争夺政体中基本的宪政组织。“统一主义者”坚持认为北爱尔兰应该作为联合王国的一个部分，维持它与大不列颠公开的关系。“非统一主义者”坚持认为北爱尔兰应该丢掉这些关系，建立一个统一的爱尔兰。而且，为与“冲突处理原则”保持一致，实际上，这两大阵营代表了相互排他的不同选择。

由于冲突（欧洲宗教战争）的历史起因，关于宪法问题的态度与文化分野保持了一致：新教支持统一主义；天主教支持非统一主义。例如，在 1968 年的调查中，罗斯（Rose）发现只有 5% 的天主教徒支持执政的统一主义政党，只有不到 1% 的新教徒支持民族主义政党，那个时期非统一主义政党在处于上升态势。而且，政治组织追随宗派主义路线，具有相似的倾向。一个北爱尔兰政客在谈到关于他早期参政问题时说道，“在北爱尔兰，你的基因决定了你的政治”。

（二）政治力量构成

适用瑞—石理论，需要有关于投票者倾向性和政治精英的行为的详细信息。对北爱尔兰来说，这样的数据可以从 1972 年 3 月至 1974 年 5 月的政治史中获得。因此，重要的第一步是获得这一时期的一系列政治运动的描述。

1972 年 3 月，不列颠政府解散了北爱尔兰政府的议会和内阁，主要因为它不能维持社会秩序或者推进改革以赢得天主教的支持。伦敦直接指派的国务秘书也被替换。接下来的 9 月，举行了达灵顿（英格兰）会议，提出了书面的基于该省新宪法的北爱尔兰政治党派的主张，并于 10 月发表。这些建议发展为 1973 年白皮书和之后的北爱尔兰宪法条令（1973）。[②] 白皮书反映了不列颠认为必要的三个政治解决条件：

（1）向新教徒保证北爱尔兰不会被强迫加入统一的爱尔兰；（2）不强行终止天主教徒传统的统一爱尔兰的目标；（3）通过“真正”的决策和行政权力，赋予天主教徒在新政府有一个可见的利益。

虽然有些模糊，但这个白皮书有四个方面是至关重要的。

---

① 参见丹尼尔（Daniel）（1976），科里（Kelly）（1972），莱佛（1976a，1976b），以及麦克阿里斯特（McAllister）（1976）的著作。

② 爱尔兰的未来。一篇讨论用论文（伦敦：陛下文书局 1972 年版）；北爱尔兰宪政提案（伦敦：陛下文书局 1973 年版）

第一，有了一个新的议会，称作“assembly”，是选举出来的，而且有席位规定，国务秘书将保留对这个省的最高统治权；之后，权力将根据他的推荐，转移给新的政府，称作“executive”。而且，在新政府就位后，国务秘书将保留一些权力（如选择性地否决议会通过的立法）。

第二，每十年举行一次省全民公决，以便北爱尔兰投票人能够依据法律赋予的权力来表达他们自己的意见。这样，向新教徒保证北爱尔兰不会加入统一的爱尔兰，除非投票人希望这样做。此外，如果有足够数量的新教徒认可，天主教徒将拥有一个统一的爱尔兰。1973 年 3 月举办的第一次投票，压倒性的多数人支持（98.7%）与不列颠保持现存的关系。然而，投票结果反映出，只有 58.7% 的人数参加了投票，大多数的天主教徒弃权了。

第三，要求在北爱尔兰社群之间进行“权力分享”。国务秘书从能够代表政治构成并在省里得到广泛支持的议会中任命一个执行机构。在实践中，这意味着任何一个执行机构都必须吸纳天主教徒。

第四，所谓的北爱尔兰问题的“爱尔兰人维度”得到了清晰的识别。具体地说，就是贝尔法斯特和都柏林政府可以自由地就跨界合作进行谈判，不列颠政府保证支持他们。

白皮书也包含了新议会选举的条款。它是由来自 12 个多元选区的 78 名成员构成，采用按比例分配名额的单一可转让投票方法进行选举。在 1973 年 6 月选举中，220 名候选人参与了竞争。我们聚焦于 10 个党派：3 个非统一主义政党——“共和俱乐部”“民族党”和“社会民主工党”（SDLP）；3 个温和的统一主义政党——“北爱尔兰工党”（NILP）、“自由党”、“联盟党”；1 个“统一党”，1921—1972 年控制着政府；3 个“强硬路线”统一主义政党——“民主统一党”（DUP）、“先锋统一进步党”（VUPP）、与先锋统一进步党有着松散从属关系的“忠诚党”。

因为选举是在白皮书提案成为法律之前举办的，候选人和投票人不能确定这个新政府最终会如何组建。但所有的政党都把他们的观点表达得相当清楚。只有北爱尔兰工党、自由党、联盟党和统一党在某种程度上表达了对提案的支持。然而，统一党分裂成了赞成和反对白皮书的两个派别。社会民主工党表示，在某些条件下，会予以支持。强烈反对的是共和俱乐部、民族党、民主统一党、先锋统一进步党和忠诚党。相反，在传统的宪政问题上分歧反而较少，所有的 7 个统一主义政党都支持继续维持与不列颠的关系，所有的 3 个非统一主义政党都支持统一爱尔兰目标。选举没有产生一个支持白皮书的多数。准确地说，赞成白皮书的候选人仅仅赢得 32 个席位：北爱尔兰工党 1 个、联盟党 8 个和统一党 23 个。社会民主工党 19 个，成为唯一的天主教社群的发言人。最终，反对白皮书的统一主义阵营赢得了 27 个席位：统一党 9 个、民主统一党 8 个、先锋统一进步党 7 个和忠诚党 3 个。

到了 9 月，9 个（北爱尔兰工党、联盟党）议会成员支持新实施的北爱尔兰宪法；40 个（支持白皮书的联盟党、社会民主工党）成为可能的支持者；以及 27 个（反对白皮书的统一党、民主统一党、先锋统一进步党、忠诚党）仍然持反对态度。① 一个主要的变化是社会民主工党的转变。还不清楚社会民主工党是如何通过支持这一法案来实现一个统一的爱尔兰目标的。我们发现，新教徒赞同这样一个观点——可以通过消除所有其他选项而得到一个统一的爱尔兰。②信念是新教徒“共同的意识”将引导他们在“不可避免的”统一的爱尔兰中为他们自己谈判出一个最好的解决办法。三个相关的支持理由是：第一，也许会从不列颠赢得额外的让步（如终结对恐怖主义嫌疑人随意的拘禁）；第二，天主教徒第一次在北爱尔兰人政府中获得了职权；第三，这个法案认可了北爱尔兰问题的爱尔兰维度，即允许建立跨边界的“爱尔兰协商会议”。据信这样一个协商会议将快速发展成一个全爱尔兰人政府，因为（1）天主教徒在新北爱尔兰人政府中担任一些职务，将使新教徒相信他们在政治上是可以被信赖的；（2）通过允许

① 支持白皮书的统一党、社会民主工党总共 40 人，而不是 42 人，因为一个创始人遇到车祸身亡，另一个被选为发言人，依据不列颠习惯，保持中立。

② 这个和随后的对待法案态度的总结主要是基于 1973 年夏天和秋天个人与政治活动家和议会成员的对话。信息提供者分列如下：

群体/政党	信息提供者人数
共和俱乐部	5
民族党	2
社会民主工党	8
北爱尔兰工党	3
联盟党、自由党	11
支持白皮书的统一党	11
反对白皮书的统一党	9
民主统一党、先锋统一进步党、忠诚党	7

新教徒代表否决协商会议的动议，赢得新教徒赞同一个统一的爱尔兰。

温和的统一主义政党，北爱尔兰工党和联盟党，给予方案以不相称的支持。而且，两者都主要是从衍生物质利益的角度（如福利国家）来支持与不列颠的关系。正面的观点都是关于一个统一的爱尔兰的可能性，尤其是在不列颠和爱尔兰刚刚加入欧共体时，欧共体也使爱尔兰的持续分离变得多余。

如前所述，统一党分裂了。支持法案派，由政府首相布莱恩·福尔科纳（Brian Faulkner）领导，态度从行动缓慢的辞职转变为被动接受。这样的转变基于以下四个理由：第一，这个法案保证不会强迫北爱尔兰脱离联合王国；第二，人们意识到这个法案包含着维持不列颠统一状态的条款；第三，是感觉“土地法案”将得到遵守，直到它变得不再起作用；第四，这一法案在纠正 1972 年 3 月之前制度的主要“瑕疵”，即没有成功将天主教徒引入政府。

反对法案派的成员阐明了三个基本的反对意见。第一，这个法案是“不民主的”，因为被选举的人民的代表不是自由组成政府（即任何由议会各方创建的行政机构都必须由国务秘书来任命）。第二，建议中的爱尔兰协商会议受到了批评——不是思想本身，而是在语境中，这被看作通向统一的爱尔兰的“后门”；不只是社会民主工党，不列颠人也把它看作通向全爱尔兰政府的一辆快车；然而，只是在一个几十年的时间框架中，而不是社会民主工党和不列颠人设想的几年时间内，一些被调查者没有划掉统一的爱尔兰选项。第三，声明反对权利分享。而且，人们感觉到，即使社会民主工党领导人公开保证支持法案（像他们最终做的那样），尤其是它的对北爱尔兰保持为联合王国的一个组成部分的保证，就像它的人民所希望的那样，是不能相信的。

在强硬派统一主义（民主统一党、先锋统一进步党、忠诚党）阵营中，意见是极其负面的。态度和反对意见与那些反对法案的统一主义党派类似，但会使用更尖锐的词语，表达更强烈的情感。然而，他们和所有其他统一主义政党都反对在短期内出现一个统一的爱尔兰。假如存在差异，他们考虑手段，而不是结局。比如，赞成法案的统一党把它看作保持与不列颠关系的最佳途径。而反对法案的统一党把它视作装扮拙劣的、想把这个省卸给统一的爱尔兰的不列颠人的尝试。这样，尤其是强硬派，必须对它进行抵抗：首先采用法律和宪法手段，然后是其他手段，如果法律手段失败了。

尽管有这些困难，支持法案的各政党已经在10月初开始秘密谈判政府执行机构的组成。11月下旬，执行机构提名方案已经形成。那是一个由社会民主工党（6）、联盟党（3）和统一党（7）共16名议会成员组成的行政部门。12月初，执行机构被提名人代表、不列颠政府和爱尔兰共和国代表在森宁代尔（Sunningdale）聚会，讨论爱尔兰协商会议问题。所达成的协议，统称"森宁代尔"，主要是关于基本原则的。预计1974年会举行另外的会议解决相关的细节问题。之后，各项协议将提交爱尔兰政府批准，协商会议将开始运行。12月中旬，英国议会批准了一项措施——将于1974年1月1日结束直接统治并将北爱尔兰的治权移交给被提名的执行机构。12月31日，国务秘书官方正式任命新的行政部门，第二天开始就职。

虽然大多数被调查者希望建立一个执行机构，但是，同样多的人数质疑这是否会成功。即使这样，如某些人所说的那样，英国将像一个"没有手臂到处撒钱人"，努力使它运行起来。反对法案的统一党毫不含糊地预计这一执行机构将会死亡，相信法尔科纳，新政府的首席执行官，将无法向统一主义政党或者新教社团兜售一个社会民主工党—联盟党—统一党（SDLP – Alliance – Unionist）联合体和森宁代尔协议。而且，一些最终参加联合体的成员表达了他们的保留意见。一些支持法案的统一党说，在整个进程中同僚们都明显缺乏激情。如果失败，统一党不应该受到责备。其他人，统一主义政党或非统一主义政党指出，联合政府中伙伴间好像缺乏信任，这也许会影响到任何执行机构发挥作用。因为在1972年3月之前，许多支持法案的议会成员在英国议会中还是对手，一些被调查者把可能再次出现的个人冲突和旧怨看作是额外的障碍。

法尔科纳遇到的第一个挑战出现在1974年1月4日一个统一党的委员会上，这是一个统一党的核心政体。由于他的政府领导团队里有"共和主义者"并且参与了森宁代尔的谈判（其条款可解释为削弱了爱尔兰与不列颠的关系），一个拒绝森宁代尔的动议，在法尔科纳含蓄的导引下，以457票对374票获得了通过。1月7日，他辞去了统一党领导人的职务，但是，他许诺继续留在执行机构并且支持森宁代尔。他辞职后，反对法案派掌控了党的组织机构。

第二个挑战是1月份的不列颠选举。在北爱尔兰实际上是关于宪法法案、森宁代尔问题的争斗。所有反对法案、森宁代尔的统一主义者加入了一个伞状组织——“阿尔斯特统一主义联合委员会”（UUUC）。阿尔斯特统一主义联合委员会候选人总共获得了51.1%的选票，赢得了不列颠议会中北爱尔兰12个议席中的11席。这次选举的另一个结果是爱尔兰协商会议计划停止了。法尔科纳和他的支持者现在想要一个比森宁代尔更为强力的来自爱尔兰共和国的关于北爱尔兰宪法地位的声明。如果没有北爱尔兰人民的同意，这一地位是不会发生任何变化的。这一请求是由爱尔兰共和国首相里阿姆·科斯格雷夫（Liam Cosgrave）在3月13日提交的。他说，“北爱尔兰的实际地位是它在联合王国内，我的政府接受这一事实”。然而，政治僵局仍在继续。

第三个致命的挑战发生在5月。早些时候，阿尔斯特工人委员会（UWC），一个3月份成立的新教组织，指出如果阿尔斯特统一主义联合委员会的政客继续无所作为，他们将采取行动。当讨论4月晚些时候恢复爱尔兰协商会议并准备正式批准森宁代尔程序时，阿尔斯特工人委员会行动了。5月15日，听从阿尔斯特工人委员会的官方指示，新教工人们开始了全面的罢工，不久就导致北爱尔兰经济停滞。就像森宁代尔所列明的那样，5月22日，执行机构宣布爱尔兰协商会议将会被搁置一边，直到下次议会选举之后，预计在1977年中期。取而代之的是，将建立一个委员会，以便在北爱尔兰和爱尔兰共和国共同利益方面的事务上展开合作，如协调不列颠和爱尔兰进入（欧共体）共同市场的经济政策等。然而，罢工还在继续着。5月28日，在军队驱散罢工者失败和不列颠政府拒绝与阿尔斯特工人委员会谈判之后，法尔科纳和他的支持者从执行机构辞职，取而代之的是联盟党与社会民主工党的同僚。5月29日，议会停摆，直接统治复辟。5月30日，阿尔斯特工人委员会号召结束罢工。这样，北爱尔兰仅有的跨社群政府实验终结。

（三）投票者的偏好

有了关于这个进程的背景知识，我们就可以继续讨论瑞—石理论的直接运用。这里，我们可以评估假设A.1、A.2和A.3所描述的北爱尔兰投票人拥有“精确定义”的倾向性量级。在它最简单的表述中，瑞—石理论假定只有一个维度与投票人的候选人（党派）选择有关，这一点在图2－1中得到了详细说明。可以直截了当地适用于北爱尔兰案例，如图2－

2 所示。① 而且，在北爱尔兰人投票人的选择中，宪法问题的特征得到了很好的描述。然而，我们仍然面临着三个问题：（1）识别这一问题中的各种定位；（2）采用协调一致的从左到右的方法，整理这些定位，以及候选人（党派）；（3）保护好投票人对于候选人（党派）的倾向性的信息。不采用传统的数据收集办法，如调查研究，就必须找到替代性手段，其中之一将在这里使用。

通过分析公开出版的有关 13 次北爱尔兰议会选举（1921—1973）中候选人（政党）声明，我们构建了有关宪法问题的 7 个量级的定位序列。②它们是：

（1）采取任何手段实现爱尔兰的统一；（2）应该存在一个统一的爱尔兰；（3）北爱尔兰人民同意实现一个统一的爱尔兰；（4）边界不是一个问题，即没有人民的同意，不能改变爱尔兰的宪法地位；（5）尊重人民的意愿，北爱尔兰作为联合王国的一个组成部分的宪法地位应该得到维持；（6）北爱尔兰作为联合王国的一个组成部分的宪法地位应该得到维持；（7）北爱尔兰作为联合王国的一个组成部分的宪法地位应该得到维持，无论采取何种手段。

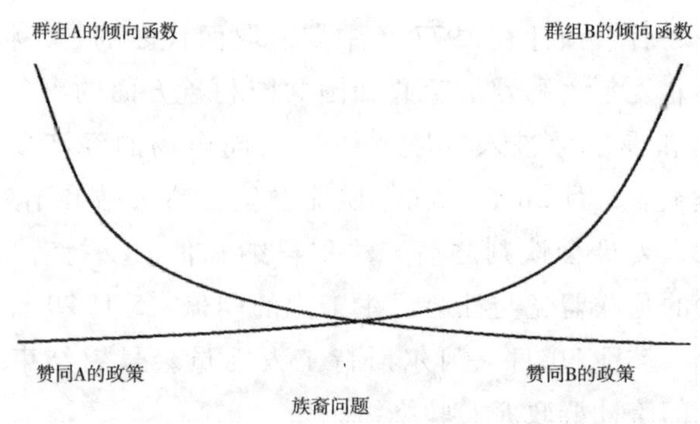

图 2－1　瑞—石理论政策最简单的表述

---

① 这一解释首先是由达特（Dutter，1974）提出。虽然是毫无必要的复杂化，莱佛（Laver，1976a，1976b）后来提出了类似的规划。

② 咨询了记录竞选活动的报纸。根据需要，相关细节和随后的程序从作者那里得到。

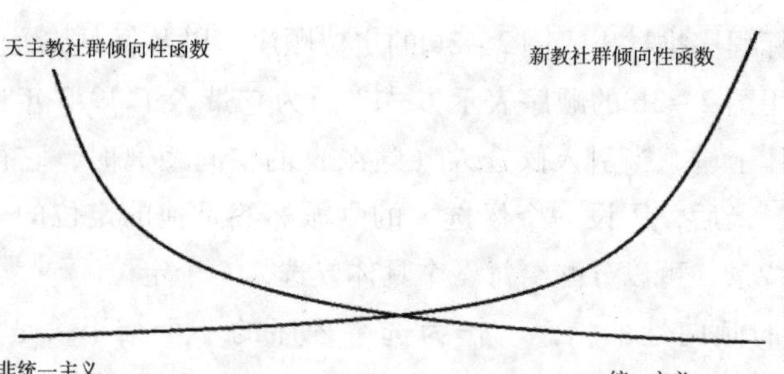

图 2-2 北爱尔兰政策空间

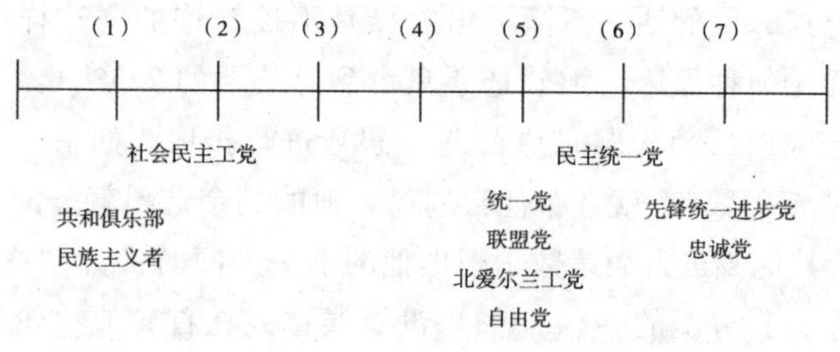

a 关于宪法问题的党派大致定位

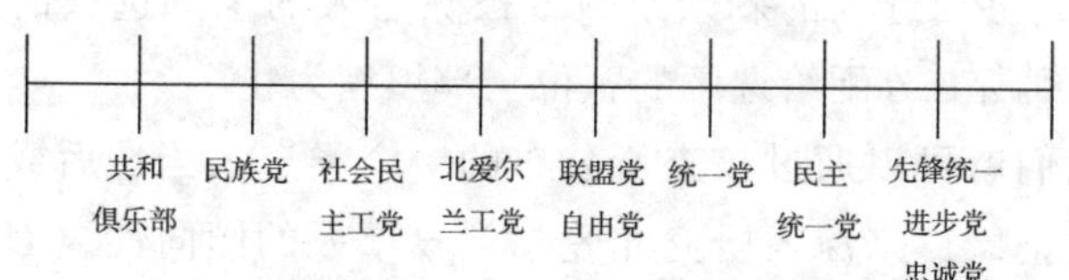

b 关于宪法/白皮书/宪法法案问题各党派相对定位

图 2-3 关于北爱尔兰政策空间的各政党定位

一个协调一致的从左到右的宪法定位顺序与各政党的定位顺序之间的相近关系，在图 2-3a 中展示出来了。为了更好地捕捉 1973 年选举中不同寻常的特征，我们对候选人（政党）在白皮书和宪法法案上的看法进行了相对的定位，如图 2-3b 所展示的那样。这些排序和分配得到了第二资料源、访谈和对北爱尔兰政治观察家、政治活动家、公职人员、贝尔法斯特女王大学政治科学学生的非随机调研结果的支持。特别地，应用于这个调研结果的一个多维度的定标程序推导出了图2－3a的定位顺序，以及每对位置间的点到点距离。我们采用图2－3b的顺序表示方式，因为它带入了1973年选举的唯一特征，而且整体上讲，当引入候选人（党派）的空间距离时，它得出了更强力的统计结果。最后，假设一个候选人的党派标签是他的定位的一个标识，基于每个政党背景，可以分配给每一个具体候选人一个定位。

投票者的倾向性的信息，作为选举程序的一个结果，是可以获得的。单一可转让投票方法采用这样一些步骤：（1）每个投票人收到一张按字母顺序排列的选区候选人名单的纸质选票，包括姓名、地址、职业和所属党派。（2）投票人通过在每个候选人名字旁边写上相应的数字来标出他们倾向的候选人：1代表首选，2代表次选，以此类推，直到标完所有的人，如果投票人愿意这么做的话。不标示出差异是不被允许的（这样的选票会被宣布无效。无论何种原因，无效选票只占到总选票的2.3%）。（3）首轮计票，每个候选人根据所获得的“首选”票数进行排序。如果一个候选人超出了选区的“定额数”，就宣布他当选了，他的剩余选票就分配给其他的候选人。① 转给其他候选人的票数是根据他的下一个倾向（如“次选”）所得票数的占比来进行分配的。（4）如果没有候选人在首轮或次轮计票中达到定额数，那么获得票数最少的候选人将被除名，他的票数全部转给其他候选人。②（5）转移当选人的剩余票数或被除名人的全部选票的过程一直会持续进行，直到所有分配给选区的席位全部填满为止。

这样，我们就可以通过核查所公布的一个候选人当选后或被除名后谁收到转让票的记录，来深入研究北爱尔兰投票人的倾向性，因为他的政党定位排列只是与图2－3有少许的差别。表2－1让我们看到，每一次计数，投票人在分配他们的次级倾向性时，都是非常协调一致的。总体上，75%的转让票都流向了当选或被除名的候选人同一政党的候选人，90%都流向了同一或空间上相邻的政党。也许这些结果是偶然的，但可以用一个适当的回归模型来进一步提供佐证。在这个模型中，因变量是当一个候选

① 一个选区的票数定额是这样计算的：

$$定额数=\frac{选区有效投票总数}{分配给该选区议席数+1}+1$$（任何分数忽略不计）

② 计算公式是：

$$未当选的候选人的份额=\frac{当选人或被除名人转出的票数}{当选人或被除名人累计票数总数}\times$$所有当选的或被除名的候选人以及作为次一级偏好或有效的未当选的候选人票数

人当选或被除名后另一个候选人所获得的转让比例（PT）。PT 是通过切分涉及的候选人收到的全部转让票来计算的。这个数量是与下一个倾向性的分配比例等价的，是接收者应该从当选者或被除名人那里转移过来的全部票数中的对应部分。

PT 的这一定义可以引入一些观察它的相关性分析，并且隐含各次计数的平等的权重，即在后来的计数中，减少了次级倾向投票人的数量，而且所涉及的全部纸票只相当于初次投票数量的一小部分。这样 PT 可能就发生了扭曲。然而，不能证明两者中的哪一个问题更严重。关于前一个问题，实施了适当的实验（例如，设计用来减少任何相关性的观察子集的选择）。然而，对任何一个研究原始转让票的人来说，基本模式是如此强大以至于结果几乎没受到影响。对于后者，正确的计量（如来自早期计数的转让票的选择）也被采用，但对我们的发现缺乏类似的影响。这样，在随后的内容中，关于 PT 的观察就包含其中了。

表 2－1　**未当选候选人可转换票的平均比率**

政党	当同一政党候选人合格时可转让票的流向		当同一政党候选人不合格时可转让票的流向	
	转移给同一政党的可转换票的平均比率	转给同一或相邻政党的可转换票的平均比率	不可转让票的平均比率	流向相邻政党的可转让票的平均比率
共和俱乐部	0.68	0.82	0.38	0.84
民族主义者	–	–	0.21	0.86
社会民主工党	0.84	0.94	0.18	0.96
北爱尔兰工党	0.63	0.84	0.11	0.56
联盟党	0.82	0.90	0.38	0.90
统一党	0.61	0.87	0.15	0.86
民主统一党	0.62	0.84	0.16	0.90
先锋统一进步党/忠诚党	0.60	0.88	0.13	0.82
所有党派	0.75	0.90	0.20	0.86

资料来源：莱佛（1976a：328－329）。

我们使用了三个自变量。第一个是相对距离（D），通过图 2－3 计算出来，是关于当选的政党或被除名的候选人与他们的转让票接收者之间的宪法关系问题。例如，假如一个统一党候选人当选了或者被除名了，而另一个统一党接收者顶上，那么 D＝0。如果一个民主统一党或联盟党候选人是接收者，那么 D＝1；如果一个先锋统一进步党、忠诚党或北爱尔兰工党候选人是接收者，那么 D＝2。我们希望 D 与 PT 是负相关关系，即候选人政党之间的距离越大，接收人所接收转让票的比例越小。一个有意义的 D，对北爱尔兰投票人的候选人（政党）的宪法争议特征的选择倾向来说，是一个有力的证据。而且，这个模型假设 PT 与 D 以及其他两个自变量之间有一个加成的线性的关系。这样一个模型引入“真关系”因果结构偏差会引起争论。这些可能性通过数据相关变形实验做了研究。所获得的结果显示只有些微的差异。这样就得到了这个加成的线性假设和报告中的那些发现。

第二个自变量是来自当选或被除名的候选人自己的政党的有效的接收者的数量（N）。为阐述其相关性，假设一个统一党候选人的选票在 5 个接收人之间进行分配，其中 2 个是统一党的（N＝2）。我们预计每个人接收的转让票数量少于只有一个（N＝1）接收者时接收的数量。这里，可以建立额外的变量以反映这些接收者的得票排名、数量和其他政党接收者的排名情况。一些实验指出了这些变量的相关性。然而，它们既没有削弱 N 的意义，也没有改变我们整体的结果。因此，为避免不必要的复杂性，只报告与 N 相关的结果。正如所隐含的那样，我们希望 PT 和 N 是负相关。而且，一个有意义的 N 指出了投票人分配给他们次一级同一政党候选人的倾向性的程度（即他们的倾向性排序的协调一致性）。

第三个自变量是基于接收者政党标签（L）来界定的。L 是一个沉默的变量，取值 0 或 1，取决于一个当选者或被除名者和接收者的政党隶属关系。表 2－2 具体化了 L 取值 0 或 1 的条件，转让票的三个重要的亚类别的划分是很重要的。为阐述 L 的相关性，需要再次考量来自统一党候选人的转让票。如果没有统一党接收者能够顶上，那么，按照图 2－3b 顺序，我们可以预计转让票会以大致平分的比例流向联盟党和民主统一党接收者。然而，假如投票人给予统一党候选人以更多的关注的话，会强烈感受到他们在宪法问题上的观点。期望民主统一党接收者和那些空间上在右边的统一党接收者，比联盟党或其他靠左边的接收者获得更大比例的转让票，是更为合理的。[①] L 就是北爱尔兰三个主要政党的支持者感情强度和极化程度间接的量器。而且，如在表 2-2 中看到的，假设这些标签在支持者中有强大的吸引力，超越了 D=0，同一政党的接收者——如统一党、民主统一党和社会民主工党，L 的赋值也是 1。我们期望 PT 与 L 是正相关关系。

表 2-2 可变换标签定义

当选或被除名候选人	接收者所属党派	标签价值
统一党	共和俱乐部、民族党 社会民主工党、自由党、联盟党、北爱尔兰工党	0
统一党	统一党、民主统一党、先锋统一进步党、忠诚党	1
民主统一党	共和俱乐部、民族党 社会民主工党、自由党、联盟党、北爱尔兰工党 统一党	0
民主统一党	民主统一党、先锋统一进步党、忠诚党	1
社会民主工党	北爱尔兰工党、自由党、联盟党 统一党、民主统一党、先锋统一进步党、忠诚党	0
社会民主工党	共和俱乐部、民族党、社会民主工党	1

总结一下，我们使用下面的回归模型：$PT = b_0 + b_1 D + b_2 N + b_3 L + \mu$

采用这一模型所得到的结果展示在表 2-3 中。我们看到所有的系数都是在假设的方向上，而且非常有意义地超过了 0.05 的水平。所有 3 个 L 系数在量级上也比对应的 D 系数大，这样就显示了统一党、民主统一党和社会民主工党支持者强烈的倾向性和有意义的极化。总体上讲，这些结果强烈地暗示新教和天主教投票人为他们的候选人分配次一级倾向性时的紧密性，这些候选人代表了每一个社群的传统目标，北爱尔兰人的选举的

① 一个关于这些倾向性的基本性质的不同的解释（达特，1974）是可能的。然而，这一可能性的分析已经超出了本书研究的范围。在另一个案例中，最后的结果也是一样的，即投票人以所描述的方式分配他们的次一级倾向性，不考虑候选人/政党的空间位置。

倾向性结构是与瑞—石理论的相关假设相吻合的。

表 2－3　　　　　　　　**转让给候选人的比例 a**

当选的党派或被除名的候选人	常量	D	N	L	R^2
所有案例（N＝1271）	0.267	－0.070（0.003）	－0.021（0.002）－	0.284	
社会民主工党（N＝150）	0.411	－0.102（0.009）	－0.085（0.015）	0.187（0.029）	0.526
统一党（N＝374）	0.219	－0.064（0.007）	－0.023（0.003）	0.080（0.016）	0.393
民主统一党（N＝104）	0.168	0.032（0.012）	－0.093（0.019）	0.340（0.036）	0.602

注：a. 每个等式都是水平地阅读。系数 b_1、b_2 和 b_3 在每一个自变量下面。括弧中的数字是每个系数的标准误差。

（四）范式

前面的分析和描述提供了瑞—石理论的倾向性假设适用于北爱尔兰选举的证据。我们现在进入到应用的第二个阶段——范式的演进过程。如前面说明的那样，进程 1 与爱尔兰政治没有相关性，所以我们跳到进程 2，就是“独立后族裔合作——模糊的策略”。这里，“独立后”先放下，“族裔合作”必须进行修正。鉴于这一理论隐含着各层级族群之间的合作，后续的讨论和后来的分析主要聚焦于精英合作。这样，修正后的进程 2 就是“精英合作——模糊的策略”，它与北爱尔兰政治有很强的相关性。

不列颠政治通过在政治环境中制造不确定性以及给北爱尔兰政客间合作以正向激励，创造了一个促进社群间、精英间合作的局面。尽管有些出入，但直到白皮书公布之前，这些政客和北爱尔兰投票人几乎不知道不列颠的计划。然而，重要的问题仍然是关于新政府如何发挥作用（如，权力分享、国务秘书的角色等）。正向激励的作用更明显，表现为三种形式：（1）每个社群追求它的传统目标的渠道（边境投票，爱尔兰协商会议）；（2）回归地方自治并且减少不列颠的存在；（3）权力在新政府中的定位。

然而，由于新的选举基本规则和议会选举结果对新政府组成及其政策的影响不够明晰，相当程度上的不确定性依然存在。在选举中，这个残余的影响有两个主要效果。第一，候选人（政党）有动力对白皮书中的提议采取模糊策略，许多人就这么做了。第二，为了尽可能地像选举中表现的那样强硬，候选人（政党）强调他们对宪法问题的传统定位。选举之后的10月份，关于权力分享的谈判在秘密地进行，最后在11月形成了多族裔的联合治理。在这段时间，展现给北爱尔兰投票人的正面内容是模糊的。到了12月，所形成的局面可以归类为进程2。然而，没有人希望那样一个多族裔的候选人（政党）联合会生存下去，那是发展到下一个进程的结果。

进程3是"需求产生并且族裔特征增加"。这里，瑞—石理论指出，如果一个社会有族裔分裂的必要，并且精英们发现他们自己处于进程2的局面中，那么政治家、族裔政党会出现，而且会把他们的诉求建立在与分裂相关的问题上。这些政治家、政党可能是新的，或者是突出新主题的旧党，而且"族性"会最终主导政治讨论。在北爱尔兰，这样的政治家在新教社群崛起了，并把他们的诉求建立在反对白皮书、宪法法案和森宁代尔之上，这些政令明确地将他们定位在多族裔联合执政的对立面上。下一个秋天所发生的事情可归入进程4。

进程4是"提高门槛和多族裔联合下降"。"提高门槛"意味着政治家成功地赢得了选举支持。"多族裔联合下降"意味着任职者经历了相应的支持率下降和之后权力基础的损失，并伴随着剧烈的投票人的极化。两个运动确认了这一进程对北爱尔兰的适用性。第一，1月法尔科纳在统一党政务会议上的失败表明新教政治家赢得了统一党内部对于他们的反法案、反森宁代尔的支持。第二，阿尔斯特统一主义联合委员会，一个广泛的政治家的联合，在2月的不列颠选举中赢得了相当一部分法尔科纳选举阵营的支持。而且，表2-4所展现的1965—1975年的选举结果，清楚地显示新教政治家在赢得选举支持者时所享受到的成功，同时加强了北爱尔兰投票人的极化。1973—1975年，新教政治家从法尔科纳的模糊定位中俘获一大批支持者。

表 2－4　　对新教政治家的支持，1965—1975[①]

政治群体	选　举[②]					
	1965 年 11 月	1969 年 2 月	1973 年 6 月	1974 年 2 月	1974 年 10 月[④]	1975 年 5 月[③]
新教政治家（如，反对白皮书的统一党、民主统一党、忠诚党）	0%	22.4%	35.4%	51.1%	58.4%	54.8%
已设立的统一政党（如，统一党、自由党、北爱尔兰工党、联盟党）	83.4	53.0	38.3	18.7	11.8	18.9
非统一主义党（如，社会民主工党、民族党、共和俱乐部）	14.1	23.1	25.3	30.2	29.7	26.2
其他	2.5	1.5	1.0	0	0.1	0.1

①编译自艾略特（1973：94－95，120）和罗斯（1976：99－100，110）。②每一栏合计为100%。③第一倾向性。④不列颠选举。

表 2－5　　反宪法法案/森宁代尔的波动[①]

	1973 年 6 月		1974 年 2 月	
	赞同法案/森宁代尔	反对法案/森宁代尔	赞同法案/森宁代尔	反对法案/森宁代尔[②]
总票数	393270（55%）	318000（45%）	295844（41%）	421782（59%）
社会民主工党票数	159743		160437	
统一党票数	233527		135407	

①　上述虚线上的信息来自福奈特《北爱尔兰独立评论》1974 年 3 月 8 日，第 7 页。

②　这些总数包括反对法案/森宁代尔、非统一主义者候选人的选票。

事实上，就像表 2－5 中重点标注的那样，支持者的损失可以在 1974 年 2 月不列颠选举中观察到。全部的数据显示支持法案、森宁代尔的政党损失了14%的选票。统一党投票人的流失的量级是隐性的。因为在两次选举中社会民主工党是唯一的支持法案、森宁代尔的非统一主义政党。如果我们从每一栏中减去其票数，剩余的就是支持法案、森宁代尔的统一主义各政党的票数。这里，我们观察到减少了近10万票，或大约42%，三倍于总数的减少幅度。最后，需要指明，非统一主义各政党从新教政治家那里获得了利益（参见表2-4）。产生这一结果的主要原因是天主教徒中支持温和统一主义的各政党的人数下降了，尤其是北爱尔兰工党，从1965年的20.4%下降到1969年的8.1%，从1973年的2.6%下降到了1975年的1.4%。通过反对权力分享的定位，努力挽回了一些新教工人阶级的支持。

进程5是“选举阴谋与不信任”。这意味着，在看到他们的权力被侵蚀时，多族裔背景的任职者倾向于使用“非法的”手段以保持权力。手段包括从改划选区、篡改投票名单或者选举结果到谋杀和政变。假如政治家、族裔政党是具体的目标，他们会善意地做出回应。无论是哪种情况，政治制度好像是丢掉了它的“民主”特性，并且去经历政治刺激的毁坏和暴力。然而由于不列颠的存在，在1972年以前，多族裔的联合永远不会严肃地考虑任何这样的行动。相反，另一批新教政治家（UWC）没有这样的约束，它通过政治激励发起了全面的罢工，导致多族裔联合的溃败。这是一个与进程5吻合的事件。

三　瑞—石族裔政治理论的价值与局限性

基于上述分析，得出瑞—石理论适用于北爱尔兰政治的结论是合理的。还有一个遗留问题，北爱尔兰冲突的地方“民主”政治解决方案的前景是什么？关于“理论”的解决方案，瑞巴什卡和石浦赛尔提出：（1）不独立，决策权归地方的领导人；（2）制约权力；（3）限制自由政治竞争；（4）限制政府活动的范围；（5）建立一个均衡的社会；（6）制造永久的外部敌人。从1972年3月起，不列颠的政策包含了前四个因素。直接统治是（1）的样本；不列颠控制北爱尔兰的政策是（2）；拘留和禁止极端主义组织是（3）；国务秘书的权力是（4）。简单地说，瑞—石理论对解决方案的前景给出了一个明确的悲观主义预测。瑞巴什卡和石浦赛尔认为：

多元社会的民主竞争过程的内在逻辑是不可抗拒的。民主……不可能在强烈的、有鲜明倾向性的环境中得到支撑，因为结果比程序的规范更重要。受公民倾向性的限制，多元社会不能够为民主价值或稳定提供肥沃的土壤。

然而，不列颠人在寻求解决方案方面是非常有耐心的。例如，另一份白皮书在 1974 年起草并发表。它提议选举一个立法会来为这个省制定宪法。然而，所产生的任何文件必须满足三个条件：（1）具有新教徒和天主教徒之间分享权力的条款；（2）认可“爱尔兰”维度；（3）如果这些文件需要得到执行，必须接受不列颠议会的决策权。依据 1973 年 6 月的程序，1975 年 5 月举行了一次选举，反对法案、森宁代尔的统一党赢得了 78 个席位中的 47 个。立法会在 1975 年下半年召集了几次，但是到 1976 年初，各政党已经不能就任何一个文件达成一致。3 月，它就被解散了。

进入 20 世纪 80 年代，相关各方都认识到，冲突不是解决问题的办法，北爱尔兰问题进入和平发展的轨道。虽然其间经历了很多波折，甚至倒退，但经过各方的艰苦努力，终于迎来了北爱尔兰和平的曙光。

1982 年，撒切尔夫人领导的英国政府、爱尔兰共和国政府及北爱尔兰新教徒、天主教徒各政治派别进行了以和平为前提的多轮政治磋商。最终，各方确定了按比例制原则选举议会，重建北爱尔兰政府。在持续的教派冲突下生活的大多数天主教徒和新教徒都对这一行动表示支持。

1993 年 12 月，英国与爱尔兰共和国共同发表了《唐宁街宣言》，双方都做出一定让步，并就爱尔兰共和军永久停止使用暴力和吸纳新芬党参加和平谈判达成共识。这一宣言得到天主教徒和新教徒的热烈响应。爱尔兰共和军和新教武装也在次年先后作出停止军事行动的声明。作为回应，英国宣布解除对新芬党的禁令。

1997 年，布莱尔工党政府一改保守党的强硬态度，不以共和军永久停止暴力活动作为先决条件；作为回应，共和军也做出让步，宣布“完全停止军事行动”。之后，新芬党参与了多党和谈。当年 12 月，在美国的斡旋下，共和军和新芬党领导人格里·亚当斯与布莱尔在唐宁街首相官邸进行了历史性会面。

1998 年 4 月 10 日，谈判各方达成了《星期五和平协议》（Good Friday Agreement）。这是一份关于北爱尔兰未来的纲领性文件，由北爱尔兰大多数政党达成的多党协议和英、爱两国政府之间的协议两部分构成。其主要内容涵盖以下两个方面：

其一，创造性地确立爱尔兰共和国、英国政府与北爱尔兰的新型关系。英国与爱尔兰共和国政府达成妥协，英国分阶段解除军事管制，爱尔兰则删除宪法中对北爱尔兰的主权要求，两国组成协调委员会，处理涉及两国间与北爱尔兰的相关问题。同时，南北爱尔兰建立协调委员会，处理相互关系，并督促各派势力放弃武力，停止一切暴力活动。

其二，建立一套联合北爱尔兰天主教徒和新教徒各主要政党的政府体系。除了强化北爱尔兰政府各职能机构的地位和作用，最受关注的当属体现新教徒和天主教徒两大族群政治权力对比的北爱尔兰议会。北爱尔兰议会在协议正式生效前选举成立，新教徒和天主教徒在议会组成上达到基本均衡，贯彻了协议中“双民族共享权力”的政治原则。新芬党也在新议会中获得了 18 个议席。

爱尔兰问题不仅是一个族裔政治问题。上述事实表明，将它置于更广阔的时空范围内进行研究、分析和处理，才能得到更好的解决方案。我们看到以下两个方面的变化都促进了爱尔兰问题的解决。

（1）国内政治力量的变化：人民爱好和平意愿的增强、执政党的更替及不列颠政府政策的调整等；（2）国际政治格局的变化：相关各方如爱尔兰和美国的介入程度，爱尔兰和英国加入欧盟等。

从理论上讲，爱尔兰问题的最终解决方案突破了瑞一石理论范式的局限性，为族裔政治理论的发展做出新的贡献。

第三章　不列颠民族主义实践

毫无疑问，苏格兰和威尔士的民族主义早在20世纪70年代中期就已经在联合王国的政治生活中站稳了脚跟。时任工党政府承诺建立苏格兰和威尔士议会，标志着民族主义力量已经促使不列颠宪法结构发生了巨大的改变。本章旨在探究这两个地区发生的族群认同的变化与现代国家政治经济发展之间的关系。

民族主义经常被看作是负面的、反动的力量。相对于对社会和文化具有破坏性影响的外部经济力量而言，苏格兰和威尔士的少数人民族主义具有一定的建设性特征。从这个角度来讲，民族主义运动应被看作某个群体期望人们去了解现代世界体系先进的经济核心之外围区域的生活经历，包括政治的和心理的。

威尔士和苏格兰的民族主义，是那些收入水平和生活方式与生活在伦敦和英格兰西南部都市中心的人们相比没有巨大差异的人们的政治。但苏格兰人和威尔士人仍然感觉生活在大都市的人们与自己的价值观相距甚远。为了理解这种感觉的基础，有必要做一个威尔士和苏格兰的地位分析，不只是要放在联合王国的政治制度中，还要放在不断变化着的世界经济格局中进行分析。

关于威尔士和苏格兰的民族主义运动与不列颠国家发展之间的关系，可以在迈克尔·赫克特的“内部殖民主义”模型中找到相应的描述。①根据他的观点，民族主义运动是与迟钝、冷漠和集权的管理当局纠缠在一起的。这些当局者倾向于维持民族差别和外围地区的落后状况，使它们像一

① Michael Hechter, *International Colonialism: The Celtic Fringe in British National Development, 1536 - 1966*, London, 1975.

个国家的藩属，以维持控局的主导族群的特权。[①] 这样一个阐述对少数人民族主义运动的负面形象做了一个有价值的修正。

我们不得不承认，是强大的经济力量和经济结构而不是不列颠国家人为的和一贯的歧视性政策，形成了显而易见的边缘地带的“殖民”地位。当然，苏格兰人、威尔士人，尤其是爱尔兰人，在各个时代曾屈从于国家的力量而受到过严重的政治压迫，但20世纪70年代英格兰北部地区以及威尔士、苏格兰和北爱尔兰所经历的持久的、结构性的失业是不平衡的经济发展过程的产物，而不是政治权力的滥用或者族裔歧视的结果。

有人指出，如果经济现代化和以国家为基础的社区关系建设是以牺牲族群文化特征为代价向前发展的，那么族裔意识的下降不会是永久的和不可逆的。在这一进程中的某些节点上，“现代”经济的力量和国家对以地域为基础的少数人族裔群体的侵犯，可能会刺激和加强族裔独特性意识。[②]

在这种情况下，对于族裔意识作为一个政治因素再现，处于不同地位的人会有不同的解释。处于大都市文化中心的人可能将这种族裔意识看作前进过程中的倒退和反动；而那些生活在外围的人，可能将被其他人冠以“进步”或“现代化”的事物，用一些负面的经历来描述——如社区组织的混乱、社会和文化整合的被动、企业获利者（含企业主和高管等）与雇员之间高度不平等报酬分配等。

有两个成见在误导着民族学界的研习者。一个是现代民族—国家是线性进化的，是社会进步的产物和承载者；另一个是国家是少数人民族主义分析中的一个关键的变量，国家行为成为民族主义分析中的基本的因素。

许多民族主义领导人和思想家热衷于以他们自己的概念来运用内部殖民主义问题。国家自然成为他们抱怨的标的。就像在布列塔尼或者加泰罗尼亚，苏格兰民族主义者可以迁怒于他们看到的国家权力的日益集中，但是他们所经历的被称作“外围忽略”的原因可能被刻意地遗忘了。

这些概念的缺陷是对治权而不是对权利的社会基础存在偏见，它会得

---

① Michael Hechter, *International Colonialism: The Celtic Fringe in British National Development, 1536 - 1966*, esp. chap. 9.

② Cynthia Enloe, *Ethnic Conflict and Political Development*, Boston, 1973, p. 28.

出政府脱离社会的结论，反过来又把国家具体化。①其实不是国家，而是构成国家基础的社会成员和群体间的相互依赖关系促成了社会的一体化。马克思认为是“市民社会集中成了”国家。②因为市民社会经历着广泛的变化，所以国家的特质也一定会随着发生变化。

本章关注的焦点是“变化”，而不是“进化”或者“发展”。在尝试理解社会关系的变化以及社会的动态结构和价值观时，必须认识到社会不是一个整合好的整体；它的延续也不是建立在价值观一致的基础上的。循着马克斯·韦伯的指引，好在我们能看到，作为一系列流动的群组、网络和组织，它们彼此之间的协调，一部分是基于实际的或理想的利益上的暂时满足，一部分是基于强迫的和服从的社会关系。③

不列颠和国际经济结构上的变化，导致以族裔和区域为基础的组织建立了起来，以应对需要在民族—国家层面上协调和处理的生活在国家主体之外围地带的人们所遇到的具体问题。国家和一些功能性组织往往对这些问题无能为力。

一方面，可以说不列颠国家立法机构受到两个主要的以地域为基础的、以族裔意识为特征的群体的挑战，背景是国家无法恰当地满足这些群体宣称所代表的人民的关键性的需求。威尔士和苏格兰民族主义组织试图通过“威尔士化”和“苏格兰化”打破与“不列颠化”的绑定。它们寻求在威尔士和苏格兰领土内的社会群体中打造一个新的、有着广泛基础的政治联盟——分别围绕着有别于他人的文化符号、权力被剥夺的共同的感受以及共同的目标组织起来。

另一方面，国家的主导作用已经让位于一个强有力的挑战力量。为了理解这一点，有必要考虑民族思想与世界经济结构变化的关系。法国、不列颠和意大利等大国民族主义的发展，东欧和斯堪的纳维亚等较小民族群

① 参见 Nettl, *Political Mobilization: A Sociological Analysis of Methods and Concepts*, London, 1967, pp. 162 – 173; Sheldon Wolin, *Politics and Vision*, Boston, 1960, pp. 288 – 293.

② Karl Marx, “Holy Family”, as quoted and interpreted by Anthony Giddens, *Capitalism and Modern Social Theory* , London 1971, pp. 226 – 227.

③ Marx Weber, *Economy and Society*, New York, 1968, chaps, 10, 12, 15; “Politics as a Vocation”, and “Class, Status and Party”, in Hans Gerth and C. Wright Mills, eds. , from Max Weber, *Essays in Sociology*, New York, 1946; see also Reinhard Bendix , Max Weber, *An Intellectual Portrait*, New York, 1962, p. 493; and Randall Collins, “A Comparative Approach to Political Sociology”, in Bendix, ed. , *State and Society*, Boston, 1968, pp. 42 – 67.

体民族主义的出现，以及20世纪反殖民的民族主义，都可以看作对世界经济扩张不同阶段的一个反映。类似地，当代少数人民族主义运动在欧洲主要国家的兴起可以看作对经济发展新阶段的政治反映。

在否定族性与现代化是线性关系观点的同时，我们需要认可这样的观点——虽然族裔特性会根据环境发生改变，但这个变化与它的社会、政治和经济结构的关系是系统性的。把国家放在世界经济体系内来观察，我们发现不列颠国家权力被削弱了，而不是权力过于集中在威斯敏斯特。不是国家权力的增长创造了一个前所未有的集权式经济，而是大民族和跨民族融合式的企业发展趋势带来了国家境内社会和经济的变化脱离了国家官僚机构的控制。然后，这些发展导致了国家特质的转变。

因为资本的流动与国际因素和技术创新有着敏感的关系，国家对经济大规模的干预变成了基本的动作。维护国内经济发展和公民的社会福利所遇到的问题尤其多。同时，持续吸引外部资本好像对保持就业水平和留住国内资本是很必要的，否则这些资本就会投到其他地方。整个西欧和北美，资本和生产集中于某些城市群和大都市地区，使投资被吸引到外围地区变得极其困难。

政府发现自己有义务向外围经济地区投入相当数量的资金以补偿他们在吸引投资方面的劣势和提高就业。市场逻辑会导致那里人力需求下降。然而，总体来说，政府没有足够的能力来大幅改变地区间的不平衡状况，诸如给予平等的机会来吸引投资。因此，在整体经济环境中，不平衡发展成为一个明显的不可逾越的障碍。在意大利，20多年以平衡南北收入差距为目的的政府干预没能阻止鸿沟的扩大。

资本和企业的国际化已经成为欧共体发展的一个重要的因素。人们在争论，这样一套跨民族的机构能否成为解决区域不平等这样复杂问题的框架。欧共体的发展只是注重都市区域的经济利益。尽管有复杂的补偿外围地区的解决方案，但经济结构的内在逻辑仍然持续地将大都市与穷乡僻壤之间的差距拉开。①

不平衡的发展过程侵蚀了国家组成部分之间的凝聚力，它们之间的边界是在近代世界经济体系发展早期由生产资源不平衡分配决定的。结果是

① For an elaboration of these points, see Ernest Mondel, *Europe versus America*, London, 1970; Stuart Holland, *The Regional Problem*, London, 1976, esp. pp. 76 – 95.

经济增长所带来的利益分配的不平衡在国家和国际层面上扩散了。①当区域不平衡与族裔划分发生重合，国家政府所面临的政治因果关系将会变得特别严峻。

一 威尔士人、苏格兰人和不列颠人政治

关于威尔士和苏格兰民族历史详细的比较研究，如关于在这两个国家出现的民族主义运动，表明其差异性比相似性更令人震撼。②还有，为现在的目的，以下两方面的共同经历才是最重要的，一是推动政治、文化和经济与不列颠国家一体化的力量，二是最近几年推动民族主义思想普及化的力量。

13 世纪，威尔士人遭到英格兰人全面的军事打击。随后一个时期叛乱时有时无，威尔士就在 1526 年和 1542 年的都铎联合法案中被宣布为英格兰人国家的一个部分。相反，直到 18 世纪早期，苏格兰人一直保持着政治上的独立。还有，他们没有被法令强迫变成不断扩张的国家的一个部分。是通过苏格兰贵族和国家议会的一个决定，1707 年苏格兰同意接受两个王国联合的法案。但是，苏格兰王国在政治上和经济上臣服于英格兰王权的进程早在威尔士被击败时就已经开始了。③

由于威尔士和苏格兰与英格兰正式的政治一体化时间上的差异如此之大，也由于苏格兰从来就没有变成英格兰的一个组成部分而只是新不列颠国家的一个组成部分，苏格兰保持着相当程度上的自治。历史地讲，苏格兰人的身份意识通过一系列完整而独特的安排得到了加强，并得到了 1707 年联合法案明确的保护，包括基督教长老会、教育制度、自治法律

---

① See Stephen Hymer, "The Multinational Corporation and the Law of Uneven Development", in J. N. Bhagwati , ed. , *Economics and World Order from the 1970s to the 1990s*, New York, 1972. pp. 113 - 140.

② "For a detailed consideration of Welsh nationalism," see Philip M. Rawkins, *Minority Nationalism and the Advanced Industrial State: A Case Study of Contemporary Wales*, unpublished Ph. D. dissertation, University of Toronto, 1975; also Allan Butt - Philip, *The Welsh Question*, Cardiff, 1975; Kenneth O. , Morgan, "Welsh Nationalism: The Historical Background", *Journal of Contemporary History*, VI (1971) . On Scottish nationalism see H. J. Hanham, *Scottish Nationalism*, London, 1969; Iain Mclean, "The Rise and Fall of the Scottish National Party", *Political Studies*, XVIII (1970), pp. 357 - 372; James Kellas, *The Scottish Political System*, London, 1975, 2nd ed. .

③ T. C. Smout, *A History of the Scottish People, 1960 - 1830*, London, 1969, chap. 9.

体系等。不列颠人身份，随着资本主义经济的扩张，在国内或者国际上，有更广泛的意义，但它不与苏格兰身份构成竞争。这样，著名的苏格兰军团和他们的胜利在保持苏格兰传统和参与不列颠帝国冒险两方面都变成了一种骄傲的资本。

如汤姆·奈恩所主张的那样，苏格兰在这方面是唯一的——“保留了一个不同寻常的通常与独立关系密切的制度上和心理上的重负——一个被砍了头的民族国家，如它所在，而不是一个普通的‘被吸收的’民族”。①因此，尽管在缔造大欧洲民族—国家时代之前丢失了国家身份，苏格兰强烈地反对恩格斯鄙视其为“没有历史的民族”。

没有强大的制度支持——这个制度有利于促进“苏格兰化”意识无挑战地存在——威尔士人族裔身份经历了一个更加不确定的和受到质疑的生存过程。威尔士人更加符合恩格斯的没有历史的民族的思想。确实，他特别具体地将他们列入一个“长久消失的民族的剩余部分”的名单中。②威尔士语言、复杂的威尔士文学知识和它所承载的历史传统，仍然不失为最持久的族裔独特性意识的基础。

伴随着19世纪后半叶的工业扩张，威尔士和威尔士人不可避免地曝光于一个更广大的世界。这一过程唤醒了威尔士民族主义的反动，它与东欧和斯堪的纳维亚以语言—文化为基础的民族主义有许多共同之处。③威尔士民族主义运动的目标聚焦于威尔士文化和威尔士独有特征的认知上。不列颠自由党内部的“年轻的威尔士”（“Cymru Fydd”）运动所捍卫的思想是自由改革主义和威尔士民怨的混合体。

在一个短暂的时期内，他们的活动联合了威尔士乡村的和工业化的人口。然而，在格拉摩根和孟马思（Glamorgan and Monmouth）等南方的县域，工业的聚集性增长几乎要破坏掉由“年轻的威尔士”刚刚打造的民族联合。经济问题主导最下层阶级政治生活的思想很快变得有目共睹。威尔士乡村和小镇的“地位政治”与这样的状况没有多少相关性，阶级斗

① Tom Nairn, “Old Nationalism and New Nationalism”, in Gordon Brown, ed., *The Red Paper on Scotland*, Edinburgh, 1975, p. 24.

② F. Engels, “What have the Working Classes got out to do with Poland?”, Commonwealth (1866), quoted by Joshua L. Fishman, *Language and Nationalism*, Rowley, [Mass.], 1972, Part 1, note 58.

③ “On Nineteenth Century Welsh Nationalism,” see Morgan, *Wales in British Politics*, Cardiff, 1970, rev. ed.; on European parallels, see E. Kedourie, *Nationalism*, London, 1960.

争取代了社会尊严的道德顾虑和形式上而非实质上的对胜利的追求。

在苏格兰也是这样，工业化产生了一个新的阶级政治。与19世纪威尔士民族主义不同，中—低层苏格兰人和职业阶层、商业和工业小资产阶级已经享有了可观的地方经济和政治权力。

20世纪20年代，苏格兰和威尔士都建立了自治民族主义政党。即使两个地区的失业率都超过了不列颠大萧条时期，也不能忽视它们的影响。就是根植于威尔士和苏格兰的工业选民，工党建立它最牢固的民众基础。在两次世界大战之间最糟糕的时期，唯一真正的政治挑战来自共产党，而不是民族主义。民族主义政党的大众支持者集中于乡村和小镇的知识阶层和小资产阶级。他们的政治关乎鄙视，他们的追随者关乎轻视。

工党的成功不仅仅要归功于它主导经济问题，还要归功于它对苏格兰和威尔士（虽然不含爱尔兰）社会和文化形态的适应。它成功的第二个相关因素是它相对去中心化的组织，方便领导人与社区建立紧密的关系。同时，为来自苏格兰和威尔士的工人阶级领导建立通道，使他们有机会接近不列颠层面的政治权力中心。①

有人会主张，19世纪晚期族裔的直观的政治特征是很微弱的。到20世纪60年代晚些时候，苏格兰民族党（SNP）和威尔士民族党（Plaid Cymru）还没有在议会选举中从主导的工党那里争得席位。民族主义政党自己从微小的和脆弱的运动，转变为有广泛民众基础的、由专业人士和富有经验的精英领导的组织。②当工党党员数量在两个地区的工业选民中急剧下降时，民族主义政党可以自夸一下迅速扩张的民众基础。

上述内容强调了威尔士和苏格兰的历史经历有实质性的差异。这些差异不仅反映在社会结构和文化形式方面，也反映在民族主义运动的过去和现在的特征方面。然而，从20世纪60年代中期起，每一个运动都受到了类似的经济力量的影响，只是程度上有所不同而已。

威尔士民族党一直相当重视语言状态、文化问题和乡村腹地“威尔

① For documentation of these trends, see Barry Hindess, *The Decline of Working Class Politics*, London, 1971; David Butler and Michael Pinto – Duschinsky, *The British General Election of 1970*, London, 1970, chap. 2 and 11; Inigo Byng, ed., *The Labour Party: An Organizational Study*, London, 1971; John Mackintosh, "Labour and Scotland", *New Statesman*, January 16, 1976; Jim Higgins, "Glasgow' s Hall of Memories", *New Statesman*, August 23, 1976; John Morgan, "Labour' s Rout in Wales", *New Statesman*, May 14, 1976.

② Butler and Pinto – Duschinsky, pp. 264 – 266.

士生活方式”的保持。假设19世纪后几十年民族主义特征是鲜明可见的，那么这个趋势是可以预期的。在威尔士运动有了强壮的“文化”之根时，因不缺乏这种分离主义色彩的民族主义焦虑，苏格兰当代民族主义总是着眼于政治和经济问题。最近几十年，民族主义思想的光芒照耀到了民族主义政党影响到的每一处乡野。

在威尔士民族党从南部工业区征招大批积极分子的同时，它的政策更加强调民族、社会和经济改革。苏格兰民族党已经从其早期的小镇基础扩展到了工业城市和更远的乡村地区。不断增长的民族主义呼声重新激发了人们关于苏格兰文化和苏格兰历史传统的兴趣。

从20世纪60年代中期起，在工业区的工人阶级中，每一个政党都成功地（SNP更出色）吸引了相当数量的积极分子和投票人的支持。在同一地区，民族主义政党的相对成功同时伴随着工党党员和其在议会和地方选举中所得票数份额的急剧下降。1945年之后，经济结构的修正、生产成本的增加和市场需求特征的变化，带动了构成苏格兰和威尔士经济支柱的矿业和重工制造业的下降，侵蚀了单一阶级社区。在那里工作和休闲模式彼此强化，对艰难困苦的共同经历催生了一个合作行为准则和一种强烈的与最下层社区认同的意识。当老的工业社区衰落时，集体主义和毫无疑问地对工党和工会运动的普遍忠诚的社会支持系统被摧毁了。

苏格兰和威尔士城市地区的经济和社会生活的变化没有反映到选区的工党组织调整中。因而，威尔士和苏格兰的工党地方政治精英——地方议会议员、委员会成员和工会领导人——不断地变成了地方主义者，远离了大多数地方工人阶级。这样，在选区层面上，工党和工会倾向于变成一个固定的地方建制，相对地不受新思想和新人群的影响。我们知道，在威尔士和苏格兰等根据地，工党的全日制政治机构对议会选区的比率是比较高的。1970年，在威尔士，这个比率是8%，在苏格兰是10%，在威尔士、苏格兰和英格兰的所有选区，平均比率为23%。但到1975年，据估计，工党在苏格兰有不超过300个分支（很多机构很少发挥作用），相比较而言，苏格兰民族党有450个。①

对工党支持的下降不应该简单地归因为阶级冲突特性下降。苏格兰和威尔士工人阶级的战斗性还持续存在，在那些年甚至还得到了加强。的

① *London Sunday Times*, 20 November 1976.

确，在20世纪70年代苏格兰克雷德赛德（Clyderside）的衰退中，苏格兰工人成功地抵制了关闭潮和大规模裁员，对民族觉悟和民族意识的激发做出了巨大的贡献。①工业上的政治斗争成果不再包括在选举上必然地忠诚于工党。

二 国家与外围经济

从1945年起，政府扩大了威尔士人和苏格兰人参与经济管理的程度。那时，威尔士和苏格兰的经济形势相当严峻，北爱尔兰和英格兰北部也不乐观。这样的困难形势一直持续到1976年年末，威尔士和苏格兰的失业率超过了7%，几乎是英格兰南部地区失业率的两倍。②

从1945年起，不列颠政府，包括保守党和工党政府，对外围区域给予了很多政策上和实质上的支持。据估计，从1945年到1975年的30年间，政府在外围区域的政策性投入累计超过20亿英镑。③虽然短期内取得了一定程度的成功，但总体上这样的刺激政策都失败了。因为这些政策试图对根深蒂固的结构性劣势进行补偿，而不是建设切实可行的基础设施。外围区域的开发政策，只有当更繁荣的都市区域发生了爆炸式增长而寻求向周边扩张时才会取得成功。

之后的10年，威尔士和苏格兰的经济生活被工厂分厂的增长所主导。而且，非不列颠公司也在快速地扩张。当经济环境对高额的投资和生产变得不再那么优惠，那些分厂的运营首先受到不利的影响。

不列颠的区域政策只是促成并保持了外围区域对中心区域和对国家福利的依赖。具有讽刺意味的是，当立法机构试图减少外围区域和中心地带收入水平差异时，它产生了在全联合王国平摊劳动成本的效果。因此，失业大军并没有为潜在的投资者创造压缩劳动成本的前景。尽管持续关注区域间的差别，尤其是依赖威尔士和苏格兰支持而获得政治生命的工党政府更为关注，但脱离了国家控制的经济趋势还是加重了威尔士人和苏格兰人经济上被剥夺和政治上被忽视的意识。

---

① See *Manchester Guardian Weekly*, 4 January 1975.

② *Economist*, 1 January, 1977.

③ *Economist*, 25 January, 1975.

对苏格兰和威尔士的经济分析表明，本土企业大多属于小企业；在那些最大的雇主中，现代化程度最高的，外部控制程度也最深。苏格兰经济学家约翰·佛恩发现，在苏格兰经济中发展最快的五个领域（包括电子工程、化工和汽车制造），依赖于苏格兰人拥有的公司的就业不超过14%。他的研究表明，工厂越大，外部拥有者所占比例就越大。110个最大的工厂中，只有28家是苏格兰人拥有的。①外部控制程度尤其以北海石油开发为标志。②到1969年，以美国口径计算的人均投资额，苏格兰仅次于加拿大排在第二位。③至于苏格兰本土企业，一项关于苏格兰注册的公司的调查表明，它们的控制者与伦敦背景和非不列颠背景的银行和公司有着千丝万缕的关系。④

用来维持现存的就业水平所需要的就业机会与私营企业能够提供的职位空缺之间不断扩大的差距表明，私营企业外部控制趋势加重了苏格兰和威尔士的经济困难。不列颠是一个自由民主国家，对施加于私营企业的计划性控制是有限度的。而且，严苛的立法可能导致资本外流到利润更丰厚的其他行政区域。因此，公有企业的作用和意义也许就是把最直接的政策工具控制在国家手里。⑤在威尔士和苏格兰，国有化的工业和设施——煤炭、钢铁、铁路、造船、核能和通信——与联合王国其他区域平均水平相比，创造了大量的不相称的就业机会。但所有这些行业的就业数据在后来几年都有大幅度的下降。

威尔士的案例也只是表明公有企业没能填补私营企业留下的空洞。煤炭行业的就业人数从1959年的11万人下降到了1971年的4万人。1976年，对人力需求似乎在进一步下降。在曾经的工业中心荣达谷（Rhondda Valley），1947年那里有25家运营的煤矿，到1971年只剩下3家，吸纳了11%以上的劳动力。1980年，一个现代化计划中的资本集聚项目就带来了2万人的裁员。虽然政府和钢铁企业积极开发其他的就业机会，但荣达谷的早期经验难再有刺激作用，从1955年到1965年，这里的人口下降

---

① John Firn, Series of Articles in *The Scotsman*, 30, 31 *October and November* 1973.

② *Economist*, 26 July, 1975.

③ John Foster, "Capitalism and the Scottish Nation", in *Brown*, p. 149.

④ John Scott and Michael Hughes, "Ownership and Control in a Satellite Economy: A Discussion from Scottish Data", *Sociology*, XX (January 1976), pp. 21 – 41.

⑤ See Holland, *The Regional Problem*, pp. 18 – 19.

了11%，失业率出奇得高。①

在不列颠以及其他地方，公有企业像私有行业一样运作，必须面对国际化竞争把产品卖到市场上去。在苏格兰和威尔士，煤炭、钢铁、造船和铁路行业疲软是经济下滑的一个主要因素。虽然可用“经济合理化”来加以诠释，但这样的下滑趋势还是被看作是忽视威尔士和苏格兰问题的例证。

政府要运用凯恩斯（Keynesian）经济学工具来保持繁荣，唤起的民众期望，在20世纪70年代也不容易实现。因为经济力量集中于国际组织中，国家缺少果断地处理疆域内不平衡发展问题的能力。运输、通信和生产过程中的技术先进性，促进了马克斯·韦伯定义的经济生活合理化的快速发展。科学和技术发展快速地与生产力进行整合，促使全球性公司在几个不同国家的不同行业进行投资。技术的变化使资本集中投资于大都市地区，公司不断地进行横向和纵向整合，数量在不断下降。②

尽管在民族—国家范围内的社会和文化的统一性在不断增长，最近几十年还没有出现一个平衡的、地域上差异化的经济体系。新一轮的资本和工作机会从外围市镇流出的趋势，致使紧张的社会结构雪上加霜。

少数人民族主义——或者通常称作族裔民族主义——在世界经济体系中是一个经过修正的词汇。相对于内部殖民主义话题，人们会认为，即使不是因为国家的行动，苏格兰和威尔士民族主义依然会产生。

三　族裔意识和不平衡发展的政治

对于少数人民族主义的出现，族裔差异是一个必要因素，但不平衡的发展对外围被忽视意识的产生是至关重要的。英格兰北部，其失业水平甚至超过了威尔士和苏格兰曾经经历过的水平，同样地承受着不平衡发展的结果。皇家宪法委员会授权的社会调查显示，外围区域被相对剥夺意识在

① See Rawkins, chap. 2; *The London Times*, 2 July 1975.

② Hymer, “The Multinational Corporation and the Law of Uneven Development; Kari Levitt, *Silent Surrender: The Multi - National Corporation in Canada*, Toronto, 1970; Nicos Poulantzas, “Internationalization of Capitalist Relations and the Nation - State”, *Economy and Society*, III (May 1976), pp. 145 - 179.

英格兰北部与在苏格兰和威尔士一样强烈。①但英格兰北部的选民，不像苏格兰和威尔士那样，缺少一个核心的、可以用来反对中心地带的焦点问题“族裔认同”。在缺少族裔意识历史沉淀的境况下，他们无处可去。

独特的社会文化结构与威尔士和苏格兰体制的存在，强化了族裔的相关性。大城市和工业区之外，特别是在威尔士，族裔独特性意识一直是比较强烈的。乡村地区和小市镇也承受着强势的经济力量和承载着价值观和文化认同的社会组织力量的影响；他们的诉求对地方、社会和文化的维护是不利的。因此，对许多苏格兰人来说，北海石油发展的社会和环境成本远远超出了所得利益。②苏格兰的生活方式与和威尔士的有很大的不同，一个灵活的、包容的、强调共同的历史继承性和社会传统多元性的苏格兰或威尔士认同，明显地演化为新的、广泛的、大众化的、内在的、区域的和文化上的分野。

苏格兰民族党在新市镇所建立的支持力量并不都是齐头并进的。著名的有东科尔布瑞德和卡姆伯纳德，后者对格拉斯哥来说是一个人口过剩的社区，那里的地方政府从20世纪60年代中期议会建立以来就由苏格兰民族党主导。类似地，威尔士民族党在南部工业区地方议会选举中获得了巨大的成功。亮点是新的公共住房开发，这一点以前也给工党以强有力的支持。这样，在1976年5月，这个党赢得了对摩塞尔·泰斐尔地区议会的控制，这是一个大的工业重镇，1900年产生过英国议会第一个独立的威尔士工党议员。工党控制过地方议会，实际上是在没有遇到任何反对力量的情况下平稳地度过了30多年。就是在这样一个区域，旧的社区结构受到了侵蚀。两个民族主义政党都有强烈的地方社区导向，倾向于给地方分支机构和选区的党派以自主权，③重新把焦点放在社区关切的表达和共同利益的实现上面来。

---

① Royal Commission on the Constitution (1969 – 73), Research Paper 7, “Devolution and Other Aspects of Government: An Attitudes Survey”, (1973), pp. 48 – 59.

② See *London Observer*, review section, 3 and 10 March 1974; “Business Brief”, *Economist*, 10 January 1976.

③ See Rawkins, chap. 12 – 15; Richard Mansbach, “The Scottish National Party: A Revised Political Profile”, *Comparative Politics*, V., January 1973, pp. 185 – 210; Rawkins, “Rich Welsh or Poor British? A Sociological Analysis of Political Mobilization and Modes of Activism in the Welsh Nationalist Movement”, paper presented at the annual meeting of the American Political Science Association, Chicago, 1974.

国家没能将从外围地区抽取的资源的价值投入到地方经济部门。他们曾经承诺基于持续的经济活动和实质上的长期雇佣，打造一个充满希望的未来。苏格兰北海石油案和威尔士水资源案提供了一个典型的、公开的国家征用地方资源并获得利益但资源所在地没有得到一个相当比例回报的例证。当威尔士和苏格兰公民抛掉了他们从前的承诺并转向其他政治解决方案时，也是可以理解的。

四　地方管控和少数人民族主义的意义

国家体制与国际、政治和经济权力中心的体制整合之后，威尔士和苏格兰也希望在经济和社会政策方面建立拥有强大权力政治体制。国家机器不能独立和有效地维护公民的利益是不符合重要经济领域中大企业的要求的。因此，民主政治诉求和对抗性力量必然会出现。

在威尔士和苏格兰，不断增长的民族问题的重要性，就像在布列塔尼或魁北克，必须放在旧的民族—国家实力下降和“多民族”力量上升的场景中进行考察。它们联合作用的结果，一方面提升了经济和社会分裂的速度，另一方面增加了文化认同压力。

对威尔士和苏格兰各民族主义政党意识形态的详细考察，未必能够发现关于这些问题令人信服的答案。民族主义者用贫瘠的思想简化复杂的现实的方法，与寻求票决的政治党派的传统做法几乎没有什么分别。在这些方面，威尔士或苏格兰都有一些活生生的经验，如把社会上和经济上碎片化的人口联合成潜在的共同的反对力量，对重视友爱和相互帮助理念的社区进行破坏。

像其他社会运动一样，少数人民族主义运动是社会变化的代言人，或者是渴求变化的有组织的表达。他们表达和诉说那些焦虑、恐惧、关切和某些特殊社会群体的诉求。他们关注的问题、他们寻求支持的人群、他们的领导人的期望及其成员的关切，可以引导当局去查明政治体制、社会体系和道德秩序失当之处；不论是道德的、社会的、经济的还是文化上的，这些方面都具有特别的意义。对表达不满的民族主义运动的分析和对产生这些不满的社会和经济力量的理解，会引导人们得出这样一个结论：外围地区的声音说出了一个广袤地区人们的焦虑和希望。

苏格兰人和威尔士人的民族主义寻求建立自主的政治体制来响应外围

地带人们的诉求，他们的利益必须以某种方式区别于生活在经济力量中心周边地区的不列颠公民。矛盾的是，即使生活方式和思维模式不断地国际化，政府的创新也没有引起重大的社会发展和不列颠群岛民族体之间隔阂的消除。抛开各民族主义党派的官方意识形态，好像横在眼前的分裂的民族—国家在现有的基础上不会继续向前发展。

关于世界经济体系，全面地拆分国际组织与联合王国之间的关联，只能扩大不平衡发展问题。即使仅仅存在几乎不能减少的微弱的经济整合，现实情况也是鼓励合作而不是竞争，因为不管是威尔士还是苏格兰——更不用说爱尔兰和英格兰——都不可能实际地、独立地自行其是。至于说到跨民族合作以控制资本的国际流动的能力，以及一个政府与另一个政府进行竞争，应该会出现欧洲层面以及不列颠内部的政治合作，只不过援引条款和处理问题都是在区域间做决策而不是从中心获得指令。坐落于苏格兰北部海岸的小山特兰群岛（Shetland Isles）（人口 17000）县议会的设立，是一个可以由威尔士和苏格兰政府运作成功的案例。在获取石油开发所需的所有土地，以及在参与所有基于岛屿合作的经济风险投资的时候，山特兰议会证明了，外围地区的地方政治管控有能力修正国际合作目标以满足自身的需要。①

英国的民族主义实践有很好的借鉴意义。通过把问题公之于众，集众人之经济和政治智慧，英国的少数人民族主义运动在动员民主力量，推动普通人管控他们自己的生存环境方面做出了很大的努力，也取得了很大的业绩。

---

① See *Economist*, 26 July, 1975.

第四章　不列颠民族认同

民族认同、民族主义、爱国主义、国家形成以及它们今天的含义构成了不列颠历史学最重要的领域之一。本章将从财政、军事、宗教、历史、文化、政治等方面来探讨不列颠民族认同的形成。

一　有关新教主义、民族主义和民族认同等相关概念

关于英国新教、民族主义和民族认同专题的研究,[①] 西方学者们的著述为我们观察和理解相关的问题提供了诸多脉络和背景。众所周知,“国家形成”是一个政体的地理疆域产生过程。它在不同的个案中表现为不同的形式,比如,罗马等国是征服和吞并先进的邻居;澳大利亚等国是在人烟稀少地区拓居;美利坚合众国是剥夺原住民。中世纪和近代早期欧洲政体一般是经由朝代的叠加发展起来的,通常是通过较小王国的拼接,或者核心王国的封邦建国来实现的。这些就是英格兰及其邻国的建国经历。[②] 随着 19 世纪

① For survey see Margot Finn, “An Elect Nation? Nation, State and Class in Modern British History”, *Journal of British Studies 28* (1989), pp. 181 – 191; Gerald Newman, “Nationalism Revised”, ibid., 35 (1996), pp. 118 – 127. I am grateful to Jenny Black, John Gillingham, Marjorie Morgan, and John Pocock for comments on drafts of this article. I owe a particular debt to Patrick Wormald, whose work first taught me to appreciate the significance of pre – Conquest history.

② Susan Reynolds, *Kingdoms and Communities in Western Europe, 900 – 1300*, Oxford, 1984; R. R. Davies, ed., *The British Isles, 1100 – 1500: Comparisons, Contrast and Connections*, Edinburgh, 1989; idem, *Domination and Conquest: The Experience of Ireland, Scotland and Wales, 1100 – 1300* Cambridge, 1990; Robin Frame, *The Political Development of the British Isles, 1110 – 1400*, Oxford, 1990; Mark Greengrass, ed., *Conquest and Coalescence: The Shaping of the State in Early Modern Europe* (London, 1991); Richard Bonney, *The European Dynastic States, 1494 – 1660*, Oxford, 1991; J. H. Elliott, “A Europe of Composite Monarchies”, *Past and Present*, 137 (1992), pp. 48 – 71.

族裔民族主义（ethnic nationalism）时代的到来，① 其建国过程得以完成。这些国家形成中的不同场景对“民族认同”概念颇具意义。在其成员的理念当中，“民族认同”一词彰显了政体的特征，并且也构成了国民认同意识的组成部分。它还是政治组织连接臣民或公民的纽带之一，并逐渐演变成为有别于国家概念的所谓“社会”概念的一个组成部分。

本章所要探讨的是18世纪前后不列颠群岛民众所共享的民族认同对象及其实现路径与方式。“民族主义”是另一重要的概念。19世纪之前它是一个某种程度上与“民族认同”有着近似意义的词汇，或者可理解为某种“民族认同”的特殊形式。随着19世纪近代国家建构时代的到来，出现了工业社会的民粹主义、同质化的治理方式以及使用同一方言的族裔群体等社会特征。②

如果认为民族主义只是到了工业社会才出现，那么更早期的“认同”就只能算作一种知识。回溯的第一步，就是要弄清19世纪前集体意识中的“国家”概念，赋予它们有别于其他概念的“爱国主义”，同时摒弃

---

① Brian Levack, *The Formation of the British State: England, Scotland and the Union, 1603 – 1707*, Oxford, 1987; Jenny Wormald, “The Creation of Britain: Multiple Kingdom or Core and Colonies?” *Transactions of the Royal Historical Society*, 6th ser., 2 (1992), pp. 175 – 194. This argument is developed, with reference to state formation in the British Isles since 1536, in J. C. D. Clark, *The Language of Liberty, 1660 – 1832: Political Discourse and Social Dynamics in the Anglo – American World*, Cambridge, 1994. The Nation state (a polity identical with what is generally accepted to be a single people) is not the only viable state form: the UK' s survival since that time is evidence of the strength of an alternative model.

② “Nation, we now know... are not, as Bagehot thought,” as old a history. ” The modern sense of the world is no older than the eighteenth century”: E. J. Hobsbawm, *Nations and Nationalism since 1780: Programme, Myth, Reality*, Cambridge, 1990, p. 3. Gellner saw a role for religion in promoting nationalism only via Weber' s thesis that Protestantism was the midwife of capitalism: Ernest Gellner, *Nations and Nationalism*, Oxford, 1983, p. 41. Such works at best propose analytical distinction within “nationalism” posited as a single teleological phenomenon. For an important reaction against “a materialist conception of social reality” in historical sociology in favor of the view that “Identity is perception”, see Liah Greenfeld, *Nationalism: Five Roads to Modernity*, Cambridge, MA, 1992, pp. 13, 496. This work nevertheless continues to use a single term, “nationalism”, to cover a variety of phenomena, contending that nationalism has “a conceptually evasive, Protean nature” (p. 7). Historians see a series of different phenomena rather than a mysteriously united and Protean one.

“它构成原生民族主义”的想法。[①] 而且，这两种可能的认同范式，爱国主义或民族主义，只是通往更多历史场景的一个阶段。近几十年来政治思想史上不断进化的方法论表明，政治科学的范畴并不总是适用的。现在我们可以认为“爱国主义”和“民族主义”是两种意识很贴切的表述，是民族认同理论历史性的自然定位，是解释认同的两种方式，可以激活它们并将它们运用于实践中。

打着时代和地域烙印的“民族主义”和“爱国主义”现在都被用来描述和塑造一些贯通多个世纪的不断变化的集体意识的范式。“民族主义”是一个19世纪的思想，可作为种族、语言和文化的集体认同的基础理论和知识体系，是一个进化着的统一体。作为产生于欧洲大陆的一个主义，它的纲领是：共享了语言、文化的“人民”将要也应该形成在这些方面同源的政体。民族主义者坚持认为，他们的理念是自然而然出现的，这些理念将个人与政体关联上了。

这是一系列在早期没有被发现的假设。“民族”一词流传至今，含义不断变化，经过很多世纪都没有产生过“民族主义”概念。[②]回顾过去，很多学者认为人们很容易意识到他们自己是英格兰人或者法兰西人，但是有效的知识体系——包含他们的从中世纪到大革命时代集体意识——表明它是一个王朝的概念，主要是法律和宗教的含义。[③]民族意识的两个主要构成是自由宪政和天命论，是这两者的协同产生了特殊的力量。[④]强烈的集体自我形象意识没有必要等到19世纪族裔统一体思想产生后再出现。

---

① Geller, *Nations and Nationalism*, pp. 138 – 139, and Hobsbawm, *Nations and Nationalism*, pp. 87 – 89, did so in order to disparage patriotism. This was not the object of Maurizio Viroli, *For love of Country: an Essay on Patriotism and Nationalism*, Oxford, 1995. This work rightly begins with an argument that patriotism and nationalism “must be distinguished”; but although it seeks to historicize nationalism by finding for it a precise chronological genesis, it treats patriotism imprecisely as a language that “has been used over the centuries” (p. 1).

② *The Oxford English Dictionary* gave the first usage of “nation” in 1300, “national” in 1597; both were current long before its first example of “nationalism”, with a political meaning, in 1844. The same work traced “patriot” to 1596, but found a source for “patriotism” only in 1726. The third edition of the *OED* may uncover earlier usages for “patriotism” but it seems unlikely that general currency will be discovered before the 1720s.

③ Clark, *Language of Liberty*, pp. 46 – 140.

④ Cf. Finn, “An Elect Nation?” p. 181.

"爱国主义"①是一个更弱的思想，但同样特殊。在 18 世纪 20 年代的英格兰，它被辉格党反对派塑造为超越公共道德的一种诉求。在 20 世纪的讨论中，这一词汇被借来说明一个更加得体的、自由主义的、非攻击性的民族主义形式；②在 18 世纪早期，爱国主义染上了反对公共腐败的军事新教主义色彩，并拥护基于海军力量的具有侵略性的国际立场。③

只要民族主义被认为是中性的，"自下而上"自然地发端于大众文化，它的历史就可以断代于更早的国家形成时期。既然假设族裔—语言民族主义是一个世俗的规范，并假设其是一个超越国家诉求而不是以国家诉求为前提的动态现象，那么其他的集体认同的框架就可以被忽略了。1848 年革命的前提假设流传甚远甚广，人们（德国人、意大利人、爱尔兰人）自然地且合法地寻求加入一个与他们的族裔"民族"一致的国家，反对从上面强加给他们不一致的国家形式。"国家"，从这一视角来看，最多也就是个过分的诉求。虽然这一理论有自证的成分，只要它被广泛相信，历史学家就可以关注许多其他 19 世纪的国家形式，它们得到了不同理论依据的支持，它们在人群中形成了不同的集体认同的思想。这其中，是宗教而不是种族，经常居于中心地位。最近历史学家的注意力主要在民族认同方面，但同时也恰当地将宗教历史再整合进之前已经世俗化的现象中。我们将探讨这一个再整合的特殊含义。

---

① The recovery of this phenomenon began with Bonamy Dobree, "The Theme of Patriotism in the poetry of Early Eighteenth Century", *Proceedings of the British Academy*, 35 (1949), pp. 49 – 65; Betty Kemp, "Patriotism, Pledges and the People", in Martin Gilbert, ed., *A Century of Conflict*, London, 1966, pp. 37 – 46; Quentin Skinner, "The Principles and Practice of Opposition: The Case of Bolingbroke versus Walpole", in Neil McKendrick, ed., *Historical Perspectives*, London, 1974, pp. 93 – 128: "By the concept of patriotism both Bolingbroke and his opponents understood the ideal of acting in such a way as to defend and preserve the political liberties which their fellow – countrymen enjoyed under, and owed, to the constitution", p. 99.

② This idea can be traced at least from Richard Price ' s *A Discourse on the Love of our Country*, London, 1789; cf. Johan Huizinga, "Patriotism and Nationalism in European History" (1940), in Huizinga, *Men and Ideas*, London, 1960, pp. 97 – 155. It is present in Micheal Ignatieff, *Blood and Belonging: Journeys into the New Nationalism*, New York, 1993, as "civic nationalism", which "maintains that the nation should be composed of all those—regardless of race, colour, creed, gender, language or ethnicity – who subscribe to the nation ' s political creed" . Ignatieff contrasts this "rational attachment" with an unacceptable "ethnic nationalism", pp. 5 – 9.

③ "Patriotism" preceded Bolingbroke; the concept appears in the titles of polemical writings from 1731 at the latest. By contrast, the first title in the catalogue of the Bodleian Library to contain the word "nationalism" is John Kingsley, *Irish Nationalism*, London, 1887.

二 研究的资源

对一些重要词汇的诠释并不是轻而易举就可以实现的，从学者们对词汇演进路径不同阶段的阐述就可以感受到这一点。“路径”在不同的研究中存在着不同的规则和目的性。在不列颠，作为研究课题，“国家”长期以来都是没有疑义的，主要是因为海上边界的存在和威尔士或苏格兰没有能力威胁入侵英格兰。英格兰的制图学传统是海军地图，而不是像德国那样是有关边界地区纠纷的历史地图。1945 年之后，在英国历史学界，爱国主义是一个禁忌的话题。卓越的政治上的领先性就等同于是一个牢固的民族认同。①

近到 20 世纪 70 年代，几乎所有的历史学家在他们的研究中都无差别地把国家当作理所当然的事情，而 1660—1832 年鼎盛时期王朝国家的连贯性问题却被无时间差异的“民族主义”假定掩盖了。政治色彩浓重的历史学家把国家的整体框架看作是固定的，拒绝进步主义政治科学。类似地，群众政治的研习者们也认为这一框架是理所当然的，倾向于通过显示寡头政治如何占有和使用国家机器来为剥削和压迫类别的话题提供素材，而不是研究那些机制是如何整合到一起的。即使政治色彩最浓重的社会和经济史学家也认为国家是理所当然的，只关注那些挑战资本主义国家政权并促使其枯萎的社会生活和行为的自然特征。他们很少花时间探索早期创建国家权力架构的力量源泉，或者尝试用古代风俗习惯或结构的力量来解释国家的存续的原因。在 20 世纪 70 年代民族认同也是被忽视的，如战前“民族特征”那样被边缘化了。②

国家形成和民族认同主题的回归早于 1989 年之后东欧共产主义政体溃败和民族国家得到重新认识。在英格兰，这一主题的回归首先与威尔士和苏格兰政府分权计划受挫有关。1973 年的凯尔布兰登报告预见到了这

① This assumption was subsequently dispelled by Geoffrey Elton, *The English* (Oxford, 1992), which stressed Anglo - Saxon state formation and the importance of a religious matrix. On this book, see the discussion by Patrick Wormald, John Gillingham, and Colin Richmond, *Transactions of the Royal Historical Society*, 6th ser., 7 (1997), pp. 317 - 336.

② Still current with, for example, Ernest Barker, *National Character and Factors in Its Formation* (London, 1928), Ch. 2, “The Genetic Factor: Race”, continued the demolition of Victorian concepts of race even before the political events of the 1930s.

一点，在 1979 年 3 月举行的苏格兰和威尔士公投之后，① 威斯敏斯特聪明地绕开了这一雷区。其次这一主题的回归是与 1982 年马尔维纳斯群岛战争所唤起的公众情绪在学术界引起的质疑和愤慨有关。英格兰知识阶层疲于为反一国家主义分权行为受挫和统一民主主义胜利表态，为那些不愉快的现象进行学术上的辩解。对国家形成和民族认同的关注有时会产生弃用这两个概念的想法。关于这一点，通过分析我们可以分辨出五个学术创新资源，有时政治目的会在其中发挥作用。

第一个资源是政治科学和社会学，发端于 20 世纪 70 年代。②社会学当然没有忽略民族主义；但它对民族主义起源的追踪不会早于坎特（Kant），③他把民族意识的起源追溯至几千年前的族裔渊源，④这是一个尚未进入很多历史学家研究视野的学科。20 世纪 80 年代中期，因为深刻意识到社会学忽视了国家这一学术概念，一大批相关书籍在北美出版了。⑤

---

① H. M. Drucker and Gordon Brown, *The Politics of Nationalism and Devolution*, London, 1980. This phase of academic analysis was not marked by postmodern hostility to national identities; Drucker and Brown indeed accepted as a premise (pp. 2 - 3) the Kilbrandon Commission' s insistence on the reality of national identities in Scotland and Wales.

② Charles Tilly, ed., *The Formation of National States in Western Europe*, Princeton, 1975, was a sociological work which lacked the comparisons between many different historical track records that its title seemed to promise. Geoffrey Elton, in his review, lamented: Three topics in particular ruin the investigation by their absence: the law, the Church and the ideology of nationalism... The only reason why [law] was left out would seem to be authors' decision to treat states simply as engines of exploitation; bewildered by their concentration on the "extraction of resources" (mobilization of men and money), they entirely overlooked the fact that among the formative influences were other purposes quite as important to the inhabitants as to the rulers... Leaving out the Church would come naturally to this group of social scientists and historians anxious to be at home in the social sciences, but it tends to make nonsense of the whole enquiry': G. R. Elton, *Studies in Tutor and Stuart Politics and Government*, III (Cambridge, 1983), pp. 489 - 490. Tilly had not learned these lessons in *Coercion, capital and European states, AD* 990 - 1990 (Oxford, 1990), For a critique of Tilly' s neglect of political culture, political theory, and religion, see Siep Stuurman, "A Millennium of European State Formation", *International Review of Social History*, 40 (1995), pp. 425 - 441.

③ E. G. Anthony D. Smith, *Theories of Nationalism*, London, 1971.

④ Anthony D. Smith, *The Ethnic Revival*, Cambridge, 1981; idem, *The Ethnic Origins of Nations*, Oxford, 1986. Smith argued (p. 1) against "the new wave of social scientist and historians" naming Seton - Watson, Tilly, Breuilly, Nairn, Benedict Anderson, and Gellner, who "pronounced the nation a wholly modern creation with few, if any, roots in earlier epochs".

⑤ John A. Armstrong, *Nations before Nationalism*, Chapter Hill, 1982; Theda Skocpol, ed., *Bringing the State Back in*, Cambridge, 1985; Michaeal Mann, *The Sources of Social Power*, 2 vols., Cambridge, 1986; Philip Corrigan and Derek Sayer, *The Great Arch: English State Formation and Cultural Revolution*, Oxford, 1986.

第二个资源是关于欧洲历史的著述，更多的是关于欧盟政治运动的著述。20 世纪 70 年代，不列颠进入“欧洲”扰乱了其与新西兰的“特殊关系”。①这个逐步升级的一体化计划刺激了反欧洲主义者和亲欧主义者开展深入的调研，②官方也有集体资助计划。1989—1992 年，一批学者提出了一系列关于结构和功能的大课题，得到了欧洲科学基金“13—18 世纪欧洲现代国家的起源”计划的资助。③

第三个资源，是关于“不列颠问题”学术上的界定，它随着不列颠群岛（尤其苏格兰、北爱尔兰和威尔士）内部压力的变化而发生变化。联合王国是长期存在的组成部分的集合，还是这些组成部分的拆解，包括文化和政治关系。这一课题把它的主要学术大本营搭在华盛顿的福格尔（Folger）图书馆。1984—1987 年，在那里举行了富有影响力的众多系列的研讨会，由约翰·波科克（John Pocock）、路易斯·施瓦尔（Lois Schwoerer）、戈登·石澳凯特（Gordon Schochet）等人组织。虽然这些研讨会是以政治思想史的名义举行的，但它们的内容逐渐地被宗教、民族认

---

① J. G. A. Pocock, “British History: A Plea for New Subject”, *New Zealand Historical Journal*, 8 (1974), reprinted in *Journal of Modern History*, 47 (1975), pp. 601 - 621, and “The Limits and Divisions of British History: In Search of the Unknown Subject”, *American Historical Review*, 87 (1982), pp. 311 - 336.

② Jeremy Black, *Convergence or Divergence? Britain and the Continent*, London, 1994; cf. the Euro - enthusiast Stephen Haseler, *The English Tribe: Identity, Nation and Europe*, London, 1996. Haseler, a professor of government, there adopts the erroneous interpretation that “ A serious idea of Englishness... did not begin to cohere until the eighteenth century” (p. 11) . The danger of uncritical borrowings by political science from flawed history is now urgent.

③ Wim Blockmans and Jean - Philippe Genet, general eds. , Richard Bonney, ed. , *Economic Systems and State Finance*, Oxford, 1995; Wolfgang Reinhard, ed. , *Power Elites and State Building (Thirteenth to Eighteenth centuries)*, Oxford, 1996; Janet Coleman, ed. , *The Individual in Political Theory and Practice*, Oxford, 1996; Antonio Padoa - Schioppa, ed. , *Legislation and Justice: Legal Instruments of Power* Oxford, 1997; Peter Blickle, ed. , *Resistance, Representation and Community*, Oxford, 1997; Allan Ellenius, ed. , *Iconography, Propaganda, and Legitimation* (forthcoming); Philippe Contamine, ed. , *War and Competition between States* (forthcoming) . Patrick Wormald, “*Enga Lond*: The Making of an Allegiance”, *Journal of Historical Sociology*, 7 (1994), pp. 1 - 24, at 19, questions whether Genet' s structural priorities, finding the “modern” state in the France of Philip the Fair (1285 - 1314), like another student of French History, J. R. Strayer, *On the Medieval Origins of the Modern State*, Princeton, 1970), were not “including the French historian' s usual habit of confusing the history of France with that of Europe. Englishmen familiar with the vigour of English government on either side of the Norman conquest would be tempted to take their story at least three centuries further back. ” The implications of this argument are explored below.

同和国家形成所主导。①政治理论上的创新，加上昆廷·斯金纳（Quentin Skinner）对近代早期国家概念出现的研究，②为这一问题的研究提供了系统的理论框架。

政治史中最有影响力的模拟研究是不列颠群岛的“四民族”分析，它重视作为王朝国家的联合王国形成的内部动因。③这一流派的开创性著作是由一位美国人撰写的，④以一个美国人的敏锐视角来描绘殖民主义问题。20世纪70年代不列颠人关于分权的讨论把这一问题推到现代政治评论家的日程上来。⑤从20世纪80年代晚期开始，这一模型就被用于作为三个王国之间战争的“英吉利”内战的重新诠释上来，成为英格兰学术界有广泛影响力的观点。⑥ 其代表人物是康莱德·罗塞尔

---

① J. G. A. Pocock, ed., *The Varieties of British Political Thought, 1500 – 1800*, Cambridge, 1993; Roger A. Mason, ed., *Scots and Britons: Scottish Political Thought and the Union of* 1603, Cambridge, 1994; and John Robertson, ed., *A Union for Empire: Political Thought and the Union of 1707*, Cambridge, 1995.

② Quentin Skinner, *The Foundations of Modern Political Thought*, 2 vols., Cambridge, 1978; idem, "The State", in Terence Ball, James Farr, and Russell L. Hanson, eds., *Political Innovation and Conceptual Change*, Cambridge, 1988, pp. 90 – 131.

③ Richard S. Tompson, *The Atlantic Archipelago: A Political History of the British Isles*, Lewiston, 1986; Hugh Kearney, *The British Isles: A History of Four Nations*, Cambridge, 1989; J. C. D. Clark, "English History' s Forgotten Context: Scotland, Ireland, Wales", *Historical Journal*, 32 (1989), pp. 211 – 228.

④ Michael Hechter, *Internal Colonialism: The Celtic Fringe in British National Development, 1536 – 1966*, Berkeley, 1975.

⑤ Tom Nairn, *The Break – Up of Britain: Crisis and Neo – Nationalism*, London, 1977. For the astonishment of a Kenyan Literary scholar studying in Scotland at this self – destructive historiography, used as he was to the more self – confident projection of metropolitan culture overseas, see Simon Gikandi, *Maps of Englishness: Writing Identity in the Culture of Colonialism*, New York, 1996, p. ix.

⑥ It was given influential expression by the establishment at Cambridge in 1988 of a paper in the Historical Tripos on the "British problem" from the Union with Wales in 1536 to the Union with Scotland in 1707, taught chiefly by a Civil War scholar, John Morrill, and an historian reasserting a "nationalist" perspective in an Irish debate, Brendan Bradshaw and John Morrill, ed., *The British Problem, c. 1534 – 1707: State Formation in the Atlantic Archipelago*, London, 1996: it stressed, for example, that for nine centuries before 1922, Ireland was "semi – detached" (p. 3). Addressing similar issues were Steven G. Ellis and Sarah Barber, *Conquest and Union: Fashioning a British State, 1485 – 1725*, London 1995, and Alexander Grant and Keith Stringer, eds., *Uniting the Kingdom? The Making of British History*, London, 1995, the latter justifiably summed up by J. G. A. Pocock (p. 292) as bringing to fruition the new approach to the subject for which he had called in articles published in 1974 – 5 and 1982 (above).

(Conrad Russell)。①

第四个资源，长期以来，"民族主义"已经变成了欧洲大陆历史文献学不可回避的主题。欧洲大陆的历史学家经常否认英格兰经历了他们所熟悉的意识形态上的民族主义。欧洲大陆的史学著作对不列颠漫长的18世纪的历史文献学几乎没有什么直接的影响。②在这一领域，政治上的左翼重新打开了关于不列颠的讨论。③讨论是在这样一个圈子里展开，包括知名的佩里·安德森（Perry Anderson）和本尼迪克特·安德森（Benedict Anderson)；④讨论的延伸在很大程度上可归因于日益增长的由后现代方法论创造的对"认同"的兴趣。起始于某个单一问题，然后是后现代主题内容稳定增长，从种族、阶级和性的认同开始，最终推演到整体上的民族认同。他们的目标是让所有人都接受民族认同，不管是政治上的竞争对手还是破坏者。⑤ 在现实中，"阶级"是这新三位一体存在的标志，拥有这一信仰的历

① Conrad Russell, *The Causes of the English Civil War*, Oxford, 1990; idem, *The Fall of the British Monarchies, 1637 - 1642*, Oxford, 1991, were mature statements of an analysis worked out by Russell earlier, e. g. "The British Problem and the English Civil War", *History*, 72 (1987), pp. 395 - 415.

② "English nationalism never existed, since there was no need for either a doctrine or an independence struggle": Hugh Seton - Watson, *Nations and States: An Enquiry into the Origins of Nations and the Politics of Nationalism*, London, 1977, p. 34; John Breuilly, *Nationalism and the State*, Manchester, 1982; 2nd edn., 1993, pp. 5, 75 - 88; Michael Hurst, *States, Countries, Provinces*, Bourne End, 1986; Hagen Schulze, ed., *Nation - Building in Central Europe*, Leamington Spa, 1987; Peter Alter, *Nationalismus*, translate as *Nationalism*, London, 1989; Bernhard Giesen, *Nationale und Kulturelle identity: Studien zur Entwicklung des Kollektiven Bewussteins in der Neuzeit* (Frankfurt, 1991); Mary Fulbrook, *National Histories and European History*, London, 1993; Mikulás Teich and Roy Porter, ed., *The National Question in Europe in Historical Context*, Cambridge, 1993; Hagen Schulze, *States, Nations and Nationalism: From the Middle Ages to the Present*, Oxford, 1996.

③ In England, the crucial works were Hugh Cunningham, "The Language of Patriotism 1750 - 1914", *History Workshop*, 12 (1981), pp. 8 - 33, which adopted the insistence on patriotism as essentially constitutionalist and libertarian propounded by Skinner, "The Principles and Practice of Opposition" (1974); E. J. Hobsbawm and T. O. Ranger, eds., *The Invention of Tradition*, Cambridge, 1983; and Raphael Samuel' s edited collection of essays, *Patriotism: The Making and Unmaking of British National Identity* (Vol. 3, London, 1989).

④ Perry Anderson, *Lineages of the Absolutist State*, London, 1974; 2nd edn., 1979; Benedict Anderson, *Imagined Communities: Reflections on the Origin and Spread of Nationalism*, London, revised edn., 1991.

⑤ Notably, but not exclusively, in Roy Porter, ed., *Myths of the English* (Cambridge, 1992): The past thus seems to be up for grabs, a chest of props and togs ready - to - wear in almost any costume drama, available to fulfill all manner of fantasies' (p. 1)

史学家转向了民族主义，以挽救坍塌了的传统的阶级分析理论基础。①

第五个资源，教会史回归到了意识形态模式，这是一个重要的民族认同框架。②英格兰国教和由造物主勾画出命运的人民共同推进了宗教改革。③ 关于宗教在民族意识形成过程中所发挥的作用从未在关于宗教改革的著作中消失过，④但是这样的调研结果从未对历史学家关于近期英格兰民族认同思想产生过什么影响。这样的观点即使在关于法国大革命的研究中也能够觉察到。迄今为止，大多数人仍被世俗化的主张所主导。从20世纪80年代中期开始，宗教与民族认同间的纽带关系在欧洲大陆抵抗拿破仑的冲突中显露出来。在西班牙，但不只是在西班牙，一个针对无神论雅各宾主义的圣战与民族解放运动和宗教复兴结合到一起了。但是一个复兴意味着有些事情会复活。许多军事动员反对法国军队入侵的细节表明，地域上的信仰、宗教的领导地位、圣徒遗物的尊崇、为历史上反对异端和保卫祖国的民族英雄进行祈祷等都再次浮现。⑤

还能看到知识界如何影响民族认同产生的解释方式。如英国这个范例，有两个虚假的起点，一个是探讨“财政—军事”国家问题，另一个是探讨“传统的发明”这一思想，但是两者都有利于理解民族认同的演进。关于1660—1832年这段历史的重要意义，只有把这一时期放在更广泛的时间框架中去考察，才会变得清晰。

---

① Finn, “An Elect Nation?” p. 182. This process evidently preceded the break - up of multinational polities, especially in the former communist bloc after 1989. This last was a development generally welcomed by the left as an extension of pluralism, and less often deplores as an effect of populist nationalism.

② The papers of the nineteenth and twentieth of the Ecclesiastical History Society were published in *Studies in Church History*, 18, as Stuart Mews, ed. , *Religion and National Identity* (Oxford, 1982); but despite highly relevant contributions, this research initially had little impact on some of the historians of the period 1660 - 1832.

③ For its earliest dating, to the England of Bede, see Wormald, “Enga Lond” .

④ E. G. Orest Ranum, ed. , *National Consciousness, History and Political Culture in Early - Modern Europe* (Baltimore, 1975), especially John Pocock’ s discussion of the “elect nation” in England and Michael Cherniavsky’ s of the Orthodox church in Russia.

⑤ T. G. W. Blanning, “ The Role of Religion in European Counter - Revolution, 1789 - 1815”, in Derek Beales and Geoffrey Best, eds. , *History, Society and the Churches: Essays in Honor of Owen Chadwick* (Cambridge, 1985), pp. 195 - 214. For a reassertion of the role of religious issues in the revolution itself, see Dale Van Kley, *The Religious Origin of the French Revolution: From Calvin to the Civil Constitution, 1560 - 1791*, New Haven, CT, 1996.

三 军事—财政对民族主义和民族认同形成的作用

关于战争在国家形成过程中的重要性这个论题已经由塞缪尔·费纳（Samuel Finer）和安东尼·史密斯（Anthony Smith）进行了清晰的阐述。① 1688 年之后的英格兰和不列颠国家，由于采用麦考利（Macaulay）和特里维廉（Trevelyan）的辉格党体制，管理松散并且税赋较低，被描述为自由主义。那么，这样一个国家是如何在随后一个半世纪的战争、海外扩张和经济增长中取得令人瞩目的成功的？彼得·迪克森（Peter Dickson）、彼得·马赛阿斯（Peter Mathias）和帕特里克·欧布瑞恩（Patrick O' Brien）②的著作表明，在旧体制下的欧洲，不列颠是一个税负很重的国家，而不是相反。"钱是战争的肌肉"③对美洲殖民地和美洲革命史学家来说是一个熟知格言。因为 18 世纪主要的创伤性事件就是不列颠政体的瓦解，表面上的起因就是大都市政府没有权威和能力支持军事防御而引起了纷争。这一深刻的见解是约翰·布鲁尔（John Brewer）分析强国不列颠的基础，是他在一部关于政府架构和军事供给的著作中提出的，但他对民族认同没有发表什么意见。④

---

① Samuel E. Finer, "State - and Nation - Building in Europe: The Role of the Military", in Tilly, ed., *Formation of National States in Western Europe*, Smith, *The Ethnic Origins of Nations*, pp. 38 - 41, 73 - 76. To some degree, however, this may be a distorting effect on our perspective produced by the world wars of the twentieth century: see Kenneth O. Morgan, "England, Britain and the Audit of War", *Transactions of the Royal Historical Society*, 6th ser., 7 (1997), pp. 131 - 153.

② P. G. M. Dickson, *The Financial Revolution in England: A Study in the Development of Public Credit, 1688 - 1756*, London, 1967; Peter Mathias and Patrick O' Brien, "Taxation in Great Britain and France, 1715 - 1810", *Journal of European Economic History*, 5 (1976), pp. 601 - 650; Patrick O' Brien, "The Political Economy of British Taxation, 1660 - 1815", *Economic History Review*, 2nd ser., 41 (1988), pp. 1 - 32; idem, "Public Finance in the Wars with France, 1793 - 1815", in H. T. Dickinson, ed., *Britain and the French Revolution, 1789 - 1815*, Basingstoke, 1990, pp. 165 - 87.

③ Robert W. Tucker and David C. Hendrickson, *The Fall of the First British Empire: Origins of the War of American Independence*, Baltimore, 1982, p. 109.

④ John Brewer, *The Sinews of Power: War, Money and the English State, 1688 - 1783*, London, 1989. For this theme now see comprehensively, Bonney, ed., *Economic Systems and Stare Finance*, a Survey Which spans the period from the middle ages to the end of the eighteenth century, covering the themes of taxation, fiscal institutions, the church, sovereignty, currency, economic theory, the financial relations of center and periphery, rebellions against taxation, the financing of war, and national debts. For a consideration of this argument in a later time frame, see Philip Harling and Perer Mandler, "From 'Fiscal - Military' State to Laissez - faire State, 1760 - 1850", *Journal of British Studies*, 32 (1993), pp. 44 - 70.

1990年，劳伦斯·斯通（Lawrence Stone）在普林斯顿主持了一个关于国家形成的研讨会，会议记录发表于1994年。没有一份稿件直接涉及宗教，也没有多少稿件阐述作为国家形成的必要的前提条件民族认同问题。不是民族认同、宗教、文化或者法律，而是战争成了斯通个人论述的关键组成部分。对于斯通来说，“战争终究是一个后勤的事情”，而不是道德、信仰、使命、意识形态或政治方面的事情。国家被艾瑞克·霍布斯鲍姆（Eric Hobsbawm）表述为“分享关于他们的起源的共同错觉和对他们的邻居共同反感的人民”；虽然具有讽刺意味，但是很准确。人们坚持相信，战争的“胜利是一个钱的问题，而不是人的问题”。①斯通采用辉格党政治脚本创建关于战争胜利的解释，而该脚本总是与他的社会—结构脚本并行：1688年创建了一个强大的国家，但它的官僚机器是“闻所未闻地分权”给了地方绅士们。斯通认为，是分权而不是强大的领取薪俸的官僚，是不列颠能够“课以重税”但仍然保持“相对自由”的原因。权力的掌管者需要尊重法律规则，至少财产法。斯通主张，1688年后，是“作为斯图加特绊脚石的议会制度”，“成为创建不列颠财务能力的关键因素”。布鲁尔争辩说，税赋官僚机构才是关键因素。②二者的表述没有多大的差异。

这些假设有将民族认同进程主题局限于约翰·布鲁尔所言“军事—财政国家”特征的效果：税赋水平、债务、税收官僚机构。③斯通提出的假设是国家在先，民族主义在后：“不列颠民族主义当然发展于1790—1810年，但是这个账首先得算到对法国大革命激进思想的恐惧，其次是对拿破仑统治世界的野心的恐惧。”④民族主义很明显是民族建构成功的后续的结果，而不是先前的原因。关于18世纪骚乱、强行征用、走私、造币以及司法不得人心的著述，确实留下了这样一致的印象——国家是非常不受欢

① Lawrence Stone, ed., *An Imperial State at War*: *Britain from 1689 to 1815*, London, 1994, pp. 2, 4, 6. Hobsbawm's dismissal of the perceptions of ordinary men and women is characteristic of one school of thought. The legitimacy of this approach as history of open to doubt.

② Ibid., pp. 2, 5, 20.

③ For a more developed functional analysis by an author represented in Stone's volume, see Thomas Ertman, *Birth of the Leviathan*: *Building States an Regimes in Medieval and Early Modern Europe*, Cambridge, 1997. Ertman places states in a typology determined by two polarities: absolutist v. constitutionalist, and patrimonial v. bureaucratic.

④ Stone, ed., *Imperial State at War*, p. 11.

迎的，是一个需要从功能词汇上去理解而不是用共同接受的词汇来理解的事物，如意识形态的领导权，或者共有的民族认同。①虽然布鲁尔认为不列颠国家更像其大陆的对手而不是被认为的那样，虽然斯通以“在许多重要方面，不列颠国家保持着差异”来回应，②但他们二人都坚持在功能层面上进行讨论，基本不考虑案例中的民族意识，完全不考虑案例中的政治思想、法律和宗教。

斯通—布鲁尔认为关于“国家”的皇家的和军事的形成，是一个抽象的概念和一个没有清楚地把英格兰从不列颠或联合王国区分出来的概念。不列颠可以征税以赢得战争，是因为它是足够自由的。我们是如何知晓它是足够自由的？因为它能够征收到足够的税以赢得战争。有人会反对说，在18世纪没有那样的安全局面，不管是民族财富或是军事胜利。但我们看到，每一场战争，每一次叛乱，都保持了财政的平衡。所有的国家形成中最重要的事件，如美国革命，从未在斯通或布鲁尔的著作里成为标志性事件，而且这些事件在揭示思想发展特征中也居于中心地位。③

四 战争对民族主义和民族认同的影响

从1987年开始，在对各种材料的研究分析过程中，国家形成的功能模型发现了一个不同的选项。以早期汉诺威时代英格兰人认同的文化史为证据，一本研究民族意识的开创性著作认为，“纯粹爱国主义”到民族主义的“哲学意义上的转变”实际上发生在18世纪40年代中期到18世纪80年代中期——也就是在反对法兰西文化霸权中形成的。④ 这篇文章在语义分析方面从来没有

① “Too little attention has been paid to the fact that Britain in the eighteenth century was little more than a somewhat precarious and recently formed federal political unit. A viable state is not necessarily coincidental with a nation, the latter being defined by a sense of community in a common culture and patriotic feeling shared by both rulers and ruled”: ibid., p. 4. This assumption of the weakness of the eighteenth - century dynastic state depended on an implied comparison with an ideal type, the nineteenth - century ethnically grounded nation state. The inappropriateness of the latter as a general yardstick is one theme of the present article.

② Ibid., p. 17.

③ Clark, *Language of Liberty*.

④ Gerald Newman, *The Rise of English Nationalism: A Cultural History, 1740 - 1830*, London, 1987, pp. 53, 63, 67. Newman denied the applicability of “nationalism” to the England of seventeenth century, but treated the mid - eighteenth - century phenomenon as continuous with, nineteenth - century “nationalism”. He also argued for “nationalism” as an essentially secular idea, an offshoot of the Enlightenment.

受到另一个有影响力的著作的遮挡——它通过“发现传统”把民族主义描述为虚假的意识。琳达·科里（Linda Colley）的《不列颠人》①在战争和宗教领域有两个主要的解释性论题，关于编年史有一个重要论点。第一个论题是“战争在1707年后不列颠民族建构过程中发挥了至关重要的作用”。第二个论题与宗教有关，“尽管有许多文化上的差异，是他们对新教的共同投入第一次让英格兰人、威尔士人和苏格兰人融合到了一起，并保持这样”。②这本书中的编年体场景是，不列颠风格是1707年之后发明的，基本上是在1815年之后进行了重塑，现在对简单的再发明保持开放。

首先，《不列颠人》的主要研究对象是战争，尤其是关于法国大革命和拿破仑战争期间的军事。横排和纵列士兵对军事意味着什么？谁不愿意服役，为什么？常规和军事单位地理上移动对人民认同的感觉有什么影响？作者推断这项研究——指开始于1689年结束于1815年一系列对法战争（每一个都比前一个规模更大）——将在定义英格兰人反对外敌的认同中具有异常的重要性。这不是最终的结论，因为如果战争对集体自我—意识具有建构性影响，那么一个英格兰人的民族认同的塑造好像会来得更早，也许会是在1707年之后军事合作产生的“不列颠人”认同之前就建立了自己的民族认同。

如果有的话，还不清楚什么会是“其他”选项。这个对立面意味着战争的复杂影响只能用一种方式来解释，即用词汇“不列颠人”定义他们自己，反对“明显不利的其他”。战争对社会更多的影响一定是可以想象得到的，③针对他们需要的（也许是暂时的）团聚，战争产生的紧张和持续的离散必须加以衡量。科里的观点“通过公投，男人和女人决定他们是谁，不是谁和什么”④，是将注意力转移到某些场景中，尤其是财政—军事场景，而不是思想和信仰。除非人民已经有一个相当好的有关他们自己的实质上的特征的观点，不清楚他们为什么要从根本上

① Linda Colley, *Briton: Forging the Nation, 1707 - 1837*, New Haven, CT, 1992.

② Ibid., pp. 367 - 368.

③ For more sophisticated analyses of the impact of war in shaping societies, often distorting or reversing processes of social evolution or state formation deemed to be linear, see for example Bartholomew H. Sparrow, *From the Outside in: World War II and the American State*, Princeton, 1996; Arnold D. Harvey, *Collision of Empires: Britain in Three World Wars, 1793 - 1945*, London, 1992; Clive Emsley, *British Society and the French Wars, 1793 - 1815*, London, 1979.

④ Colley, *Britons*, pp. 5 - 6.

理解作为其他的其他。①

不列颠人也认为这一时期战争的一个主要成果是：凝聚了不列颠人，尤其是英格兰人、苏格兰人和威尔士的精英，反对外来人。然而，也有抵消的力量，因为18世纪的战争经常打开内部矛盾，同样需要花精力去解决。威廉三世和安妮（Anne）治下的反对法兰西人的辉格党战争重创了托利－雅各宾（Tory－Jacobite）的不满，法兰西往往会基于侵略的可能性，玩弄扶植王位觊觎者复辟的把戏。1689年之后，这样一个复辟的后果是需要重新定义英格兰与苏格兰、爱尔兰和威尔士的法律关系。这种可能性一直持续到1759年法兰西入侵企图的流产。②虽然七年战争在欧洲大陆以不列颠取胜而终结，但是美国历史学家揭示了它如何在十三个殖民地播下分裂的种子。③美国独立战争是一场不列颠内战，大西洋两岸的意见分歧是如此之大，④几乎导致了爱尔兰的丢失。同样，1797年法兰西的入侵企图和1798年爱尔兰叛乱标志着不列颠与大革命的法兰西之间的战争几乎以失败和解体而告终。⑤如果没有包含这些主要的事件，任何关于国家形成的描述就都失去了这些基本对立的事实。

这本书的第二个解释性主题是与宗教有关的民族认同框架。《不列颠人》正确地将其重要性与这个主题关联起来，相关的内容已经在其他的关于18世纪的学术场合做了多次的介绍。《不列颠人》主要将新教列为强化它的简单的反论的路径，在其中，"新教不列颠"遭遇了"天主教法兰西"⑥。关于光荣革命和七年战争结束之间的解释有一个真相，但它不是一个排他性的真相：在1688年之前，明确的敌人是另一个"新教"力

① It seems likely that this concept was borrowed from another discipline and used without a clear sense of its limitations. This echoing of a concept was doubtless encouraged by the literary scholar Edward W. Said's *Orientalism* (New York, 1978), where the Orient was presented as providing Europe's "deepest and most recurring images of the Other" (p. 1), Here as elsewhere, it took time for a fashionable term to percolate into the historiography.

② Claude Nordmann, "Choiseul and the Last Jacobite Attempt of 1759", in Eveline Cruickshanks, ed., *Ideology and Conspiracy: Aspects of Jocbitism, 1689 - 1759*, Edinburgh, 1982, pp. 201 - 217.

③ Jack P. Greene, "The Seven Years' War and the American Revolution: The causal relationship reconsidered", *Journal of Imperial and Commonwealth History*, 8 (1980), pp. 85 - 105.

④ For this thesis see especially Clark, *Language of Liberty*, pp. 296 - 381.

⑤ Marianne Elliott, *Partners in Revolution: The United Irishmen and France*, New Haven CT, 1982; idem. *Wolf Tone: Prophet of Irish Independence*, New Haven, CT, 1989.

⑥ For the much more complex role of religion see, for example, Tony Claydon and Ian McBride, eds., *Protestantism and National Identity: Britain and Ireland, c. 1650 - 1850*, Cambridge, 1998.

量——联合省，如其在1776—1783年美国战争期间那样。帝国的扩张对打破任何简单的“其他”教派理念都有作用。①如我们现在意识到的那样，那些年在英格兰，“美利坚朋友”与神学上的异端之间的相关性是非常强大的，但是在前美利坚，与作为一个整体的新教异端之间的相关性是比较弱的。18世纪在很多时点上，不列颠有罗马天主教盟友，包括葡萄牙，1716—1731年的法兰西，奥格斯堡联盟战争、西班牙王位继承战争以及1793年之后反法战争中的奥地利。与东正教的俄罗斯的联盟，同样存在一些小问题。

尽管有无往而不胜的新教存在，②1689年威廉三世的卡尔文教王朝以及1714年乔治一世的路德教王朝的到来，还是产生了很大问题。1763年之后，法兰西使天主教国家变得无关紧要，1789年罗马天主教在法国倒台之后，反法情绪陡然上升。贯通18世纪早期和中期，“在英格兰，一个致命的反天主教力量与各种政治势力和谐相处”。③新教对天主教的简单二元主义将不会用来诠释假定双方一致认可的民族认同。④一个更加可靠的诠释宗教现象的方法尤其是17世纪70年代新辉格党思想表明，敌人不只是来自罗马天主教的“教皇制度”。人们可以在一系列的敌人那里发现它，一些英格兰人在17世纪60年代的联合省看到了它，⑤一些殖民地美利坚人在18世纪60年代乔治三世的统治中看到了它。

因为在《不列颠人》中“新教”概念主要是建立一个“不列颠人”和“其他人”之间的对立关系，所以这本书几乎没有涉及作为其关键论

---

① “It has recently been argued that empire was an instrument of national consolidation, unifying the British against the French, the nation’s primary”. Yet the discourses of imperialism produced as many contradictions as unities, championing libertarianism and chauvinism, celebrating the birthrights of English constitutional development while also embedding hierarchies of difference in English political culture. The “others” identified or subdued through the imperial project were internal as well as external, domestic as well as foreign, within as well as without”: Kathleen Wilson, *The Sense of the People*: *Politics*, *Culture and Imperialism in England*, *1715 - 1785*, Cambridge, 1995, pp. 24 - 25.

② For the divisions of identity created by the Hanoverian accession, see Wilson, *Sense of the People*, pp. 101 - 117.

③ Ibid., p. 368.

④ Evan that most militantly anti - Catholic part of the British empire, the Thirteen Colonies, found it possible without substantial controversy to accept France as an ally in 1778.

⑤ Steven C. A. Pincus, *Protestantism and Patriotism*: *Ideologies and the Making of English Foreign policy*, *1650 - 1668*, Cambridge, 1996.

题之一的宗教属性方面的内容，只是有新教异端的简单介绍。[①]对“新教”没有更多实质性的讨论，但现实情况是比较复杂的。相对忽视宗教内容及其连续性也是本书说服力不足的原因之一。作者在“不列颠风格的发明”、不列颠作为“一个被发明的民族”“实质上的被发明的民族”、“一个完全被战争塑造的发明”[②] 上反复着墨。这是一个建立在富有煽动力的短语基础上的表达方式，[③] 关于民族主义虚假意识的含义和非理性的“巨大的歧视性超级结构”，[④]这样一个表达方式无法揭示它们的真正含义是什么。在某一时刻一些事情被做、被思考或者第一次被感觉到了，但它永远不可能是一个真理。当人们发现虚假意识只是一种轻信和精英们的欺骗，以及当人们发现宗教历史中民族发展的剧情就像在教堂中被告知的不过是“虔诚的谎言”，[⑤]那么这种隐喻尤其是没有任何价值的。当虚假意识成为真实动机的预设，一个积极的对民族的承诺立刻就会有一个个人利益诉求反馈回来，在爱国主义中，男人和女人们都感到了某种利益的存在。[⑥]

对教会和地区差异的漫不经心与对不列颠人和英国人差异的忽视相伴而生。这本书的主题就是不列颠民族认同。1707 年，为批准英格兰和威尔士与苏格兰的联盟，以不列颠风格代替英格兰风格和苏格兰风格，有些人呼吁不列颠风格应该被界定为一致的认同。虚构的“不列颠风格”不是民族认同的证据，因为它是新的，是虚假的意识，它的基础很弱。如我们看到的那样，英格兰风格虽然还在持续演化，但它是非常古老的。为证明不列颠群岛居民做了些什么或急于做些什么来把他们自己视作一个单一民族，[⑦] 仅仅强调 1707 年联盟的虚构性和影响力是不够的。不像 1776 年之后的美国公民或者 1789 年之后的法兰西人，19 世纪之前他们也许共有一个不太一致的认同。有几个统一的民族思想和符号被设计出来和采用了，但它们从未抹掉地域意识；持续的差异经常威胁国家至解体，那是费

---

① Colley, *Britons*, p. 18.

② Ibid., pp. 1, 5, 369.

③ Hobsbawm and Ranger, ed., *Invention of Tradition.*

④ Colley, *Britons*, p. 36.

⑤ Ibid., p. 20.

⑥ Ibid., p. 55.

⑦ For ambiguities over “Scots” and “British” identities even into the nineteenth century, see Marjorie Morgan, “The Terminology of National Identity in Victorian Britain”, paper presented to a conference of the North American Conference on British Studies, 5 – 8 Oct. 1995.

了很大力气才建立起来的。进入 19 世纪，威尔士和苏格兰已经建立起与英格兰不一样的独立认同，尽管是碎片化的。《不列颠人》出版时最终的观点是，一个统一的认同是令人怀疑的。①民族意识的范式要特别注意到"不列颠人"认同是与古代地域认同之间的协调，而不是要用 1707 年辉格党的观念来取代他们。这样一个范式要能诠释欧洲大陆上不列颠群岛的旅居者的行为模式。即使进入 19 世纪，在政治和商业事务上使用"不列颠"来描述行动一致的联合王国的各个组成部分，也几乎永远不含有共享的"不列颠人"民族认同的意义，除非偶尔指出有些事情具有值得颂扬的战斗的"不列颠性格"。②

如果说"民族主义"产生于 1707 年，那么它是如何与古代体系关联起来的？《不列颠人》指出，它主要是就像一种溶剂在起作用。"平民爱国主义者"应征入伍保护不列颠对抗法国大革命具有民主主义弦外之音，以至于它在保护旧秩序的同时也在挖旧制度的墙脚。1815 年之后显示出明显的效果，爱国主义，或者民族主义，被认为是"激进的"。③ 对军事力量可靠性的质疑在 17 世纪 40 年代和 1688 年同样被用来作为消遣的话题。1660 年之后精英们担心武器会落入潜在的平均派（Leveller）手中，1688 年之后的詹姆斯二世党人的不满程度，使民族军事力量的组织成为不可能的事情，直到 1757 年法案得到通过才得以解决。④男人们不会在特定的某场战争中打仗或者只根据一个特定部门和王权的命令打仗的事实，并不意味着他们缺少民族身份意识或者认同。相反，这也许意味着他们有高度的认同，以至于他们有充分的理由认为当时的政府背叛了它。早期的研究表明，在拿破仑战争期间，主要是反国教者，尤其是"合理反国教者"，抵抗官方提升军事力量的努力，"在这个时期，宗教经常置喙讨论

---

① Keith Robbins, *Nineteenth - Century Britain: Integration and Diversity*, Oxford, 1988, pp. 1 - 28.

② Morgan, "Terminology of National Identity", discusses other usages in addition to these.

③ For a new interpretation of this theme see J. C. D. Clark, "Religion and the Origins of Radicalism in Nineteenth Century Britain", in Glenn Burgess and Matthew Festenstein, eds., *English Radicalism, 1550 - 1850* (forthcoming).

④ Ian F. W. Beckett, *The Amateur Military Tradition, 1558 - 1945*, Manchester, 1991; J. R. Western, *The English Militia in the Eighteenth Century: The Story of a Political Issue, 1660 - 1802*, London, 1965.

忠诚”就不那么令人吃惊了。[①]安甘利教，尤其是在受福音教派影响时，是最坚定的中央统治论者。在同一时期，类似的联系在德国也存在。[②]

《不列颠人》中的第三个因素是它的编年体脚本。1707—1837 年这段时间有特别的意义。作者主张“是在这一时期不列颠民族认同的意识得以锻造”；它看到了“不列颠风格的发明”。[③]如果要提出关于其重大发展有效的解释，那么这些解释确实要用比以前更高的准确性来排列这些编年体现象。还有，这一主张在两个主要路径上没有得到支持。第一，它缺少与其他 18 世纪例证的比较。1783 年之后的美国和 1789 年之后的法国[④]都深思熟虑地尝试形成民族认同框架。在不列颠，任何类似的民族认同标识的设计以及将省和地区的意识整合进一个新的不列颠风格的努力，是相对较少和碎片化的。人们可以看到很少一些同床异梦者，从丹尼尔·多佛尔（Daniel Defoe）[⑤]到布特勋爵（Lord Bute），他们有意识地尝试提升这样一个统一的认同。第二，关于 1707—1837 年这一特殊时期的重要性，没有得到任何以前各世纪发生的事情的比较的支持，而这是能够做到的。

《不列颠人》确实有一个含蓄的目的，那就是向前看而不是回头看：“不列颠现在注定处于巨大的压力下”，受到失去帝国、新教衰落和欧洲

---

① William Stafford, "Religion and the Doctrine of Nationalism in England at the Time of the French Revolution and Napoleonic Wars", *Studies on Church History*, 18 (1982), pp. 381 - 395, at 381; for the complex relationship of militia service to "patriotism", see J. E. Cookson, " The English Volunteer Movement of the French Wars, 1793 - 1815; some contexts", *Historical Journal*, 32 (1989), pp. 867 - 891. For challenges to and defences of the asserted providentialism of church and nation in the 1830s, see Sheridan Gilley, " Nationality and Liberty, Protestant and Catholic: Robert Southey' s Book of the Church", *Studies in Church History*, 18 (1982), pp. 409 - 432.

② Koppel S. Pinson, *Pietism as a Factor in the Rise of German Nationalism*, New York, 1934.

③ The conclusion quoted with approval a remark by the journalist Peter Scott: "Britain is an invented nation, not so much older than the United States": Colley, *Britons*, pp. 1, 373.

④ Mona Ozouf, *Festivals and the French Revolution*, Paris, 1976; trans. Alan Sheridan, Cambridge, MA, 1988; Eugen Weber, *Peasants into Frenchmen: The Modernization of Rural France, 1870 - 1914*, London, 1977; Maurice Agulhon, *Marianne into Battle: Republican Imagery and Symbolism in France, 1789 - 1880*, Paris, 1979; trans. Janet Lloyd Cambridge, 1981; Lynn Hunt, *Politics, Culture and Class in the French Revolution*, Los Angeles, 1984.

⑤ Katherine R. Penovich, " From 'Revolution Principles' to Union: Daniel Defoe' s Intervention in the Scottish Debate", in Robertson, ed., *A Union for Empire*, pp. 228 - 242, shows that Defoe, like Bede, sought to express the Union and British identity in terms of providential mission.

联邦主义的威胁。①那一时期许多著作的灵感确实是来自汤姆·奈恩（Tom Nairn）1970 年版的《不列颠的崩溃》，一部披露世俗的、左翼的苏格兰人缺乏对英格兰风格本质历史性理解的著作。本尼迪克特·安德森的著作，关于传统的发明与哈布斯堡（Hobsbawn）和兰格（Ranger）保持同样的节奏，提出民族认同的可锻造、暂时与终极属性。②琳达·科里志愿提供她的关于威尔士背景的重要性，③同样地关注在起作用的分权和溶解的促进。一个民族可以“被发明”，如她描述的那样，一旦外部刺激被移除，它也可以容易地被逆发明。《不列颠人》表达了这样一个希望，“如果不列颠风格存续下来（也许不能）”，它将采取不同的形式。④它的主要疏忽是更加令人困惑的。没有调查，这本书视“爱国主义”和“民族主义”为同义词，并且忽略了它们与“不列颠风格”之间的解析关系。⑤

五 宗教对民族主义和民族认同形成的影响

我们可以从前两节讨论的着眼点发现一些有效的一般性原则：国家形成、战争和税制是相互关联着的，民族认同的演化是需要时间跨度的。两者与 19 世纪的民族主义或者 1707 年联盟相比都更久远。国家创建的相关过程以及宗教与法律在民族认同概念化过程中的互动关系，可以追溯到

---

① Colley, *Britons*, p. 6. For this political programme adopted as an historical framework, see John Kendle, *Federal Britain: A History*, London, 1997.

② Anderson, *Imagined communities*; Nairn and Anderson are acknowledged in *Britons*, pp. 386, 413. As with the work of Clifford Geertz, it may be that theses belated borrowings from social anthropology have not been made with sufficient discretion.

③ Colley, *Britons*, pp. 9, 16.

④ Ibid., p. 9. Haseler states the same political agenda more candidly: “Englishness” was the identity of a small caste which ran the “tribe” and, more importantly, the state... the end of the UK, and the demise of this uniform identity, provides a chance to express finally the diversity of the peoples of the British Isles. This book is dedicated to a rediscovery of that diversity: *The English Tribe*, p. viii. An equally historically flawed component of this analysis is its treatment of the UK as an attempted “nation state” whose claim to identity with a nation is compromised by internal diversities (p. 7). The unhistorical programme to promote the demise of these things was most cogently expressed in Hobsbawm, *Nations and Nationalism*, esp. pp. 182 - 183.

⑤ Colley, *Britons*, esp. pp. 5, 8, 370 - 372.

1603 年英格兰与苏格兰王权的个人联盟和 1536 年英格兰与威尔士的联盟。①还有证据可以帮助我们将建国追溯到更早的时期。在欧洲的罗马人（Romans）统治至 1387 年间，盎格鲁 - 撒克逊政府运作着最有效的财政制度，通过把伯爵们置于中央管辖的国家可以避免内部冲突。许多证据表明存在一个广泛的对国家“情感和思想上的认可”。②作为英格兰人认同概念的起源之一，盎格鲁 - 撒克逊法律和宗教也出现在较晚的时期。③如埃尔顿（Elton）主张的那样，英格兰联合王国可以追溯到 927 年的政治联盟；对知识界来说，是神职史学家柏德（Bede）④把它界定为一个王朝之间的协议，体现了沃迈尔德（Wormald）所说的相当珍贵的共同的“英格兰人风格”。

仅仅从结构上来考虑，即使包括军事考量，它们自身不足以用来解释这一成就。这一点可以通过两个国家的功能对比来展现——一个是忏悔者爱德华的英格兰王国，一个是亨利四世大帝的德国政体，都是 11 世纪后期欧洲最强大的王朝。两个政体都受到了地方贵族反叛的挑战，1073 年的反叛“听起来像中世纪德国王权的丧钟”，⑤ 1065 年北方的叛乱没有破坏英格兰王权的完整性，随后几个世纪北方一系列的叛乱也未超越这次。英格兰保持了一个相对的统一、中央集权的政体；其他欧洲国家没有做到这一点。为什么西欧那么多的政体——它们曾经以可识别的近代形式存在于大约公元后 1000 年的时候——被打破又在不久之后重构？沃迈尔德疑惑不解，⑥为什么英格兰能够将很多当年的形态保留至今？与许多大陆国

① Clark, *Language of Liberty*, pp. 46 – 51, 62 – 71.

② James Campbell, *The Anglo – Saxons*, Oxford, 1982; idem, *Essays in Anglo – Saxon History*, London, 1986; idem, "The United Kingdom of England: The Anglo – Saxon Achievement", in Grant and Skinner, eds., *Uniting the Kingdom*? (1995), pp. 31 – 47, at 35; idem, "The Late Anglo – Saxon state: A Maximum View", *Proceedings of the British Academy*, 87 (1994), pp. 39 – 65.

③ Patrick Wormald, "Bede, the *Bretwaldas* and the Origins of the Gens *Anglorum*" in Patrick Wormald, Donald Bullogh, and Roger Collins, eds., *Ideal and Reality in Frankish and Anglo – Saxon Society: Studies Presented to J. M. Wallace – Hadrill* (Oxford, 1983), pp. 99 – 129; idem, "The Venerable Bede and the 'Church of the English'", in Geoffrey Rowell, ed., *The English Religious Tradition and the Genius of Anglicanism*, Wantage, 1992, pp. 13 – 32; idem, "Frederic William Maitland and the Earliest English Law", *Law and History Review*, 16 (1998), pp. 1 – 25; idem, *The Making of English Law: King Alfred to the Norman Conquest*, Oxford, 1999.

④ Elton, *The English*, pp. 1 – 2, citing Wormald, "Bede, *the Bretwaldas*".

⑤ Wormald, "Enga Lond", p. 2, correcting Strayer, On the medieval origins of the modern state.

⑥ Wormald, "Enga Lond", p. 3.

家相比，英格兰“政府机构”是“令人费解的精简”，贯穿了整个18世纪。答案一定在别的什么地方。一位社会学家在他关于族裔生存的著作中，也是沿着同样的方向独立地探索：

> 尽管有变化，一些族裔为什么以及如何坚持他们的文化几个世纪，甚至上千年？而另一些，曾经在政治上更强大，则消失并被几乎遗忘了。在众多复杂和相关的因素中，有拯救作用的宗教氛围和它们的教义、礼拜仪式和教士，在众多的社会团体中脱颖而出并对保留族裔形式发挥了至关重要的作用。①

沃迈尔德坚持认为，这种结构性的诠释对解释英国的例外性是不够的，因为“每一个因素都或多或少地对没有生存下来的欧洲其他族裔的领导权发挥了作用”。②对罗马政治联盟的继承在英国不起作用，但是在意大利、伊比利亚和高卢就是有效的。在罗马人撤走之后，大英帝国在政治上就垮台了；即使撒克逊入侵者也没有组成比七国时代更大的联盟，没有内在的联合倾向。开放的阿特尔斯坦（927）时代的英格兰王国与加洛林王朝相比，功能上有许多相似之处，包括作为政治保障的和作为保护财产法律管辖限制性要素的以及对统治者忠诚的誓言—约束，没有一个消除了强势的地方主义者的压力。即使1066年的征服也不足以解释之后英格兰的统一。

> 新法语统治精英如何被说服接受一个有效的王国的政府形式——于海峡以北并确定不是落后于海峡以南的那种？……为什么不久之后认为他们自己像英格兰人？诺曼人的征服即使是英格兰的拯救者，也不会成为英格兰的缔造者。英格兰，实至名归，已经被缔造出来了。③

另一学者也在追踪9世纪末独特的“英格兰人”自我—意识文化发

① Smith, *The Ethnic Origins of Nations*, p. 4 and ch. 5 passim.

② Wormald, “Enga Lond”, p. 3.

③ Ibid., pp. 9 - 10.

展的复杂性。①

那么是什么造成了差异？一个线索是最晚从 12 世纪起，英格兰有另一个特征——将文明带给邻居的使命感。②如果英格兰巩固了自己并且在早期以仅有的官僚机制进行扩张，它的与众不同的特征应该是格式化的思想，而且应该是从更早的时期开始。即使在 10 世纪早期之前，“英格兰”和“英格兰人”意思是“成形的族体”。它的起源是什么？欧洲早期最成功的政体是抵御共同敌人那种。这样清楚的表达是通过这两种方式实现的——一种是撰写一个民族的历史，一种是把它描述为上帝的选民，尤其被战神选为一个负有使命的武士。盎格鲁人、英格兰人的包容性认同是由教皇格里高利的使命创建的，“一个单一英格兰宗教预言了一个单一的英格兰王国”。③宗教的权威“得到了世界历史文献杰作的强化”——柏德的《英格兰人民宗教史》。柏德是一位《圣经》学者，他的《历史》的主题是“上帝与他的原始选民打交道”。④柏德以天国的快乐或不快乐、奖赏或惩罚诠释了罗马人撤退后它的岛民的创伤性历史。英格兰风格变成了神的旨意。

在柏德的视野中，“氏族国”变成了“誓约的人民”，他们的过去和未来具备了强势形象。阿尔弗雷德王朝利用了这一点，柏德的《历史》拉丁文和英文版被广泛传播；接着阿尔弗雷德的法典“超越了查理曼大帝，采用了旧约的模式”。“旧约逻辑之政治灾难的原因是罪恶，服从上帝的戒律是人世间持续成功的必要条件。”盎格鲁-撒克逊的经历，不管是北方—翁布里亚人、莫西亚人、肯特郡人或者西撒克逊人，都是作为对他们倒退的惩罚。当另一个异教徒民族越过北海并且威胁夺走他们的来之不易的福地的时候，柏德所隐含的告诫几乎就要变成现实。到 11 世纪早期，英格兰王国能够在渡过劫难时回顾这些。在征服之后，英格兰统一的前景和目的已经被新体制的代言人，如麦尔迈斯博雷（Malmesbury）的《英格兰国王功绩》和欧德里克·维塔利斯（Orderic Vitalis）的《诺曼教

① Sarah Foot, “The Making of *Angeleynn*: English Identity before the Norman Conquest”, *Transactions of the Royal Historical Society*, 6th ser., 6 (1996), pp. 25-49.

② John Gillingham, “The Beginnings of English Imperialism”, *Journal of Historical Sociology*, 5 (1992), pp. 392-409.

③ Wormald, “Enga Lond”, pp. 10-11, 13.

④ Ibid., p. 14.

会史》①所描述的威廉所采纳。同时柏德著作的发行范围越来越广。到12世纪30年代，孟马思（Monmouth）的《不列颠王国史》中的乔弗雷（Geoffrey）在此基础上建立起另一个知识结构。②民族认同也不是中世纪英格兰独有的特征。苏格兰、爱尔兰和威尔士都展现出了它们各种各样的整合的意识，并在它们的人民中广泛共享，这使得它们与英格兰的关系变成了不列颠群岛国家形成的一个关键动力。③ 非常巧合，至少从12世纪中期开始，英格兰的扩张就被这种英格兰风格所浸润；④英格兰是中心王国在广大的欧洲对斯拉夫、凯尔特或者伊比利亚外围地区扩张过程中一个特殊的案例。⑤ 在英格兰案例中，这就是一个抵消并最终消除中世纪时期变动的、跨民族的忠诚的过程。

战争对集体意识的影响这一论题对中世纪学家来说是很重要的，除了冲突的分裂效果，直到1485年，统一的影响力一定是很强大的。以民族名义组织起来的盎格鲁-撒克逊军事力量一定会有这样一个效果，用军事力量强化“王国社群”概念的办法可以追溯到爱德华一世统治时期，通过说服或宣传强迫履行义务。人民的利益和王国的利益是公开平等的，“保卫王国是共同义务”⑥的呼吁发出后，当封邦建国义务被清晰定义和限定的时候，每一位贵族都会响应。一位学者指出，12世纪是这样一个时

---

① Wormald, “Enga Lond”, pp. 15, 17.

② John Gillingham, “The Contest and Pruposes of Geoffrey of Monmouth’ s *History of the Kings of Britain*”, *Anglo - Norman Studies*, 13 (1990), pp. 99 - 118, for an interpretation of that work as a contribution to “the politics of cultural nationalism”.

③ The present paper does not concern itself directly with the forms of “national” identity to be found in Wales, Scotland, and Ireland from the middle ages to the present. On this theme, see especially Frame, *Political Development of the British Isles, 1100 - 1400*; Davies, *Domination and Conquest*; Murray G. H. Pittock, *Inventing and Resisting Britain: Cultural Identities in Britain and Ireland, 1685 - 1789* (London, 1997); Alexander Murdoch, *British History, 1660 - 1832: National Identity and Local Culture* (London, 1998); Brendan Bradshaw an Peter Roberts, eds., *British Consciousness and Identity: The Making of Britain, 1533 - 1707*, Cambridge, 1998; Murray F. H. Pittock, *Celtic Identities* (Manchester, forthcoming). In general, such research has emphasized the degree to which England’ s neighbours did not subsume their identities in a new British identity after 1707.

④ John Gillingham, “The Beginnings of English Imperialism”, *Journal of Historical Sociology*, 5 (1992), pp. 392 - 409.

⑤ Robert Bartlett, *The Making of Europe: Conquest, Colonization and Cultural Change, 950 - 1350*, London, 1993.

⑥ Barnaby C. Keeney, “Military Service and the Development of Nationalism in England, 1272 - 1327”, *Speculum*, 22 (1947), pp. 534 - 49, at 543.

代，这时的爱尔兰人（也包括苏格兰人和威尔士人）被英格兰人编年学者重新定义为异族，野蛮且充满敌意。“这一做法的后果之一是英格兰风格意识的出现，基础是能够看到的英格兰人和凯尔特人社会之间巨大的差异”,①这是一种早于新教的意识。另一位学者着重强调了这一扩张阶段的英格兰人风格，并主张12—13世纪发生在不列颠群岛上的事情是“第二波盎格鲁－撒克逊或英格兰人的殖民活动”,②尽管持续的冲突是为了控制盎格鲁－诺曼帝国。

很明显，在与法国的百年战争期间，战争对民族情感的培养起到了很大的作用，它聚焦了英格兰人认同。③对于16世纪，埃尔顿着重强调英格兰人自我定义以应对另一个民族体“苏格兰人”习惯性的敌意的重要性。反对他们意味着在民族的坐标系中，意识上更加认同自己的那种。④承载着情感色彩的与西班牙的战争以宗教对立面的形式表现出来,⑤并导致“黑传奇”（Black Legend）尖锐地反对西班牙人和英格兰人性格类型。⑥

---

① John Gillingham emphasizes the important in this respect of Henry II' s partial conquest of Ireland in 1170 – 1: "English Invasion of Ireland", p. 24.

② Davies, *Domination and Conquest*, pp. 12, 14, 114 – 15 and passim. The theme is extended in Davies' s Presidential Address, "The Peoples of Britain and Ireland, 1100 – 1400", *Transactions of the Royal Historical Society*, 6th ser., 4 (1994), pp. 1 – 20; 5 (1995), pp. 1 – 20, 6 (1996), pp. 1 – 24; 7 (1997), pp. 1 – 24.

③ Georges Grosjean, *Le Sentiment National dans la guerre de cent ans* (Paris, 1927); Halvdan Koht, "The Dawn of Nationalism in Europe", *American Historical Review*, 52 (1947), pp. 265 – 280; Ernst H. Kantorowicz, "*Pro patria mori* in medieval political thought", *American Historical Review*, 56 (1951), pp. 472 – 492; John Barnie, *War in Medieval Society: Social Values and the Hundred Years War, 1337 – 1399*, London 1974; A. K. McHardy, "Liturgy and Propaganda in the Diocese of Lincoln during the Hundred Years War", *Studies in Church History*, 18 (1982), pp. 215 – 227; John Gillingham, "The English Invasion of Ireland", in Brendan Bradshaw, Andrew Hadfield, and Willy Maley, eds., *Representing Ireland: Literature and the Origins of Conflict, 1534 – 1660*, Cambridge, 1993, pp. 24 – 42; idem, "Conquering the Barbarians: War and Chivalry in Twelfth – Century Britain", *Haskins Society Journal*, 4 (1992), pp. 67 – 84; idem, "Foundations of a Disunited Kingdom", in Grant and Stinger, eds., *Uniting the kingdom*, pp. 48 – 64.

④ "English National Self – Consciousness", in Elton, *Studies*, IV, p. 132.

⑤ For studies of national consciousness in the sixteenth century, see Richard Helgerson, *Forms of nationhood: The Elizabethan Writing of England* (Chicago, 1992); Claire McEachern, *The Poetics of English Nationhood, 1590 – 1612*, Cambridge, 1996; John M. Richardson, "The Barbarians: Humanism and Nationalism in Early Tudor England", *M. Phil. Thesis*, Oxford, 1993.

⑥ William S. Maltby, *The Black Legend in England: The Development of Anti – Spanish Sentiment, 1558 – 1660*, Durhan, NG, 1971.

还有战争不必是一个没有原因的事业，民族认同在 17 世纪导致了外部战争，但主要不是因为它。①战争也不是一个反对外部“其他”的必要的终极手段。在 17 世纪 40 年代，“内战是一个民族认同的温室”。② 17 世纪三次荷兰战争有它们自己的不同的影响，并且以另一种方式与教派和认同动力相关联。战争的副作用在 1815 年也没有结束。19 世纪和 20 世纪不列颠教会史学家已经表明战争与宗教的相互作用在新的场景中进行着；③ 20 世纪的两次世界大战和随后的主要社会变化告诫我们不是任何早期战争都能够形成一个持续性的认同意识。第一次世界大战是一个共享的、帝国范围的不列颠风格④结束的序曲，而第二次世界大战则是不列颠民族认同重新定义的序曲。

尽管有语言的不同，而且这种不同从 1066 年之前持续至 14 世纪，但对 19 世纪民族主义模式的渐进性排斥揭示了一些民族情感起步的路径。法律提供了这样一个例证。很长时间以来大家都知道“关于王国法理上和事实上的独立的理论最早的阐述大部分来源于 12 世纪晚期到 13 世纪中期及以后的英格兰、西班牙和法国的宗教专家和思想家”⑤。英格兰习惯法的风格可以回溯到至少 1210 年，当时约翰王为爱尔兰发布了一个宪章，以保证“英格兰法律和习惯”在那里能够得到遵守。⑥类似地，文学研究者也在试图阐明是中世纪英格兰的思想和信仰而不是结构问题形成了民族

---

① Peter Furtado, “National Pride in Seventeenth - Century England”, in Samuel, ed. , *Patriotism*, I, pp. 44 –56, emphasizes the themes of “national honor and national sin”, p. 54.

② Fletcher, “The First Century of English Protestantism”, p. 316; Fletcher, *The Outbreak of the English Civil War*, London, 1981, pp. 191 –207.

③ Hohn Wolffe, ed. , *Christianity and National*, *Consciousness*, Leicester, 1987; idem, *God and Greater Britain*: *Religion and National Life in Britain and Ireland*, *1843 –1945*, London, 1994; Alan Wilkinson, *The Church of England and the First World War*, London, 1978; idem, *Dissent of Conform*: *War*, *Peace and the English Churches*, *1900 –1945*, London, 1986; W. J. Sheils, ed. , *The Church and War*, Oxford, 1983.

④ Robert Colls and Philip Dodd, eds. , *Englishness*: *Polities and Culture*, *1880 –1920*, London, 1986, focused on similar pressures for redefinition within England.

⑤ Gaines Post, “Two Notes on Nationalism in the Middle Ages”, *Traditio*, 9 (1953), pp. 281 –320, at 320.

⑥ Paul Brand, “Ireland and the Early literature of the Common Law”, *Irish Jurist* (1981), reprinted in Brand, *The Making of the Common Law*, London, 1992, pp. 445 –463, at 446; cf. Davies, *Domination and Conquest*, pp. 114 –115.

意识。较早期的著作倾向于把它视作 15 世纪的一个发明；①这一洞见渐进地向前扩展至 14 世纪中期。使用拉丁语和法语的作者也表达了他们的“英格兰作为一个民族的意识”。民族的概念作为一个思想为全体人民接受，是 1337 年百年战争爆发之前 50 年由英格兰作家们扩散、深化和巩固的，他们用领土、人民和语言来界定民族。因为“不排除彼此的多元和交叉认同共存”以及因为“提升民族认同意识唤起世俗民众共同利益诉求也是教士的利益所在”，② 所以“由教会这个超民族的组织来主导民族意识”不可能长久持续下去。

这些天意神授式的认同结构在宗教改革之前已经存在了很久。为阐明上帝对第一以及第二的设计，英格兰和以色列被放一起作为真理由首相在 1376—1377 年大臣会议上进行推介。③ 是英格兰诺曼王朝首先谨慎地提出对威尔士、爱尔兰和苏格兰的统治，他们的大主教如蓝弗兰克（Lanfranc）和安塞尔姆（Anselm）公开主张坎特伯雷的管辖权应该扩展到不列颠群岛。④这不是一个新教发展的结果，“意识上的忠诚才是英格兰国家古老习俗和韧性的关键所在”。⑤

《英国国教》一书中的古代认同意味着宗教改革没有立刻产生统一的民族认同。作为有普世效力的宗教语录，新教开始时就包含着统一的普世

---

① V. H. Galbraith, “Nationality and Language in Medieval England”, *Transactions of the Royal Historical Society*, 4th ser., 23 (1941), pp. 113 – 128, acknowledged that “There can of course be no doubt about the existence of some sort of a national consciousness in pre – conquest England” (p. 118), but emphasized the ardent national consciousness of fifteenth – century chroniclers writing in English in the face of military challenge. H. J. Chaytor, *From Script to Print: An Introduction to Medieval Literature*, Cambridge, 1945, ch. 3, “Language and Nationality”, traced the beginning of “a national movement” to the mid – thirteenth century (p. 35); V. J. Scattergood, *Politics and Poetry in the Fifteenth Century*, London, 1971.

② Thorlac Turville – Petre, *England the Nation: Language, Literature and National Identity, 1290 – 1340*, Oxford, 1996, pp. v – vi, 10. This was the case however much monarchs like Henry III, “not reconciled to the loss piece by piece of the Angevin empire which had in the 1170s stretched from Scotland to the Pyrenees, projected himself as a European monarch in a European court” (p. 5).

③ *Rotuli Parliamentorum*, London, 1783. 1, p. 362, quoted in Barnie, *War in Medieval Society*, pp. 102 – 103.

④ Davies, *Domination and Conquest*, pp. 4 – 5.

⑤ Wormald, “Enga Lond”, pp. 3, 18.

宗教对民族区隔的反动;①只是随后一些“新教”教区被认定为民族教派才有了民族认同。宗教改革的一个分支强调泛欧洲的有着改革传统的信徒之间的团结，这是一个超民族天命论的共享意识。②即使到了 1500 年，因为英格兰人仍有“一个长期憎恶外来人的声名”，新教思想最初与德国宗教改革者关系密切这一点，对它没有任何帮助；直到玛丽一世（Mary I, 1553—1558）统治时期，“才第一次给具有新教色彩的改革者以起航的机会”。③反教皇体制也可以是一个国际化的现象，直到伊丽莎白统治时期，英格兰在这场戏剧中有一个特殊的甚至领导者的角色的假设才盛行起来。④ 17 世纪最初十年，英格兰的教会自己适应了“新教”的标签，为了将自己与罗马和日内瓦的教会区分开来，英格兰新教没有变成泛欧洲的。在苏格兰和北爱尔兰宗教改革走得更远。在不列颠群岛国家形成机制中的“三王国”解释中,⑤出现了基本的忏悔差异，18 世纪晚期和 19 世纪早期威尔士要求忏悔识别不同于国教异端。

宗教改革和反改革意味着 16 世纪见证了许多 10 世纪的挑战和危机的

---

① For Foxe' s *Book of martyrs* as exemplifying the perspective of international Calvinism, only later absorbed into the national myth, see Clark, *Language of Liberty*, pp. 47 – 48. For reassertions of prior national self – awareness in the contest of the debate over Foxe, see Patrick Collinson, "Biblical rhetoric: The English nation and national sentiment in the prophetic mode", and Jesse Lander, "Foxe' s" *Books of martyrs*: printing and popularizing the Acts and monuments", in Claire McEachern and Debora Shuger, eds., *Religion and Culture in Renaissance England*, Cambridge, 1997, pp. 15 – 45, 69 – 92.

② Menna Prestwich, *International Calvinism*, *1541 – 1715*, Oxford, 1985.

③ David Loaders, "The Origins of English Protestant Nationalism", *Studies in Church History*, 18 (1982), pp. 297 – 307, at 298, 302.

④ For tensions between the national and the international in early Protestantism, see for example Anthony Fletcher, "The First Century of English Protestantism and the Growth of National Identity", *Studies in Church History*, 18 (1982), pp. 309 – 317; John McKenna, "How God became an Englishman", in DeLloyd Guth and John McKenna, eds., *Tudor Rule and Revolution*: *Essays for G. R. Elton from His American Friends*, Cambridge, 1982, pp. 25 – 43; Michael McGiffert, "God' s controversy with Jacobean England", *American Historical Review*, 88 (1983), pp. 1151 – 1176; Peter Lake and Maria Dowling, eds., *Protestantism and the National Church in Sixteenth Century English*, London, 1987.

⑤ It was a scholar well versed in both Reformation history and sixteenth – century state formation who emphasized the function in this respect of a key English institution: G. R. Elton, "English National self – Consciousness and the Parliament in the Sixteenth Century", in Otta Dann, ed., *Nationalismus in vorindustrieller zeit* (Munich, 1986), pp. 73 – 81, reprinted in G. R. Elton, *Studies in Tudor and Stuart Politics and Government*, IV, Cambridge, 1992, pp. 131 – 143. Elton there rightly avoided the anachronistic terms "patriotism" and "nationalism".

重演。依赖于天命神授意识，民族意识在16世纪至17世纪中叶生存了下来。①沃迈尔德描写到理查德·胡克（Richard Hooker）给民族统一教义和目的一个表达的机会，② 这些内容是沃尔夫斯坦（Wulfstan）大主教都耳熟能详的。英格兰风格意识在过渡期间的转化需要做进一步的研究，但是举证责任应由这一长时段中否定了英格兰主体人民仍然秉持的这样一个意识的人来承担。除非英格兰人的认同意识渗透到了社会的根部，我们根本无法理解它是如何生存下来的。欧洲人民的政治教育，在罗马衰落之后以简单但具有爆炸性的思想重新开始——上帝也许为他特别喜欢的人单独设定一个不同的文化，作为这些人严格遵从上帝意志的回报。英格兰人概念就是承载这一思想的第一个果实。他们的政治形象的不灭性就是这一神力的证据。③

国家在宗教改革中生存下来并被它以各种方式推动着。《圣经》的英文译本自始至终地将“民族”一词用希伯来文和希腊文以多种非同义词进行渲染。在惯用法中，方言也走得很远，超出了公认的拉丁文《圣经》，并且不用它来进行解释。④方言不必传递民族信息，如果一个人在诵读翻译版的经文时这样做了，那是因为作为天意认可的民族认同需要这样传递。通过誓约将个人与政体捆绑到了一起，而基督教是解释这一纽带的思想。它是产生于意识形态的誓约，定义了漫长的18世纪的英国社会，如我们现在所知道的那样，在“民族主义”出现之前1776年的某一确定的日期，教会产生了分裂。

新教有很多方面需要考虑。一个理论清晰的英格兰教会历史，包括它

---

① Hans Kohn, “The Genesis and Character of English Nationalism”, *Journal of the History of Ideas*, I (1940), pp. 69-94; David Loades, “The Origins of English Protestant Nationalism”, *Studies in Church History*, 18 (1982), pp. 297-307 (“Such a situation had not been created overnight by the war with Spain”); Anthony Fletcher, “The First Century of English Nationalism”, ibid., pp. 309-317; Greenfeld, *Nationalism*, ch. I, “God’s Firstborn: England”. Greenfeld’s argument that a semantic shift in the emergence of the first nation in the world, in the sense in which the word is understood today, and launched the era of nationalism (p. 6) cannot, however, be sustained in the light of the evidence for earlier centuries.

② Wormald, “Enga Lond”, p. 18.

③ Ibid.

④ The Authorized Version employs “nation” 454 times, where the Vulgate used “nation” on only 100 occasions, and with different meanings: Greenfeld, *Nationalism*, pp. 52-53; Gillian Brennan, “Patriotism, Language and Power: English Translations of the Bible, 1520-1580”, *History Workshop Journal*, 27 (1989), pp. 18-36.

的教会学、教会政体以及政治理论，提醒我们要足够谨慎。然而，我们却固执地假设，可以怀疑“新教”和“天主教”是否是简单的、对立的本体论的认同。它们比政治标签更具知识内涵，它们产生于精心设计的环境，它们的外延也有许多精巧的细节。“新教”是一个可以用来解释模糊的“民族认同”的一个确定的、清晰的概念。在18世纪，许多人主张，从低端的教堂和不信奉国教者的立场来看，英格兰的宗教不是新教，它仍然是由教皇制度残余部分妥协而成的。其他人，站在高端教堂一侧，也主张英国宗教不是新教，它是中世纪宗教的延续。历史学家不会简单地宣称“英格兰是一个新教国家”，它代表了“新教”，或者他们可以轻易地从任何宗教识别的角度找出民族认同或爱国主义内容。然而宗教影响重大。

“新教”的多样性有重大的实践意义。不在罗马主教权限管辖内的教派差异是很大的。在教会组织方面它们是有区别的：有些是主教制的，有些是长老制的，有些是会众制的。它们在神学上也是不一致的：有些是三位一体说的，有些是阿里乌斯派的，有些是索奇尼派的。在救世神学上，有些是宿命论者，有些是双宿命论者，有的是亚米念主义。有些人追随索拉善意，有些则否。有些是天启的末世论，有些是千年论，其他人不是。他们在牧人的策略上也是不一样的：有些是复兴运动主义者，有些是寂静主义者。他们与卫理公会、浸礼会、贵格会和欧洲大陆移民的路德教派和卡尔文教派都不同。这些事情也不仅仅是在机制内研磨，它们就是机制本身，中心都与政治思想和政治行为相联系。①

这些不只是选择的微妙之处“微妙的区分”。②贯通整个17世纪和18世纪的国家的聚合和离散的主要事件都与新教内的差异性甚至冲突有着明显关联关系。否则，很难解释1639—1640年的主教战争，英国内战的大致的原因以及其他的一些事情。18世纪，即使不列颠参加了与天主教势力的战争，共同的“新教”也不足以将许多新教爱尔兰人带入1707年的

① The Authorized Version employs “nation” 454 times, where the Vulgate used “nation” on only 100 occasions, and with different meanings: Greenfeld, *Nationalism*, pp. 52 – 53; Gillian Brennan, “Patriotism, Language and Power: English Translations of the Bible, 1520 – 1580”, *History Workshop Journal*, 27 (1989), 1 – 45, 303 – 381.

② Colley, *Britons*, p. 18.

盎格鲁－苏格兰联盟。[①]在英格兰，19 世纪选举行为检视的基础，[②] 主要是导致了部分政教分离和政体一致性毁坏的英格兰教会与反新教派之间的分裂。[③] 1982 年，罗宾斯（Robbins）教授恰好给这样一个论点以极高的评价——19 世纪“不列颠群岛的基督教，在它们分裂的情况下……深度卷入了现代不列颠与爱尔兰的文化和政治分离”。[④]在 1988 年，他为英格兰与苏格兰和威尔士的关系，以长文阐述了这一中心思想；[⑤]它也适用于国内的英格兰人认同。

起始于 1707 年的一个场景也掩盖了宗教在国家形成过程中所起的作用。1689 年，在应对苏格兰圣公会对王朝新体制不忠时，威廉三世强行恢复苏格兰宗教长老会组织。1707 年在将宗教差异牢固地树立为通向政治统一的路径上是一个例外的年份。在不列颠几个世纪的历史上，宗教的一致性作为政治统一的路径的作用是很清晰的，在 1536 年与威尔士的联盟中和 1603 年与苏格兰的联盟中得到了再确认；至于在不列颠与殖民地紧张的关系中，于 1776 年失败了，但是 1798 年在爱尔兰得到了再确认。

对于不列颠国家最大的翻转（美洲殖民地的丢失）来说，如果没有

---

① From a larger literature, see the articles collected in *Studies on Voltaire and the Eighteenth Century*, 335, Michael O' Dea and Kevin Whelan, eds., *Nations and nationalism: France, Britain, Ireland and the Eighteenth - Century Context* (Oxford, 1995), especially Thomas Bartlett, "Protestant Nationalism in Eighteenth - Century Ireland", pp. 79 - 88, and Kevin Whelan, "United and Disunited Irishmen: The Discourse of Sectarianism in the 1790s', pp. 231 - 247.

② John Vincent, *Pollbooks: How Victorians Voted*, Cambridge, 1967, revealed denominational pattern not explored for an earlier century until John A. Phillips, *Electoral Behavior in Unreformed England*, Princeton, 1982; idem, *The Great Reform Bill in the Boroughs: English Electoral Behavior, 1818 - 1841* (Oxford, 1992); Frank O' Gorman, *Voters, Patrons and Parties: The Unreformed Electoral System of Hanoverian England, 1734 - 1832*, Oxford.

③ P. M. H. Bell, *Disestablishment in Ireland and Wales*, London, 1969; William H. Mackintosh, *Disestablishment and Liberation: The Movement for the Separation of the Anglican Church from State Control*, London, 1972.

④ Keith Robbins, "Religion and Identity in Modern British History (presidential address)", *Studies in Church History*, 18 (1982), pp. 465 - 487, at 465; idem, "An Imperial and Multinational Polity; The Scene from the Centre, 1832 - 1922", in Grant and Stringer, eds., *Uniting the Kingdom?* pp. 244 - 254.

⑤ Robbins, *Nineteenth Century Britain*, pp. 63 - 96.

能够给政治理论带来社会形态的教派的推动是不可想象的。[①]“新教”在不列颠和美洲得到了传播不能够阻止革命的观点。这一观点不会让不列颠群岛的历史学家感到惊讶，因为他们习惯于处理内战、光荣革命、1798年爱尔兰叛乱以及天主教解放运动等问题。面对天主教斯图加特王朝复辟威胁，不列颠的新教徒确实创造了共同的事业。但雅各宾派错过了革命，一场没有发生的革命。美国革命，一场在“新教徒”之间发生的内战确实发生了，它不可逆地从根本上改变了讲英语的人的历史，在不列颠群岛的历史文献学中微不足道。

单纯的新教力量是不够的。1776 年前，在北美十三个殖民地这一肥沃的反新教教派的温床里，新教没有在美国人认同方面发挥明确的作用。只是在英格兰，宗教与国家的亨利联盟形成了一个民族认同意识与政治单元保持一致的框架。是宗教，而不是地域，具有民族认同的制度性和法律性表达以及清晰意识。由于有些内部差异性，英国国教而不是新教，应该是我们的关键词汇。

六　民族认同是各种要素综合作用的结果

既不是战争，也不是法律，更不是宗教单独能够创造一个英格兰人认同，除非它们能够在一个天意的环境里相互作用。对它们的作用的追踪展示了在 1848 年或回溯到 1707 年“民族主义”意识是如何被作为经典样本认识的。它揭示出国家形成的过程远远早于 18 世纪；它们的特征基本是王朝式的；宗教在改革前有相当深远的影响，新教没有发挥关键作用。[②]“不列颠人”是一个类似于 1603 年王权联盟的认同，类似于 1608 年卡尔文案创造的共享“民族”法律框架，类似于与 1707 年立法联盟相关的长

---

① For the variety of identities within the empire, rather than a simple polarity between Catholic and Protestant, see Nicholas Canny and Anthony Pagden, eds., *Colonial Identity in the Atlantic World, 1500 - 1800*, Princeton, 1987; Bernard Bailyn and Philip D. Morgan, eds., *Strangers within the Realm: Cultural Margins of the First British Empire*, Chapel Hill, 1991.

② It is relevant that the nationalism of 1848 was confined by no religious boundaries and wan present in Roman Catholic states as well as in countries with different balances between Protestant denominations to England.

期推进的辉格党文化项目。①

一个新的认同不必抹去老的认同。在 1603 年或 1707 年英格兰人不会停止谈论“英格兰风格”。随着他们视野的扩大，他们甚至有时使用“英格兰”和“英格兰人”来代表所有群岛的社群。即使一个忠诚的爱尔兰人艾德蒙·布克（Edmund Burke），也把他自己写成“英格兰人”②以表明他的第二个身份，一个希望他使用“不列颠人”身份的更大的政体的一员。19 世纪的民族主义还没有产生分裂主义。然而到了 19 世纪，不列颠群岛的旅行者敏锐地意识到威尔士、苏格兰、爱尔兰和英格兰之间的差异，经常发现旅游能使他们彼此更欣赏并将他们紧密地联结到作为英格兰人、爱尔兰人、苏格兰人或威尔士人的认同上来。这些国家的地区差异被类似地强化了。共享的不列颠认同只是在特殊的范围内和为特殊的目的，作为类包容性的地域认同而不是替代国家构成的认同，有较好的影响力。“不列颠宪法”或者参加“不列颠远征”的“不列颠士兵”并不意味着有一个高于一切的不列颠认同。③

“不列颠”一词的一般用法至少有两种。一种是自然的和被鼓励的所谓苏格兰人、爱尔兰人、威尔士人和英格兰人平等地感受到的统一主义认同。这一用法确实会有许多问题。但是另一个用法更流行，如四组人群所使用的那样，通常在国外，“不列颠”是个官方的、政治上委婉的地域认同；不管是英格兰人、威尔士人、爱尔兰人或者是苏格兰人，某种程度上是地域民族认同的同义词，而不是替换词。如果是这样，“不列颠”一词在 1707 年辉格党守护者那里只有意义不大的肤浅的基础：“不列颠风格”，从它流行的意义上来讲，主要是来源于古代的和厚重的英格兰风格，如果说形式上是与英格

---

① Bruce Galloway, *The Union of England and Scotland*, *1603 - 1608*, Edinburgh, 1986. Only an historiographical neglect of law and religion could divert attention away from the Union of 1603 and that seminal legal elucidation of it, *Calvin's Case*, towards the Union of 1707. Galloway's study made clear that James I intended to secure a measure of religious uniformity between his two kingdoms (p. 144): the Union of 1603 had from the outset ecclesiological implications which the Union of 1707 lacked, a feature of 1603 which the failure of the policies of Charles I and Lard late obscured. For the vagueness of the idea of Britain, in Bradshaw and Morrill, eds., *The British Problem*, c. 1534 - 1707, pp. 148 - 471.

② Burke to Adrien Duport [post 29 Mar. 1790], in T. W. Copeland et al., eds., *The Correspondence of Edmund Burke*, 10 vols. Cambridge, 1958 - 78, v1, p. 106.

③ This paragraph draw on the research of Marjorie Morgan, "The terminology of national identity in Victorian Britain". This research will be embodies in Professor Morgan's book, *National identities and travel in Victorian Britain* (London, forthcoming).

兰邻居风格不一样的认同，那么它也同样是古代风格的。①

谨慎地讲，上述证据表明不列颠不是被发明出来，它是逐渐发展而来的。它不是被一小撮文化创意家设计，由广告执行人那样包装和推广的一个新产品；它是长出来的，结果通常出乎男人和女人日常生活行动所预料，也通常是冲突和不同目的作用的结果。因此，认为“不列颠”是最近被发明出来的立足点不存在了，它的英格兰起源（不用说威尔士和苏格兰）确实是非常遥远。那些起源通常是超出了本书讨论所能达到的范围。

关于英格兰、苏格兰、爱尔兰和威尔士漫长的追踪记录引出了各种形式的民族认同，它们还在进化中，展现出了持久性；它们由精英们提炼概念，由人民使用；广泛竞争，广泛坚守。②英格兰历史一直是一个世界大同主义和内省性的交会点，两个主旋律经常一起出现。在不列颠群岛，民族认同的形式是多元化的，而不是僵硬的，但最终是统一体的碎裂。③这产生了一个优势和弱势并存的政体：虽然它不能动员一个族裔相同的“人民”，但它有在制度上适应区域差异，施于英格兰、苏格兰、爱尔兰和威尔士的非虚构和抽象存在的能力。④它有更大的力量，很少要求其成员超出他们的正常的意愿来强化邻居间彼此的亲情关系。⑤

19 世纪和 20 世纪帝国扩张的经验和主要战争从来就没有说服英格兰人接受他们至少是一个“民族”（race）：⑥虽然缺乏这一思想，加上一些伴生问题，但联合王国的多元民族认同在两次世界大战中表现出较高的效用（用功能性词汇表达）。与其他复杂的国家如奥匈帝国相比，统一的联

---

① For this argument see *Newman*, *Rise of English Nationalism*. It is nowhere addressed in Britons.

② For an overview of identities within the British Isles to the eighteenth century, expressed as a deliberate challenge to Hobsbawm' s *Nations and nationalism since 1780*, see Adrian Hastings, *The Construction of Nationhood*: *Ethnicity*, *Religion and Nationalism*, Cambridge, 1997, pp. 1 - 95.

③ As was argued, for example, in Colls and Dodd, eds., *Englishness*.

④ In that sense, any "Britishness" built around the Union of 1707 was very different from American identity built around the events of 1776 or 1787.

⑤ For a survey which gives due weight to these themes, see Keith Robbins, *Great Britain*: *Ideas*, *Institutions and the Idea of Britishness*, London, 1998.

⑥ The term "race" was still found in English discourse in the late nineteenth and early twentieth centuries, but chiefly as synonymous with the older sense of historically conditioned identity. England was distinguished from twentieth - century Germany, Italy, France, and Spain by its lack of formal racialist doctrine or consciousness, In that sense, England enjoyed an important legacy of its ancien regime. How the idea of "race" functioned within Irish and Scots nationalism is a question not examined here. Nor is the question whether postmodernists neglected to extend their analysis to such phenomena.

合王国顺利地度过了20世纪而没有什么损失（南部爱尔兰除外）。从20世纪80年代开始，当欧洲一体化挑战变得引人注意的时候，联合王国的认同没有消失。相反，有政治追求的人民，不得不寻找那些去历史化的认同办法，抑制长期以来讨论公共政策问题的历史维度。但这些是最具有爆炸性的实践问题。

第五章　宗教平等与教育公平

20 世纪后半叶，不列颠教育专家针对不断强化的多民族社会现实，提出了一些尝试性的改革策略。初始的策略是寻求将少数民族融入“不列颠生活方式”中去。这一策略因为没有达到预期的目的而被放弃。之后，为向少数民族提供更多的教育资源，教育专家又提出了多元文化主义运动和反种族主义运动两个重要策略。90 年代，教育专家的注意力又转移到为少数民族建立独立学校方面来，包括为伊斯兰教徒建立独立学校。① 这是一种教育平等改革策略。有关这一策略，实际上有两种不同的观点。一种观点认为，既然天主教和犹太教有独立的学校，伊斯兰教也应该有自己独立的学校，而不应该被区别对待。另一种观点认为，分离主义教育制度对北爱尔兰新教和天主教社会的分裂和冲突起到了推波助澜的作用，反对再建立独立的伊斯兰学校。

北爱尔兰的教育平等改革就是了解这一策略较好的案例。在北爱尔兰，有很多年，教育研究和教育策略的焦点都放在发挥学校潜在的“和解媒介”作用上了，② 相关的内容也被北爱尔兰的教育改革所采用。后

---

① Epstein, D. , “Defining Accountability in Education”, *British Educational Research Journal*. 19 (3) (1993), pp. 243 – 257.

② Magee, J. “The Teaching of Irish History in Irish Schools”, *The Northern Teacher*, 10 (1) (1970), pp. 15 – 21; Skilbeck, M. , “The School and Cultural Development”, *The Northern Teacher*, 11 (1) (1973), pp. 13 – 18; Malone, J. , “Schools and Community Relations,” *The Northern Teacher*, 11 (1) (1973), pp. 19 – 30; Darby, J. , “History in the Schools: A Review Article,” *Community Forum*, 4 (2) (1974), pp. 37 – 42; Fraser, R. M. , “Children in Conflict, Harmondsworth,” *Pelican* (1974); Darby, J. , Murray, D. , Batts, D. , Dunn, S. & Harris, J. “Education and Community in Northern Ireland: Schools Apart?” Coleraine, The New University of Ulster (1977); O' Connor, S. , Reports— “Chocolate Cream Soldiers: Evaluating an Experiment in Non – Sectarian Education in Northern Ireland,” *Curriculum Studies*, 12 (3) (1980), pp. 263 – 270; Heskin, K. , Northern Ireland: A Psychological Analysis, Dublin, Gill & Macmillan (1980); Murray, D. , “Rituals and Symbols as Cont-

来，教育改革也指向了在多元文化背景下平等对待不同社会群体的重要性。理解北爱尔兰教育公平的重要性，可以从教育制度发展的一些关键点开始，尤其是独立的新教和天主教学校的发展情况。

一 北爱尔兰教育平等改革背景

北爱尔兰现行教育体制肇始于南北分治之后。20 世纪 20 年代，事实上的一党执政的统一主义国家试图建立非教会学校，[①]但失败了。原因来自两方面，一是天主教坚持保留它自己的独立学校，另一个是新教是要确保“国立”学校具备新教的基本特性，主要是在教学体系上要有宗教课程安排，并拥有任命教师的权力[②]。

在教育方面，北爱尔兰建立了基本的宗教框架，并在战后保持着发展的态势。例如，1968 年，在天主教权力机构与国家就教育事务最终达成和解的那一刻，作为补偿，新教在新的国立学校的管理权得到了保证。这在之前的教会学校是不存在的。[③]

---

ributors to the Culture of Northern Ireland Primary Schools," *Irish Educational Studies*, 3 (2) (1983), pp. 238 – 255; Murray, D. *Worlds Apart*: *Segregated Schools in Northern Ireland*, Belfast, Appletree Press (1985a); Murray, D. "Identity: A Covert Pedagogy in Northern Irish Schools," *Irish Educational Studies*, 5 (2) (1985b), pp. 182 – 197; Dunn, S. Darby, J. & Mullan, K. "Schools Together?" Coleraine, Centre for the Study of Conflict (1984); Darby, J. & Dunn, S., *Segregated Schools*: *The Research Evidence*, in R. D. Osborne, R. J. Cormack & R. L. Miller eds., *Education and Policy in Northern Ireland*, Belfast, Policy Research Institute 1987; Spencer, A. E. C. W. "Arguments for an integrated School System," in R. D. Osborne, R. J. Cormack & R. L. Miller eds., "Education and Policy in Northern Ireland," Belfast, Policy Research Institute, 1987; Dunn, S. & Smith, A., *Inter – school Links*, Coleraine, Centre for the Study of Conflict, 1989.

① Foster, R. F., *Modern Ireland*, *1600 – 1972*, London, Allen Lane 1988, p. 504.

② Bockland, P., The *Factory of Grievances*: *Devolved Government on Northern Ireland 1921 – 1939*, Dublin, Gill & Macmillan, 1979; Dunn, S., *A Short History of Education in Northern Ireland*, *1920 – 1990.* Annex B., Fifteenth Report of the Standing Advisory Commission on Human Rights, House of Commons Paper 459, London, HMSO, 1990.

③ Dunn, S., *A Short History of Education in Northern Ireland*, *1920 – 1990.* Annex B, Fifteenth Report of the Standing Advisory Commission on Human Rights, House of Commons Paper 459, London, HMSO, 1990, p. 81.

在一个国家对社群的价值观、传统和信仰影响甚微的社会中，对天主教来说，北爱尔兰独立的天主教学校的重要性是它们代表了“自决的天国”。①实际上，独立的天主教学校的重要性不只是意识形态和文化方面的，而且还具有现实意义。抛开天主教自身不说，天主教学校是代表世俗社会的重要组织，天主教可通过教会对其实施一定的控制。天主教徒在公营和私营机构就业中遭受歧视的资料已经汗牛充栋，在公共住房政策方面也是这样。此外，政府的官方调查也接受了“操纵选举边界”和“国家过度依赖严苛律法”的说法。② 在这样一个大的背景下，尽管天主教徒可以从事某些为天主教社区服务的职业，③ 但独立的天主教学校还是成为解决北爱尔兰社会流动性问题的几个路径之一，因为教师成了天主教中产阶级的一个重要组成部分。④

1972 年统一主义政党主导的议会闭会后，北爱尔兰发生了很大的变化。20 世纪 60 年代和 70 年代早期实行的一系列改革措施减少了歧视性政策和政令的过度滥用，一些举措也从法律上去除了就业歧视。⑤ 20 世纪 80 年代晚期的第二波改革使反歧视措施得到加强，⑥ 政府的社群关系政策也加入了机会均等和待遇均等的具体承诺。⑦

---

① Lee, S., *The Cost of Free Speech*, London, Faber, 1990, p. 127.

② Cameron Commission (1969). Disturbances on Northern Ireland: Report of the Commission Appointed by the Governor of Northern Ireland. Cmd. 532 (Belfast, HMSO); Darby, J., *Conflict in Northern Ireland: The Development of a Polarized Community*, Dublin, Gill & Macmillan, 1976; Whyte, J., *Interpreting Northern Ireland*, Oxford, Clarendon Press, 1990.

③ Cormack, R. J. & Osborne, R. D., eds., *Religion, Education and Employment*, Belfast, Appletree Press, 1983; Cormack, R. J. & Osborne, R. D., eds., *Discrimination and Public Policy in Northern Ireland*, Oxford, Clarendon Press, 1991.

④ Aunger, E. A., "Religion and Class: An Analysis of the 1971 Census Data," in R. J. Cormack & R. D. Osborne, eds., *Religion, Education and Employment*, Belfast, Appletree Press; Osborne, R. D & Cormack, R. J., *Religion, Occupation and Employment, 1971 - 1981*, Belfast, Fair Employment Agency, 1987; Cormack, R. J., Gallagher, A. M. & Osborne, R. D., *Fair Enough? Religion and the 1991 Population Census*, Belfast, Fair Employment Commission, 1993.

⑤ Gallagher, A. M., *Majority Minority Review 2: Employment, Unemployment and Religion in Northern Ireland*, Coleraine, University of Ulster, 1991.

⑥ Cormack, R. J. & Osborne, R. D., eds., *Discrimination and Public Policy in Northern Ireland*, Oxford, Clarendon Press, 1991.

⑦ Gallagher, T., "*Community Relations in Northern Ireland*," *in* R. Jowell, L. Brook, G. Prior & B. Taylor, eds., *British Social Attitudes: The 9th report*, Aldershot, Avebury (1992).

二 北爱尔兰教育平等改革思路的探索

北爱尔兰在教育平等改革方面思路的探索是很务实的，既有审慎的调查，也有缜密的数据分析；更重要的是立意高远，而不是就事论事。教育改革是一个系统性的工程，涉及社会组织的方方面面，统筹考虑，系统规划和设计，方能取得好的效果。在这一改革进程中，北爱尔兰常设人权咨询委员会、教育部等机构发挥了重要作用。

（一）从就业状况等社会不平等问题入手

1987 年，北爱尔兰“常设人权咨询委员会”发布了关于 1976 年《公平就业法案》① 实施效果的批评性分析报告。该报告的亮点是说明了新教徒与天主教徒之间持续的“失业差”——天主教徒的失业率是新教徒失业率的两倍。该委员会是公平就业立法的主要推动力量之一，如 1989 年，推动了由雇主每年申报雇员宗教构成的政令的颁布与实施。他们审视了一批有可能影响新教和天主教之间失业率差距的因素，包括独立的教育制度的作用。该调查报告重点分析了新教和天主教学校毕业生所获资格等级的数据。

表 5 - 1　　1989 年按地域划分毕业生资质（%）

	北爱尔兰	英格兰	威尔士
2 + A 级	24.3	17.4	16.1
1 A 级	3.5	3.2	3.8
5 + GCSE（A - C）	10.8	14.0	12.8
1 - 4 GCSE（A - C）	24.8	26.1	26.1
1 + GCSE（D - G）	17.6	31.4	27.6
其他或者无资质	19.0	7.9	13.7
合计	100	100	100

注：GCSE = 中学教育普通证书。

① Standing Advisory Commission on Human Rights, Religious and Political Discrimination and Equality of Opportunity in Northern Ireland: Report on Fair Employment, London, HMSO, 1987.

关于北爱尔兰教育部1988—1989年中学毕业生调查的分析[①]表明：这几年北爱尔兰毕业生不合格比率在下降，但与英格兰和威尔士相比（参见表5－1）该数字仍然是较高的；与新教学校毕业生相比，天主教学校毕业生没有或者具有较低等级资质的毕业生比率偏高；天主教中学没有获得或者具有较低等级资质的男毕业生比率最高（参见表5－2）。新教和天主教学校毕业生之间的差距一直是比较明显的，在中学男毕业生中表现最突出[②]。

表5－2　**北爱尔兰1989年按地域以学校宗教、性别和学校类型划分的没有或有低等级资质的学生比例（%）**

	文法学校	中学
新教学校		
男生	0.7	30.6
女生	0.6	19.8
天主教学校		
男生	1.1	38.5
女生	1.3	22.5

常设人权咨询委员会调查分析关注于几个方面，包括北爱尔兰社会等级与学业成绩之间的关系，[③] 学校的资金安排，[④] 新教和天主教学校之间

① Cormack, R. J., Gallagher, A. M., Osborne, R. D. & Fisher, N. Secondary Analysis of the School Leavers Survey (1989), Annex D., Seventeenth Report of the Standing Advisory Commission on Human Rights, House of Commons Paper 54., London, HMSO, 1992.

② Osborne, R. D., Gallagher, A. M. & Cormack, R. J., Review of aspects of education in Northern Ireland. Annex H., Fourteenth Annual Report of the Standing Advisory Commission on Human Rights, London, HMSO, 1989. 40. Siraj Blatchford, I. & Troyna, B.

③ D' Arcy, J. & Sutherland, A. E. System Inequalities in Curriculum Provision and Educational attainment in Northern Ireland. Annex C., Fifteenth Report of the Standing Advisory Commission on Human Rights, House of Commons Paper 459, London, HMSO, 1990.

④ Cormack, R. J., Gallagher, A. M. & Osborne, R. D. Educational Affiliation and Educational Attainment in Northern Ireland: the Financing of Schools in Northern Ireland. Annex E., Sixteenth Report of the Standing Advisory Commission on Human Rights, House of Commons Paper 488, London, HMSO, 1991; Cormack, R. J., Gallagher, A. M., Murray, D. & Osborne, R. D. Curriculum, Access to Grammar schools and the Financing of Education: an Overview Paper. Annex H., Seventeenth Report of the Standing Advisory Commission on Human Rights, House of Commons Paper 54, London, HMSO, 1992b.

的课程差异，① 以及文法学校入学途径等。②

（二）深入分析就业不均等社会现象背后的教育因素

1. 关于教育费用的使用

柯麦科（Cormack）等人调查分析了北爱尔兰学校资金的使用情况，包括常规费用的量级和构成，并与苏格兰和加拿大安大略省天主教学校资金的使用情况进行了对比分析和评估。这一调查分析涉及几个具体项目的资金的融资情况。这些案例分析聚焦于项目的管理、审批系统中各个阶段推进的时间安排以及资金在支付与收取之间时间拖延情况。“北爱尔兰审计署”③ 后来也研究了这些问题。义务教育学校的融资占到其资金成本的85%，导致其成为北爱尔兰天主教学校管理当局的财政和管理负担。需要指出的是北爱尔兰义务教育学校的范围包括所有的天主教学校和大部分新教文法学校。这一负担也许影响到了学校的教学，并因此成为新教和天主教学校之间毕业生学业成绩差距产生的原因。

相对于天主教学校并不乐观的财政状况，新教和天主教学校之间人均常规费用水准存在的令人感到意外差异也许更能说明问题。在小学、中学和义务教育学校都发现了这一模式一致的人均费用差异。表5－3展示了有关小学、中学的数据，这些数据只与非教学的常规费用有关。表5－4

① Cormack, R. J., Gallagher, A. M. & Osborne, R. D., Report on School Size. Annex B., Seventeenth Report of the Standing Advisory Commission on Human Rights, House of Commons Paper 54, London, HMSO, 1992c; Cormack, R. J., Gallagher, A. M. & Osborne, R. D., Secondary analysis of the DENI' s Teachers' Survey (1989); Annex C., Seventeenth Report of the Standing Advisory Commission on Human Rights, House of Commons Paper 54, London, HMSO, 1992b; Cormack, R. J., Gallagher, A. M., Osborne, R. D. & Fisher, N., Secondary analysis of DENI curriculum survey. Annex F., Seventeenth Report of the Standing Advisory Commission on Human Rights, House of Commons Paper 54, London, HMSO, 1992e; Murray, D., Science and Funding in Northern Ireland Grammar Schools: a Case Study Approach, Annex G., Seventeenth Report of the Standing Advisory Commission on Human Rights, House of Commons Paper 54, London, HMSO, 1992.

② Cormack, R. J., Gallagher, A. M. & Osborne, R. D., Access to Grammar Schools. Annex E., Seventeenth Report of the Standing Advisory Commission on Human Rights, House of Commons Paper 54, London, HMSO 1992f.

③ Northern Ireland Audit Office, Department of Education: Provision of School Accommodation, Report by the Comptroller and Auditor General for Northern Ireland, House of Commons Paper 689, London, HMSO 1993.

展示了义务教育文法学校人均的教学和非教学费用模型：这个表是根据北爱尔兰教育部提供的数据计算出来的。人均费用的差异也许影响到了天主教学校的教学，进而影响到新教学校和天主教学校之间毕业生学业成绩的差异。地方管理学校也意在压缩人均费用差异，教育改革令引进的常规费用管理制度是以学生人数为基础进行测算的。

表 5 - 3 **以学校的宗教划分的小学和中学人均费用** 单位：英镑

	小学		中学	
	新教	天主教	新教	天主教
1981/82	146.12	120.16	279.02	239.47
1982/83	155.13	125.25	296.32	254.34
1983/84	154.72	128.39	301.37	264.98
1984/85	164.24	133.20	322.57	287.45
1985/86	177.72	142.76	350.35	311.72

表 5 - 4 **以学校的宗教划分的义务文法学校人均常规费用** 单位：英镑

	新教	天主教
1984/85		
教学费用	775.32	738.55
非教学费用	298.18	232.31
1989/90		
教学费用	1217.96	1169.56
非教学费用	434.18	387.23

2. 关于学校设施配置对教学的影响

这方面的信息是由北爱尔兰教育部的房地产调查数据分析提供的，①

① Cormack, R. J., Gallagher, A. M. & Osborne, R. D., Report on School Size. Annex B., Seventeenth Report of the Standing Advisory Commission on Human Rights, House of Commons Paper 54, London, HMSO, 1992c.

它确认了新教小学和中学每个学生的教学空间比天主教学校的要大。表5－5显示了小学和中学每个学生教学空间的类型；这些数据是根据北爱尔兰教育部提供的基于房地产调查的数字计算出来的。它以另一种方式说明，如果新教和天主教学校有相似的注册学生数，平均来讲，新教学校要比天主教学校大些。然而，一项关于长期入学率和关于所有1983年之后新建小学的规模的数据表明，新教和天主教学校的规模是同样规格的，基于长期入学率的数字，很简单就能够计算出每个学校学生的平均教学空间。这意味着当时存在于整个体系中的差异很可能是由于历史因素或者长期人口统计学趋势造成的。

表5－5 **以学校的宗教划分的小学和中学每个学生的平均教学面积（平方米）（1988年数据）**

	永久设施	临时设施	合计
小学			
新教	4.89	0.36	5.25
天主教	3.92	0.34	4.26
中学			
新教	9.50	0.72	10.23
天主教	7.77	0.62	8.39

这项分析表明，人均常规费用差异至少部分地可以用新教学校和天主教学校规格差异来解释。关键的问题仍然是，学校教学设施的差异可能影响到了新教和天主教学校毕业生学业成绩的差异。

学校空间大小差异对副科课程的授课也有一定的影响。有证据表明天主教中学副科课程平均授课空间比新教中学的空间更小（见表5－6），特别是科学、手工制作、设计和技术方面的课程。在文法学校中，这一问题更为突出，因为天主教学校相当比例的科学课授课空间都是安排在临时设施中的。

表 5-6　**以学校的宗教划分的中学每个学生的专业授课面积** 单位：平方米

	永久科学课设施	临时科学课设施	手工/设计和技术	信息技术
文法学校				
新教对标学校	0.79	0.15	0.24	0.10
新教义务学校	0.80	0.01	0.13	0.07
天主教义务学校	0.57	0.17	0.05	0.10
中学				
新教	0.63	0.08	0.07	0.10
天主教	0.52	0.05	0.57	0.10

3. 关于教育管理的独立性

天主教学校很看重教育管理制度中的独立性，希望从一个它们不认可体制中脱离出来。新教学校也很看重制度中的独立性。我们可以从北爱尔兰教育界各个部门之间关于一些热点问题的讨论中看出这一点，尤其是发生在北爱尔兰教育部和天主教学校管理机构之间关于基本教育理念的讨论。

莫瑞（Murray）在对 6 个新教学校和 5 个天主教文法学校进行调研时，与这些校长和教师进行了访谈，寻求他们对一系列问题的看法，包括新教学校和天主教学校的一些课程设置以及经费标准等。莫瑞提供的资料揭示出了这两个学校体系之间一系列理念上的差异，包括它们关于北爱尔兰教育部和北爱尔兰教育管理的看法等。结论是这些学校都很看重它们所享受到的教育制度中的自治程度。

4. 关于招生制度和学校容量对教育的影响

关于教育改革最后一个需要考虑的问题与文法学校招生相关。不像不列颠，北爱尔兰保留了中学和文法学校选拔制度，通过小学结束时的一个选拔考试进行调剂。北爱尔兰以前的研究指向了文法学校学业成绩的“增值价值”，①但不清楚是否可用天主教文法学校空间不足来解释天主教文法学校相对比例较小（一个结构性解释），或者用天主教学校部分学生

① Gallagher, A. M., Transfer Pupils at 16, Belfast, Northern Ireland Council for Educational Research, 1988.

家长的选择来解释（一个选择性解释）。

柯麦科等人用北爱尔兰教育部提供的关于1990年中学的实际入学率数据，以及1995年学校的物理空间承受能力和招收学生计划情况分析了这个问题。由于采用了新的开放的招生政策，学校可以根据发布的标准招满学生，因此学校的物理空间变得很重要。分析表明，在1990年，34%的天主教学校的学生是在文法学校就读，同时41.5%的新教学校的学生是在文法学校就读。这样就阐明了文法学校在相对规模上的基本差异。1990年，如果文法学校满负荷运转，天主教文法学校的入学率应该能够达到35.8%，而新教文法学校应该达到45.6%。这样，两类文法学校都应该扩大招生规模，新教部分应该增加得更大。

总之，分析表明，由于新教和天主教文法学校容量上的差异，教育存在结构上的问题。这些差异是，在没有采取任何行动来改变文法学校容量相对差异的情况下，新教和天主教文法学校的学生比例差异还在扩大。以邮政编码所代表的区域作为分析北爱尔兰数据的单位，可以分辨出哪些地区的新教和天主教学校设施明显短缺。文法学校开放式招生制度对整个大局来说只起到了边缘性的调节作用。即使文法学校教育具有更大的价值，如果没有改善措施，在学业成绩方面，新教学校和天主教学校毕业生学业成绩之间的差距也会加大。

（三）教育平等是机会均等的基础

教育改革与历史背景和现实问题都有着紧密的关系，谈及教育改革必然会牵扯出一系列重要的社会问题，如机会均等。

历史背景清晰地说明了独立的天主教学校对于北爱尔兰天主教社区意识形态、文化和现实世界的重要性。尤其是，保持天主教学校的独立性契合了生活在机会不均等的社会中的大多数社区成员的信仰。尽管政府公开承诺机会均等，但调查结果表明在很多重要的领域，天主教教育体制没有享受到完全平等的待遇。

1991年，政府与天主教权力机构就学校的费用标准进行了公开的讨论，并于1992年11月公布了建立100%拨款的义务教育学校的征询意见草案，天主教学校被列入这一新的类别。最终，在1992年7月北爱尔兰教育部公布了一个700万英镑的费用计划，为天主教文法学校增加教育设施，扩大招生容量。大多数学生会继续在宗教上独立的学校接受教育，独立的学校将享受平等的待遇。

三　关于北爱尔兰教育改革思路的分析

教育制度不可能抽象地存在于一个想象的空间中，不可能独立于其他的社会政策因素之外。在北爱尔兰，至关重要的教育改革内容都与政府的一般性平等政策，特别是与就业平等政策相关联。如上面所阐述的那样，是就业平等政策这样一个问题将常设人权咨询委员会的兴趣导向了北爱尔兰教育。教育改革是试图实现平等政策等社会目标的，尤其是就业平等。

最具重要意义的是北爱尔兰的讨论和争辩不再由快速融合的建议或激情所主导，而是将更多的注意力放到了平等政策在两个独立的学校体系的运作上。问题的关键是寓平等之概念于教育改革之中。我们看到，在讨论独立学校的待遇上，平等如何占据着中心的地位。作为不平等社会中的最后一块阵地，天主教在北爱尔兰保留了独立的学校。

关于独立学校一个最终的判断不单单是基于教育标准。在一个真正平等、多元和宽容的社会，对少数人社区独立学校的压力更小。即使在这样一个社会中，独立学校的权利也许是一个没有疑问的多元主义的映射。很清楚，在一个不宽容和不平等的社会，民族和宗教上的少数人会维护他们的认同和传统，他们所实现的路径之一就是建立他们自己的独立学校。

从 1998 年签署北爱尔兰和平协议至今已 20 年。尽管和平的到来不是那么轻而易举，经历过诸多波折，但毕竟一个多民族和平共处的北爱尔兰社会逐渐建立起来了。回顾北爱尔兰和平进程，我们相信，北爱尔兰的教育改革在其中发挥了一定的作用，值得肯定；其务实的、系统化的和着眼于机会均等的教育改革思路，值得当今世界多民族国家借鉴。

第六章　不列颠民族问题治理：以苏格兰为例

进入21世纪以来，在不到十年的时间中，随着黑山、科索沃、南苏丹和东帝汶先后宣布独立，苏格兰又进入了人们的视线。一时间，“苏格兰”“苏格兰民族主义”和“苏格兰民族党”等话题均成为人们关注的焦点。

诚然，民族主义在苏格兰政治舞台上扮演着举足轻重的重要角色，近年来，这一态势表现得尤为凸显。事实上，苏格兰民族主义的发展历史不过半个世纪，它并非如人们通常所推断的那样，源自为苏格兰国家建立而展开的中世纪战争，苏格兰改革、苏格兰启蒙运动、《联合法案》[①]，以及其他在有关苏格兰认同问题的研讨中经常出现的具有历史里程碑意义的事件。事实上，我们今天所认识的苏格兰民族主义形成于20世纪六七十年代，并在八九十年代走向成熟。[②] 起初，苏格兰民族主义者并未提出通过实现独立来捍卫“深受威胁的祖先文化”。现在，他们则强调指出，在新自由主义时代，独立是推进“左翼”[③] 政治议事日程的最有效路径。他们坚信，其祖先文化受到来自不列颠（British Sate）的威胁，而社会民主性的集团主义（corporatism）文化与苏格兰社会存在已久的平等主义和民主传统比较匹配。在苏格兰民族主义者看来，伦敦引领的自由主义经济重

---

① 1707年签订，据此英格兰和苏格兰组成了大不列颠联合王国。

② 民族主义之所以出现在苏格兰历史上的这一时期，可谓“仁者见仁，智者见智”，本章受内容所限，对此不做探讨。

③ 又称“左派”，原为法国大革命时期使用的名词，在议会中坐在左侧，支持共和制。在政治上主张改变传统社会秩序，创造更为平等的财富和基本权力分配体制。参见 Andrew Knapp & Vincent Wright, *The Government and Politics of France*, Routledge, 2006; Bill Jones Dennis Kavanagh, *British Politics Today*, Manchester University Press, 2004。

建，招致保守党在苏格兰的反对者数量逐步提升，进而表明只有通过创建新的苏格兰国家才可能消弭伦敦和爱丁堡之间的重大政治分歧。①

在国内有关苏格兰问题的研讨中，历史、经济、文化方面的分析比较多。国外学者的相关研究成果比较丰富，但是也存在一些问题。近二三十年来，那些对苏格兰独立形成今天声势产生重要影响的思想主张是什么？这些政治理念是如何与民族主义的论述结合在一起的？这样一类问题，并未得到关注。在有关苏格兰未来的讨论中，他们对于统一主义的历史和理念做出了比较系统和透彻的分析，但是对于苏格兰民族主义本身的思考却比较有限，有关其政治思想方面的研讨尤其不多见。其中的原因是比较复杂的，比如学者们可能受到来自“工党”（已基本掌控了苏格兰网络世界和知名政界评论家）的压力。事实上，左右工党统一主义的社会民主理念与实践的传统和要义已经被反复解剖。然而，对于苏格兰民族主义的关注程度和成果数量却与之无法相比。

本章将围绕苏格兰民族主义的政治思想内容展开探讨。特别关注三种不同的思想观点，它们反复出现在有关对 2014 年苏格兰公民投票持肯定态度的研讨中（包括对“新左翼”给予英国社会的分析），对英国劳工运动政治给予热望，并相信君主制国家正在走向终结。本章通过分析苏格兰独立产生重要影响的政治理念的构件、相互关系及其影响，为人们进一步认识和了解苏格兰独立的原因和发展前景，政治人类学、法学视域下的为民族主义与民族国家建构的深入研究，提供现实案例和理论参考。

一　苏格兰民族主义政治思想中的苏格兰与联合王国关系理念

苏格兰与联合王国关系理念是苏格兰民族主义政治思想的重要构件之

① 参见 Patrick Hossay, “Nationalists: Rethinking Cleavage Formation and Political Nationalism in Interwar Flanders and Scotland,” *Social Science History*, Vol. 27, No. 2, Summer, 2003, pp. 165 – 196; Andrew D. Devenney, “Regional Resistance to European Integration: The Case of the Scottish National Party,” *Historical Social Research /Historische*. Vol. 33, No. 3 (125), 2008, pp. 319 – 345; T. M. Devine, “The Break – Up of Britain? Scotland and the End of Empire: The Prothero Lecture,” *Transactions of the Royal Historical Society*, Sixth Series, Vol. 16, 2006, pp. 163 – 180; Christopher Harvie, *Scotland and Nationalism, Society and Politics, 1707 – 1977*, Routledge, 1977。

一，集中体现于为苏格兰民族主义者追捧的“安德森—奈尔论题”①。该论题的内容可参见英国《新左翼评论》② 杂志在20世纪后半期发表的由安德森和奈尔撰写的相关文章（《新左翼评论》是曾经对马克思主义理论做出过缜密分析的杂志，看似不太可能为“苏格兰民族主义”这一话题留出篇幅，但是，事实上它却对这一题目表现出相当的关注），其中有关对 21 世纪苏格兰民族主义基本思想主张的推断，是该文关注的重点。这些思想主张抨击的对象主要集中于不列颠国家的性质、社会等级制度，以及中央政府在苏格兰实施的相关举措。需要说明的是，虽然安德森和奈尔对不列颠历史做出的富有开拓性的描述在学界颇具争议，但是其中对苏格兰民族主义发展态势的推断，的确从一定程度上反映出当今苏格兰民族主义者对英格兰和不列颠的认识。

第一，联合王国的历史发展过程为“特例”，其现实政治文化为陈旧的帝国主义残余。

在安德森和奈尔看来，与其他国家相比，联合王国的历史发展过程均可谓“例外”，或者称为“特例”。它是世界上第一个完成工业化的国家，而且从未发生流血的资产阶级革命。其中的一个结果是，贵族阶层保留了他们既有的、显赫的社会和政治地位，并与资产阶级结成伙伴关系，同时，基本排除了工人阶级对不列颠社会和政治的重要影响。不列颠帝国主义的崛起，使贵族阶层和资产阶级之间的关系变得更加密切；在世界性战争中取得的胜利，使不列颠的社会机制幸免了激进的重建实践的磨砺，而得以安全稳步地发展。作为未经改革（reform）的帝国主义国家，联合王国基本保留了帝国的体制和“虚华”的表象。同时，其劳工运动也开辟了一个“例外”的历史发展路径。它发生在19世纪早期，未能有机会从洞悉马克思主义理论中受益。其结果是“新左翼”③ 与“劳工主义”相呼应，工人阶级政治保守形式无疑受到了不列颠的议会传统的影响，进而

---

① The Anderson - Nairn，是学界对佩里·安德森（Perry Anderson，当代英国著名马克思主义史学家，新左派理论家和政论家）和汤姆·奈尔（Tom Nairn，英国新左派理论家和政论家，安德森的合作者）在20世纪六七十年代发表的学术见解的尊称，代表了第二代英国“新左派”对于英国民族性的基本看法。

② *New Left Review*，具有左派倾向的英国期刊，主要关注政治、经济和文化领域。创办于1960年。1993年被《卫报》评为“西方智慧左派的标杆”。

③ 相对传统左翼而言的指称。其社会基础是中产阶级，信奉多元主义价值观念。从事针对现代性和工具理性的批判运动，矛头直指现代化的受益者，强调现代化受害者联合起来。

致力于追求温和的改良而非激进的社会变革。①

第二，联合王国属下的苏格兰是一个国家（nation）而非一个民族（nationality）。

奈尔在其著述中对于苏格兰政治做出了比较详尽的阐述。他认为，苏格兰是一个很幸运的地区，它从联合王国中获取的利益主要体现在两个方面：一是在联合王国掌控世界力量逐步提升的过程中，在帝国发展计划中被视为“年轻伙伴”；二是与此同时，完好无损地保留了大多数自己独特的社会机制和文化。作为第一个实现工业化的国家，英国的经济发展以一种分散型的、权力下放方式演进，这一点与在资本主义上升期紧随其后的诸多国家（nation）多有不同。因此，苏格兰从伦敦得到了高度的自治权。从这个意义上说，苏格兰也可被视为一个独特的国家（nation），它的发展路径与联合王国中的民族（nationality），比如爱尔兰族，具有显著的不同。对于不列颠资本主义发展要求而言，爱尔兰主导文化的适应度要远低于苏格兰主导文化的适应度。

第三，苏格兰应该享有自治权（power）。

发生在20世纪70年代的危机，使得英国的经济深受打击，其他一些发达资本主义国家趁机反超，践行保守主义所引发的问题，以及满足于第一个完成工业革命的业绩而造成的发展滞缓，让整个国家一时间似乎失去了前进的目标。第二次世界大战结束后，对于苏格兰人而言，是继续留守在不列颠帝国主义的舰船之上，还是着手建造为己所用的生命之舟，便成为一种理性的思考。②

在奈尔看来，苏格兰应该享有自治权。认为苏格兰与北爱尔兰和威尔士的联合，并非出自其主观意愿，只是为满足不列颠两党利益做出的“成功的政治安排”。在不列颠帝国主义走向衰落的时候，苏格兰民族主义（奈尔称为“新民族主义”）自然要登上政治舞台。奈尔起初很怀疑苏格兰民族主义的力量。他对其中的原因做出了如下的解释：苏格兰民族党中的民族主义者不过是“一些习惯用愚钝方式去表述狭隘观念的外乡

① P. Anderson, “Origins of the Present Crisis”, *New Left Review*, No. 23, 1963, pp. 26 – 53, T. Nairn, “The Nature of the Labour Party, part one,” *New Left Review*, No. 27, 1964, pp. 37 – 65; T. Nairn, “The Nature of the Labour Party, part two,” *New Left Review*, No. 28, 1964, pp. 33 – 62.

② T. Nairn, “The Break – up of Britain,” London, *New Left Books*, 1977, pp. 126 – 195; see pp. 137 – 138, for a discussion of the fortunate circumstances of the union.

人”，认为资产阶级等于议会制度，军队会把国家从地方主义的纷争中解救出来；而欧洲有一半的国家都不能对此做出相反的例证。① 因此，奈尔强调，苏格兰应该享有自治权。同时又指出，苏格兰实现自治是有条件的，相信“只有在社会主义理念支配下，苏格兰的‘自治’才有可能得到保护”。20 世纪 70 年代，奈尔对资产阶级民族主义者提出的自治前景表现出了更多的认同，甚至被视为对“苏格兰单独（脱离联合王国）加入欧洲经济共同体”施放政治关注的第一人。②

二 苏格兰民族主义政治思想中的治理理念

如果苏格兰民族主义者和具有民族主义倾向的评论家致力于抨击工党的陈旧性，很可能会令人产生费解，因为苏格兰民族主义长期以来一直致力于仿效工党最古老的传统。应该说，对于许多苏格兰民族主义者而言，苏格兰的最终独立会减少苏格兰人建立社会民主或社会主义国家的诉求(并未为英格兰人、威尔士人和北爱尔兰人所接受)。因此，作为独立主权国家的苏格兰的地位（statehood），不仅要体现为国族认同的确立，而且还要体现为确立以此为基础的建立更加平等、务实社会的执政目标。

1. 仿效工党的传统

20 世纪 70—80 年代，作为一种政治运动的苏格兰民族主义的发展，是在工党的庇护下完成的。苏格兰工党采取的一些举措给人留下深刻的印象，比如支持其工人阶级选民，甚至动员全英国工人阶级选民分化撒切尔集团和非撒切尔集团。1997 年之前，部分苏格兰民族党的支持者和其中的关键人物，因为对于通过长期斗争选举产生工党执政政府失去了耐心，转而从工党党员变为苏格兰民族主义者。亚历克斯·萨尔蒙德③等因未受诱惑而跻身工党的人，将其政治战略标定为赢得工党投票人的支持。

众所周知，工党有关工人阶级运动的论述，源于“互助主义组织可以消除 19 世纪资本主义引发的不平等”之说。苏格兰民族主义者将之全盘吸收，并对工党所发挥的作用给予诸多关注，而贸易联盟在早期发出的

---

① T. Nairn, “The Three Dreams of Scottish Nationalism”, *New Left Review*, No. 49, 1968, p. 18.

② T. Nairn, “Old and New Scottish Nationalism”, in G. Brown, ed., *The Red Paper on Scotland*, Edinburgh, EUSPB, 1975, pp. 49-54.

③ Alex Salmond，现任英国苏格兰首席部长，被认为是苏格兰最有实权的人。

声音则比较有限。苏格兰民族主义者强调指出，正是基尔·哈迪[①]的著作和独立的工党，使得苏格兰工党在 20 世纪早期对统治家园怀有强烈的情感。在从工党转入苏格兰民族党的人员中，吉姆·斯劳斯[②]被认为是最具天赋的思想家，他有关独立的阐释、对于劳工运动的贡献，堪比在工党大会上发表的任何慷慨激昂的演说。斯劳斯认为，工党是劳动人民（the working people）历史上重要的组织，知识阶层是其组成部分，并为它注入进步的动力。工党并非诞生于真空，而是植根于工业革命时期为争取公平正义而开展的斗争中，天生带有令人心碎、团结和通过斗争获得里程碑般胜利的基因。虽然它是 20 世纪的产物，但是它的直接血统源于之前历史上的穷人，其领导者和先烈很多都是穷人。对于工党来说，它取得的历史性胜利足以让其提出自己的诉求。工党在议会和地方政府中均发挥着举足轻重的作用（比如在住房、教育、福利等方面）。[③]

2. 将阶级认同与民族认同相结合

20 世纪 70—80 年代，苏格兰人开展的反对去工业化的斗争，将工党经典的政治话题注入苏格兰民族主义的思想当中。在为苏格兰造船业、煤炭工业、汽车制造业和钢铁工业的生存而进行的艰苦卓绝的战斗中，阶级认同与民族认同逐渐融合起来。来自各业的工人们的努力，使来自伦敦或市政委员会的决定可以让其维持生计。相关的诉求被视为整个国家的（national），而非不同阶层的（sectional）共同诉求。这一时期，有关争取苏格兰自治的工人阶级的政治思想与实践强有力地结合起来。[④] 面对撒切尔政府的强硬态度，苏格兰民族主义者调整了斗争方向，转而关注贸易联盟运动和社团主义的谈判，反对新自由主义的“休克疗法”。

三　苏格兰民族主义政治思想中的独立国家理念

如上文所言，苏格兰民族主义可谓一种思想意识，最初它要求的只是把苏格兰建成自给自足的地区，实行自给自足的政策。但是，这种意识可

---

① Keir Hardie（1856—1915），英国工党的创始人之一。

② Jim Sillars（1937—2014），英国政治家，生于苏格兰。

③ J. Sillars, *Scotland: The Case for Optimism*, Edinburgh, Polygon, 1986, p. 25.

④ J. Phillips, *The Industrial Politics of Devolution: Scotland in the 1960s and 1970s*, Manchester, Manchester University Press, 2008.

能对苏格兰民族主义者产生了误导，促使他们寻找一系列错综复杂的根据证明，独立的苏格兰应该在相关方面享有自决权的同时，与外国（不包括苏格兰在内的联合王国）的国民在除此之外的其他方面共享机构、法律和社会权力，即建立“后主权国家”（post - sovereign state）。

1. 主权原则的行使受到制约

在苏格兰民族主义者中存在着一种比较普遍的认识，即将自己视为“非民族主义者”。比如，萨尔蒙德就曾经说：“我是一个后民族主义者”，而苏格兰人要建立的国家是“后主权国家”。①

苏格兰民族党的重要人物尼尔·麦考密克②在自己的著述中比较系统地阐释了所谓“后主权国家”。他认为，欧盟已经取代了其成员国先前享有的绝对主权，欧洲的国家处于更加多元化的安排之下，欧洲层面的新治理将这些国家紧密联系起来，免除了先前由国家行使的部分权力（powers）。同时，根据欧盟的相关规定，权力应从国家分散到地区权威，新近创建的民族国家机构已经打破了业已存在的多民族国家体制。在麦考密克看来，绝对国家主权传统模式的维度，促使苏格兰步入了一个新的时代，苏格兰国家机构可以接管先前由威斯敏斯特所执掌的部分权力，同时，可以将另外一部分权力让渡给欧盟，甚至不列颠。③ 可见，所谓“后主权国家”是相对拥有独立主权的主权国家（sovereign state）而言的一种国家形态，意为国家主权的弱化、让渡以及实现程度的下降。

2. 建立多元合作的族际关系

苏格兰民族主义者也很关注保持苏格兰居民与联合王国其他组成部分的居民之间密切的社会联系。多年来，支持苏格兰与英格兰、威尔士和北爱尔兰之间建立“社会联盟”（socialunion），已经成为苏格兰民族主义思想理论的一个主题。对于苏格兰民族主义思想而言，“社会联盟”是一种不确定的观念，在苏格兰的政治论坛上，它被赋予不同的意义。比如，2009 年之前，负责研究苏格兰权力下放的卡尔曼委员会（Calman Com-

---

① Alex Salmond, quoted in D. Torrance, *Alex Salmond*: *Against the Odds*, Edinburgh, Birlinn, 2011, p. 244.

② Neil MacCormick（1941—2009），当代英国最杰出的法理学家之一，生于苏格兰。

③ 参见 Neil Mac Cormick, *Questioning Sovereignty*: *Law*, *State and Nation in the European Commonwealth*, Oxford, Oxford University Press, 1999。

mission）曾将之定义为，将苏格兰和其他联合王国的其余部分捆绑在一起，共同分享福利国家机制的共同体。[①] 苏格兰民族主义者认为，这一术语含义很丰富，包括指称因家族关系建立的联合体，跨越联合王国内部民族界限的朋友与职业关系网，而苏格兰独立后新的法律制度安排无须为此而生顾虑。

民族主义者多次指出，今天爱尔兰人同苏格兰人的关系，与苏格兰人同英格兰人的关系十分相似，“议会联盟”（the union of parliaments）时代结束后，社会损失微乎其微。[②] 毋庸置疑，从跨越民族界限的人口流动、贸易往来和观念沟通看，苏格兰人同爱尔兰人的关系呈现出密切、友好的态势。但是，苏格兰人同爱尔兰人之间是否存在与苏格兰同英格兰之间一样的“社会联盟”呢？如果将跨越英格兰与苏格兰边界的公民社会组织、媒体机构、商业与贸易联盟分布密度，同跨越苏格兰与爱尔兰边界的相关组织相比较，似乎是不合情理的。共同的政治机构和公共空间将苏格兰人与英格兰人的命运联系起来，他们共享一个议会，共有一套新闻媒体系统，共同置身同一商业环境，提供支持和加入同一政治党派（苏格兰民族党除外）。

当然，建立在共同的政治空间之下的“社会联盟”，自然要比没有任何共享的政治机构的“社会联盟”更加紧密、牢固。而“政治”和“社会”并非如苏格兰民族主义者所坚持的那样被“干净彻底”地分隔开来。

四　苏格兰民族主义政治思想与苏格兰独立

事实上，苏格兰民族主义政治思想的这些构件赋予民族主义实践以更大的“政治购买动力”，换言之，就是将民族主义政治实践通过公民投票的方式加以实现，从中争取达到既定的目标。面对欧洲一体化的深入发展，以及日益加强的全球经济相互依赖关系，苏格兰民族主义者在承认苏

① Commission on Scottish Devolution, Serving Scotland Better: Scotland and the United Kingdom in the 21st Century, Edinburgh, Commission on Scottish Devolution, 2009, p. 64; I. Lean, J. Gallagher & G. Lodge, *Scotland's Choices*, Edinburgh, Edinburgh University Press, 2013, pp. 102 - 126.

② Alasdair Raff, "1707, 2007, And the Unionist Turn in Scottish History," *The Historical Journal*, Vol. 53, No. 4, December 2010, pp. 1071 - 1083.

格兰自治的现实维度的同时，对国家主权理念做出了更加广义的重新解读，并使之与其对苏格兰国家地位的诉求相契合。

1. 苏格兰与联合王国关系理念以及苏格兰国家独立

今天，安德森和奈尔当初的分析，仍然可以从一定程度上帮助我们理解现今苏格兰民族主义向伦敦提出的相关诉求的理论依据。对于苏格兰民族主义者而言，他们所投身的事业正在苏格兰人与英格兰人（甚至包括与爱尔兰人和威尔士人）之间建立起明确的政治分界线。在通过各种各样大众媒体表达这类区分的同时，一个人们所熟知的老生常谈的方法被反复使用，即一再强调联合王国国家体系，以及与之相伴随的政治文化为陈旧的帝国主义残余。在一个新近发表的著述中，有人对即将可能建立的新苏格兰国家进行了分析，认为联合王国的帝国主义国家性质，已经成为英格兰和苏格兰社会发展的障碍。从英格兰人的角度看，这个国家迫使英格兰全力投身与其利益无关紧要的苏格兰、威尔士和北爱尔兰等分心之事，阻止其完成主要任务，即建立不排斥任何群体的、多种族的后帝国主义社会。从苏格兰人的角度看，联合王国在近三四十年的时间里，将具有破坏性的新自由主义强加于他们身上，并且阻止其成为欧洲社会民主大家庭中的一员；如果自身能够摆脱联合王国政治帝国主义枷锁的羁绊，新的可能性就会出现。① 从某种意义上说，这类看法可谓安德森和奈尔理论的延伸和发展，强化了苏格兰民族主义政治思想中的国家观念，与安德森和奈尔的论述共同从理论上支持了民族主义实践。

安德森和奈尔完成于20世纪六七十年代的著述，其核心内容是如何与当代苏格兰民族主义政治主张相契合的呢？从联合王国的客观形势看，相关理论提出的现实依据存在着诸多不足。众所周知，自70年代以来，英国社会种族关系取得了令人瞩目的改善，英格兰、苏格兰居民之间的民族平等问题，无论如何没有使附着在不列颠国家躯体之上的帝国主义陷入困境。伦敦通过立法、议程的设置，以及政府机构权力的调整，国家本身在推动民族平等的过程中，发挥了重要作用。与此形成对照的是，在苏格兰民族主义的读物当中，联合王国长期被视为未被重新建构的古代王权延续至今

① I. Welsh, Scottish independence and British Unity, Bella Caledonia, 10 January 2013, http: // bellacaledonia. org. uk/2013/01/10/irvine - welsh - on - scottish - independence - and - british - unity/.

的特例，但是至少在工党执政时期似乎并未考虑对此加以干涉。当苏格兰民族主义者质疑不列颠宪法的正当性是否已被撒切尔政府改变时，诸多引人注目的改革却随之被付诸实施，比如苏格兰议会、威尔士议会、北爱尔兰议会、大伦敦议会和民选市长的改革；信息自由法案（The Freedom of Information Act）的出台；高等法院的创新举措；将欧洲人权大会的相关内容植入国内法；在苏格兰、威尔士、北爱尔兰、欧洲和伦敦的选举中实行比例代表制；以及颠覆议会上院世袭贵族制。这些力图将英国打造成为更加多元、包容、民主的国家的基本步骤，不管是否从根本上触及或动摇了相关弊端，它们实际上表明了联合王国政治体制的灵活性和包容力，但是民族主义评论家对此并未对此给予客观的评价。

2. 治理理念与苏格兰独立

显然，为了在伦敦赢得权力，那些身为苏格兰民族主义者的工党议员们提出的主张，已经背离了工党重要的政治传统。在他们看来，新自由主义的桎梏是伦敦通过操纵联合王国的选民强行套在苏格兰人身上的，新的苏格兰国家只有挣脱这一桎梏获得自由，苏格兰人方可获得实现工党传统的政治民主目标的机会。[①] 苏格兰民族主义者认为，包括收入和福利的不平等、减少贫困人口，以及重大的经济安全等在内的所有问题，可以通过苏格兰福利国家的相关机构和在爱丁堡建立的富有生命力的政府加以解决。

虽然，在20世纪80年代很少有人提出这种观点，但是，1997年以后，民族主义者开始利用苏格兰议会的出现阐释自己的主张，同时，深感在伦敦的工党为取悦伦敦的金融和媒体精英，其品质在逐渐蜕变，上述观点随之得到众多追捧。

众所周知，20世纪晚期，不同民族之间的紧张关系使社会民主性发展计划难以顺利实施，苏格兰民族主义的治理理念的问题在于，它忽视了上述真实关系的存在。不难理解，假如新的工党深受金融资本的影响，直接降服于“反动的”英格兰，无疑会导致苏格兰民族主义者对于自艾德

① Rhys Jones, “Relocating Nationalism: On the Geographies of Reproducing Nations. Transactions of the Institute of British Geographers,” *New Series*, Vol. 33, No. 3 (Jul., 2008), pp. 319 - 334; Krishan Kumar, “Nation and Empire: English and British National Identity in Comparative Perspective,” *Theory and Society*, Vol. 29, No. 5 (Oct., 2000), pp. 575 - 608.

礼①执政时代起重建的国际经济和社会力量缺乏兴趣。

今天，苏格兰民族主义者比较关注为汤姆·奈尔当初所鄙视的“劳工主义”，利用传统的议会制度，寻求社会改革的逐步完成。但是，苏格兰劳工主义必须重视整个联合王国工党共同面临的问题，即国际资本市场给联合王国各民族带来的压力及其影响；选民阶级构成的改变，以及非工业化极速发展期结束后的余波，包括劳动力市场的两极分化，以服务业为基础的经济发展模式的生成，以及实力雄厚的金融机构所施放的难以估量的政治影响。另外，作为苏格兰经济重要组成部分的金融业也应予以考虑。对于独立的苏格兰而言，银行业的资产相当于苏格兰 GDP 的 1234%。② 苏格兰独立并非意味着可以从当代资本主义金融权杖下轻易逃脱。

实现民族主义的治理绝非一蹴可就。联合王国是一个保守的、认同自由主义的国家。在 2010 年举行的大选中，保守党赢得了 39.5% 的选票。③ 对于这个相对较大、文化多样的国度而言，其中有一些地区，比如苏格兰的城镇区，却共享一种中间偏左的政治文化，大多数居民不给保守党投票。而威尔士和北爱尔兰的政治文化，则类似于苏格兰民族主义所要克服的新自由主义的个人主义文化。

值得注意的是，苏格兰民族主义者多年来一直强调仿效工党的传统，特别是讲团结的传统。的确，团结居住在联合王国其他地区的非保守党拥护者，以及不愿接受新自由主义“良方”治理的居民，可谓工党传统的一个重要内容。但是，仿效团结传统的愿望是否能真正得以实现？经济发展水平不一、文化多样的异族，是否愿意接受“团结”？如何解决阶级认同和民族认同相结合在实践中面临的问题？等等。

3. 独立国家理念与苏格兰独立

这种多元共享主权的理念，已经被苏格兰民族主义者所接受，他们将之运用于国家层面和超国家层面的实践当中，并将诉求明确表达为“苏格兰独

---

① Clement Richard Attlee（1883—1967），英国政治家，于 1945—1951 年任英国首相。

② HM Government, *Scotland Analysis*: *Finance and Banking*, London, HMSO, Cm 8630, May 2013, pp. 5 - 7.

③ General Election 2010, *House of Commons Research Paper 10/36*, London, House of Com - mons, 2011, p. 9.

立”。比如，苏格兰民族主义者希望新的苏格兰国家保持 1603 年确立的“联盟”① 模式，同时，通过欧盟和北约的成员身份地位，把新的国家嵌入欧洲一体化和大西洋沿岸联盟等更大的网络当中。苏格兰民族主义者认为，国家的一些行政和服务机构，可以由苏格兰与联合王国的其他组成部分共享，比如地形测量局、汽车与车辆牌照局和民航管理局。② 在新的苏格兰国家创建后，开展不列颠群岛之间自由的社会文化互动会受到各方的褒赞和鼓励，社会文化机构的独立性在其共享的政治机构中将表现得比较凸出。

多元共享主权的理念的实际运用，也使民族主义者面临诸多问题。

首先是来自经济领域的问题。我们注意到，近年来，苏格兰民族主义者不再像以往那样，强调伦敦应将经济政策制定权让与爱丁堡，他们现在开始提出取消原有的“外购”（outsource），保留英镑作为货币，但是不再将货币政策的制定权交给英格兰银行。这项安排的实施后果是，在发挥英格兰银行最后贷款人的作用的同时，爱丁堡政府将不得不接受欧元区的财政管理。同时，也意味着伦敦对苏格兰财政政策的掌控比例会发生重大改变。从长远考虑，部分苏格兰民族主义者仍然会希望苏格兰在适当的时间进入欧元区。尽管具体行动方案受制于由包括苏格兰官方代表在内的欧洲理事会或者欧洲货币联盟，但是，在苏格兰独立后，布鲁塞尔、法兰克福对苏格兰经济政策制定和实施的限制还会受到来自伦敦的影响。

其次是来自社会观念领域的问题。近年来，苏格兰民族主义者一直尝试建立一种“微妙的”平衡。一方面，在有关苏格兰独立的研讨中着力维护他们认为至关重要的理念；另一方面，他们又通过阐释新苏格兰的“继承性”与“保留性”，使对创建新苏格兰的必要性持怀疑态度的人，打消顾虑，对不远的未来怀有希冀。当前，苏格兰民族主义者正致力于有关“苏格兰自决界限”的观念改革，强调“自决的维度”，以及新国家的“继承性”与“保留性”。当然，他们从中获得了政治利益，即从一定程度上消除了选民们普遍存在的一些顾虑，使其感到完成独立的旅程是增量的进步，是为了实现苏格兰和不列颠之间权力和责任的转移，而非从本质上割断既有的友好纽带。但是，此举也给他们带来了诸多不利。一些激进

① Union of the Crowns，1603 年，苏格兰王国与英格兰王国组成共主邦联。

② K. Mac Askill, *Building a Nation: Post - Devolution Nationalism in Scotland*, Edinburgh, Luath Press, 2004, pp. 29 - 30.

的追随者开始把“新苏格兰”解读为多有保留的国家，进而对曾经为之奋斗的目标价值阐释质疑。实践证明，民族主义者的这一考量很难付诸实施。由于苏格兰经济政策的特殊性（保持英镑流通，与英格兰银行签署其认为适合新国家的财政管理措施），苏格兰民族主义者承诺的“社会民主战略”的发展空间则比较有限。

事实上，对于新独立的苏格兰而言，苏格兰民族党可以通过制定相关非社会民主性政策，比如降低公司税收鼓励内部投资的政策，获得新的经济发展手段。同时，不列颠政治与苏格兰社会之间的差异增强了苏格兰民族主义者坚持“社会联盟”的理念。当然，这种联盟的独立性要在宪法框架下实现，联盟成员共享的政治机构在社会关系方面制造的差异亦不能违反宪法的相关规定。

苏格兰民族主义思想包含诸多方面内容。本章阐释的相关理念是当代苏格兰民族主义思想的重要构件，其彼此之间均存在着张力。

苏格兰民族主义政治思想并未与不列颠国家的“新左派”（New Left）历史直接化合，而是主张致力于工党执政体制下的社会民主，在“后主权”（post - sovereign）政治实体下保留不列颠的政治机构和社会关系。投身于建立新苏格兰国的民族主义者对于具有社会向善论意义的劳工主义的社会民主观，安德森和奈尔对苏格兰和不列颠资本主义发展问题的见解，以及安德森和奈尔经典著作问世后社会民主体制面临的挑战，似乎并未表现出太多的兴趣。对联合王国传统的政治机构和英格兰银行的保留，可能会将独立后的苏格兰置于为苏格兰民族主义者严厉指责的陈腐的“帝国”统治之下。同时，新苏格兰国的社会民主追求，也可能会使苏格兰人在伦敦失去既有的货币政策和金融政策的保护。而强调继续加强苏格兰同联合王国其他组成部分之间的社会与文化联系，实际上孕育着诸多问题，比如，如果说苏格兰与英格兰、威尔士和北爱尔兰之间存在着密切的联系，那么，它们的共同利益为何不可以由其既有的共享的社会机构来决定？作为联合王国的一个组成部分，苏格兰自视为国家的国际法根据是什么？苏格兰独立建国的根据是什么？对于独立后的苏格兰而言，它必须面对一系列棘手问题，比如如何划定布鲁塞尔、伦敦和爱丁堡三个政府之间的责任？如何将苏格兰代理人从伦敦撤出，同时在公共政策等方面依然能够享受来自伦敦的庇护？如何在新的宪法框架下，实现苏格兰国族利益的最大化？民族自决权苏格兰民族主义政治思想理论并未对此作出回答。

第七章　不列颠民族问题治理：以北爱尔兰为例

英国的北爱尔兰问题长期以来一直是举世瞩目的一个热点。它不仅与该地区的政治局势和经济状况息息相关，而且对英国和爱尔兰两国关系的发展，对英国乃至西欧政局的稳定也至关重要。在北爱尔兰地区所发生的一系列民族间的暴力冲突，严重影响了当地社会、经济的发展和人民生活的安定。随着该地区各派武装力量的休战，北爱尔兰民族问题的发展前景如何，北爱尔兰将走向何方，成了东西方共同关心的话题。

关于北爱尔兰问题的发展前景，中外人士众说纷纭，总的来说“忧”多“喜”少。当然，“忧”有“忧”的根据，“喜”有“喜”的道理。一些专家就此进行了见仁见智的论述。在此基础上，本章试图通过对北爱尔兰民族问题的产生、发展进程与前景，英国政府的相关政策及其影响与启示等做一粗略的探讨，以期可为人们认识英国的民族问题、民族政策提供一方平台，为我国民族政策的制定和实施提供点滴借鉴。

一　北爱尔兰民族问题的产生与发展

北爱尔兰是英国的一个地区，位于爱尔兰岛的东北部，面积为14120平方公里，人口约1685000（2001年，最新的调查结果）。① 首府贝尔法斯特，有北爱尔兰1/3的人口，城市化很强，工业发达。

宗教对抗一直是北爱问题的表征。事实上，北爱问题从一开始就未曾带来任何教义上的冲突。从历史的角度来看，北爱问题绝不只是不同宗教

---

① 参见 http：//www. geocities. com/pdni/demog. html。

信仰的矛盾。准确地说，问题的实质是不同的民族认同与国家认同之间的对抗。

（一）问题产生的人文背景与地理条件

北爱尔兰在历史上受到多次巨大的冲击。伊丽莎白一世时期它是爱尔兰民族主义运动的发源地。从 1605 年开始许多苏格兰人移居这里。至今为止这里不同的民族之间的矛盾依然非常大，有些居民点中只有一个民族生活。

1. 英爱关系回溯

谈北爱问题，免不了要回溯大英帝国和爱尔兰间的关系。

爱尔兰人是凯尔特人的后裔，世代住在爱尔兰岛上，6 世纪接受了罗马的天主教。数个世纪前，英国吞并了爱尔兰，随即大量殖民并屠杀当地居民，迫使不少爱尔兰人流亡北美，以至 20 世纪初爱尔兰南部独立时，爱尔兰北部的英国人数量超过了爱尔兰人。

北爱尔兰和南爱尔兰同时诞生于 1921 年。南爱尔兰立刻改名为爱尔兰自由邦。根据 1921 年的《英爱条约》规定，爱尔兰共和国独立后北爱尔兰可以自主决定是否参加爱尔兰共和国。

北爱尔兰决定留在英国。大多数爱尔兰人（统一派）希望留在英国，但少数派（民族派）希望加入爱尔兰共和国。从 20 世纪 60—90 年代两派之间的斗争武装化。1972 年北爱尔兰的自治权为此被取消。从 90 年代中开始，两派的主要半军事组织达成一个不十分可靠的停火。

1972 年北爱尔兰议会被取消后北爱尔兰没有正式的官方旗帜。统一派人士一般使用英国国旗或北爱尔兰过去的“红手旗”，民族派人士一般使用爱尔兰国旗。两派人士有时也使用他们归属的党派或宗教的旗帜。一些非中立组织使用圣帕特里克旗作为他们的旗帜，但一些极端的民族主义者认为这也是一面保皇派的旗帜，因此至今没有公认的北爱尔兰的旗帜，同样北爱尔兰没有自己的州歌。在英联邦运动会上，北爱尔兰代表队使用《伦敦德里小调》（*Londonderry Air*），而在足球赛上则使用国歌。

1998 年 4 月 10 日，天主教包括社民工党（SDLP）、新芬党（Sinn Fein）和新教的厄斯特统一党（UUP）以及其他党派在北爱首府贝尔法斯特签署协议。由于签署当天正是星期五耶稣受难日，所以这项历史性的和平协议又称“受难日协议”或“星期五和平协议”（Good Friday Agreement)。当年的诺贝尔和平奖也颁给了北爱和谈的两位功臣——社民工党修姆（John Hume）与厄斯特统一党党魁特林伯（David Trimble），表彰他们达成了一项“不可能的任务”。但是，从后来北爱尔兰不断地爆发基督教徒与天主教徒的严重冲突来看，存留在这块土地上已整整几世纪之久的冲突与恐怖主义，似乎还没准备好与过去的历史同葬。

爱尔兰归信基督教相传是素称“爱尔兰的圣徒”的圣派屈克（St. Patrick）极力宣教所致。英、爱两地宗教的冲突则起自16世纪英皇亨利八世脱离天主教会，自创英国国教开始。17世纪英国开始借由新教的移民，希望能加强对爱尔兰的控制。之后，克伦威尔建立共和，也大举向爱尔兰进兵，压制爱尔兰人。然而，爱尔兰还是遥奉罗马天主教为正统，并未积极接纳新教。只是，英国对爱尔兰实行的压抑，使双方的隔阂渐深，而成为日后爱尔兰脱离独立的要因。

2. 民族与民族认同

根据北爱尔兰人自己的认知，他们的民族结构大致是以天主教徒、新教徒作为分歧的界线。[①] 据统计，1961—2001年北爱尔兰的天主教徒人口数已从503724增加到759535；而新教徒人口数则已从903195减少到859067。[②] 因此，即使是无神论者也要区分到底是属于天主教徒，还是新教徒，可见宗教代表的是民族认同。[③] 目前两个族群的人口比率分别是45%:51%。[④] 长期以来，他们分而聚居，互不往来。

天主教徒主要分布在边陲的西部，新教徒则以贝尔法斯特为中心的都会区。[⑤] 此外，爱尔兰还有一些少数族群，分别是华人3125—5125人、

① 以长老教会、圣公会（爱尔兰教会）人数最多，其次是美以美教会、浸信会。圣公会在其他国家比较接近天主教，在北爱尔兰则属于新教。Duncan Morrow, “Churches, Society and Conflict in Northern Ireland,” in Arthur Aughey, and Duncan Morrow, eds. *Northern Ireland Politics*, London: Longman 1996, p. 193.

② http://www.geocities.com/pdni/demog.html.

③ Richard Rose, *Northern Ireland: Time of Choice*. Washington, D. C.: American Enterprise Institute of Public Policy Research, 1976, p. 13.

④ 这是根据1991年人口普查推算出来的，而且调整过“不愿回答者”的数字；1991年人口普查的百分比为38.4%:50.6%。见“Political Demography in Northern Ireland.”(2001)对于“不愿说”，或是“不敢说”的详细讨论。见Doherty(1996:201)溯自1861年的人口比。

⑤ Paul Doherty, “The Numbers Game: The Demographic Context of Politics,” in Arthur Aughey, and Duncan Morrow, eds. *Northern Ireland Politics*, London: Longman 1996, p. 201.

印度人 1050 人、巴基斯坦人 641 人、旅行者 1366 人和其他 88 人。① 其实，宗教信仰在北爱尔兰又与国家定位，以及国家认同，甚至于社会经济地位高度相关，也就是相互强化的二分法：天主教徒—民族主义者—爱尔兰人；新教徒—统一主义者—英国人。② 事实上，学者在研究民族主义，以及统一主义选民之际，还是习惯于用天主教徒，以及新教徒作人数的指标。③

天主教徒是爱尔兰人的后裔，自认为是本地人（natives），新教徒则是随着英国征服爱尔兰而来的垦殖者（settlers），大多是从 1607 年就陆续前来的低地苏格兰人，或是英格兰人的后裔；按理说，爱尔兰人与苏格兰人有地缘关系、历史渊源、语言文化相近，④ 却因宗教差异而被以夷制夷（天主教徒—长老会新教徒），终于造成民族认同也南辕北辙，到 19 世纪中，两个族群已经泾渭分明。⑤ 既然新教徒都是在北爱尔兰土生土长，已经很难将他们视为外来者。事实上，一直到 1920 年为止，新教徒还会自认为"既是爱尔兰人、也是英国人"，天主教徒的民族认同则"是爱尔兰人、不是英国人"。不过，南北爱尔兰在 1921 年分开后，新教徒就开始不愿意承认自己是爱尔兰人，顶多是"北爱尔兰人"⑥；战后，他们的"英国人"身份也时常不能得到英国本土认同，因此，所谓"新教徒"是与其称为宗教信仰，不如视作世俗的民族认同，或政治认同。⑦

宗教信仰之所以会成为北爱尔兰的民族识别的标志，主要是因为爱尔

---

① http：//www. community – relations. org. uk/progs/train/res_ eth. htm.

② Duncan Morrow, "Churches, Society and Conflict in Northern Ireland," in Arthur Aughey, and Duncan Morrow, eds. *Northern Ireland Politics*, London: Longman 1996, p. 196.

③ Paul Doherty, "The Numbers Game: The Demographic Context of Politics," in Arthur Aughey, and Duncan Morrow, eds. *Northern Ireland Politics*, London: Longman 1996, p. 206.

④ 爱尔兰语是一种 Q – Celtic 语（或是 Goidelic），与苏格兰的盖尔语（Scottish Gaelic）、曼岛（Isle of Man）的盖尔语相近，与三种 P – Celtic 语关系较远，也就是韦尔斯语、康瓦尔语（Cornish），以及不利塔尼亚语（Breton）。Dónalló Riagáin, "Language Rights as Human Rights in Europe and in Northern Ireland," in John J. Kirk and Dónall P. Ó Baoill, eds. *Language and Politics: Northern Ireland, The Republic of Ireland, and Scotland*, Queen's University Belfast, 2000, pp. 65 – 73.

⑤ Paul Arthur, *Government and Politics of Northern Ireland*. Burnt Mill, Harlow, Essex: Longmna, 1980, pp. 2 – 3.

⑥ 在 1968 年，仍有 20% 的新教徒自认为爱尔兰人；到了 1986 年，比例降为 3%，连自认为北爱尔兰人的人数也在下降之中。

⑦ Duncan Morrow, "Churches, Society and Conflict in Northern Ireland," in Arthur Aughey, and Duncan Morrow, eds. *Northern Ireland Politics*, London: Longman, 1996, pp. 190 – 198.

兰人在被英国人征服后，整个社会崩解、贵族精英溃散，只剩下天主教会还能苟延残喘，扮演维系命脉的角色，特别是开办教会学校。

大体而言，北爱尔兰天主教徒认为北爱尔兰的症结在国家定位，新教则认为宗教才是主因，也就是他们对于天主教的排拒；天主教徒的民族认同比新教徒明确。一般而言，天主教徒大多支持北爱尔兰应该与爱尔兰共和国统一，这种政治立场被称为“爱尔兰民族主义者”（Nationalist），新教徒则多主张留在英国（联合王国，即 United Kingdom），因此称为“统一主义者”（Unionist）。根据“北爱尔兰和平协议”，每个北爱尔兰议员被选上后必须登录自己的认同是民族主义者、统一主义者还是其他，以便计算法案的通过是否符合“同步共识”，还是“特别多数”。①

3. 语言结构

英语是北爱尔兰最常用的语言，北爱尔兰的英语方言受到许多苏格兰语的影响，它的发音和用词都与标准的英语有区别。

按“星期五和平协议”，爱尔兰语和苏格兰语在北爱尔兰也是官方语言。一般联盟派人士对爱尔兰语比较反感，因为他们将它与爱尔兰共和国和新芬党联系在一起。北爱尔兰的苏格兰语与苏格兰本来的语言也有些不同。有人认为它已经发展为一种独立的语言了，但也有人认为苏格兰语本身就是英语的一种方言。

从英王亨利八世 1541 年抵临爱尔兰到 19 世纪为止②，爱尔兰语始终被当作当地叛乱分子所用语言，英国费尽心思加以打压、查禁。③ 到 1713 年，爱尔兰人大致被通盘同化，只剩下一些文盲农民人还会讲“方言”。

英国于 1831 年在爱尔兰设立所谓的“国民学校”（national school），使用英文教学；学校不教爱尔兰语，学生如果用爱尔兰语交谈，会被老师

---

① Margaret B. Sutherland, “Problems of Diversity in Policy and Practice: Celtic Languages in the United Kingdom.” *Comparative Education*, Vol. 36, No. 2. 2000. (EBSCOHost)

② 英国首度出兵爱尔兰是在 1169 年。有关英国在北爱尔兰的恩怨情仇史，参见 Richard Rose, *Northern Ireland*: *Time of Choice*. Washington, D. C.: American Enterprise Institute of Public Policy Research 1976。

③ Margaret B. Sutherland, “Problems of Diversity in Policy and Practice: Celtic Languages in the United Kingdom.” *Comparative Education*, Vol. 36, No. 2. 2000, p. 7.

嘲笑、羞辱、处罚，一直延续到20世纪初期为止。[①] 不过，在19世纪下半叶，天主教士受到西欧的启蒙运动，以及日耳曼的浪漫式民族主义的影响，相信文化差异是独立运动的利器，因而开始着手语言的自我保护；然而，对于支配政治的新教徒来说，爱尔兰语几乎就是天主教，或是爱尔兰民族主义的同义字，心生恐惧而加紧压制，造成两极化。[②]

根据1991年的人口普查，目前北爱尔兰会说爱尔兰语的人数只有131974人，约占8.8%，特别是在南区，以及西区，不过，人数最多的还是在贝尔法斯特，有27430人，其次是在第二大都会区 Derry，有9731人；在一些“地方政府区域”，会讲爱尔兰语的人超过30%，甚至一半以上。进一步考察会说爱尔兰语的个人特色，89.4%是天主教徒，可见语言与族群认同/宗教信仰相关；也就是说，虽然天主教徒不一定会讲爱尔兰语，不过，会讲爱尔兰语的人有很大的可能是天主教徒。此外，天主教徒普遍对于公共领域的双语（爱尔兰语/英语）相当支持，譬如一般场所72.5%、上班地方60.0%，而新教徒的支持率分别是30.0%、13.3%；至于私领域的双语，天主教徒赞成的高达90.0%，新教徒只有63.3%。[③]

值得注意的是在这些会讲爱尔兰语的人当中，44岁以下的人占了78.1%，45岁以上的人只占了21.8%，会说写的有59.9%，只会说的占34.4%，可见爱尔兰语的复育有相当的成就。细究那些会讲爱尔兰语者的社会经济背景，31.8%从事管理，或是科技的职业，33.8%担任非手工的技术人员，不一定是低收入，或是不识字的乡下人。[④]

不过，有资料表明是否会使用，或支持爱尔兰语，与国家认同、民族认同，甚至政治冲突并没有直接关系，换言之，不会使用爱尔兰语者的“天主教认同”或“爱尔兰民族认同”意识未必比会使用爱尔兰语者的淡薄。事实上，有23%的新教徒认为中学应该有爱尔兰语言、文化的课程。

---

① Camille O' Reilly, "Nationalists and the Irish Language in Northern Ireland: Competing Perspective," in Aodán Mac Póilin, ed., The Irish Language in Northern Ireland, 1997. http://cain.ulst.ac.uk/issues/language/oreilly97.htm.

② Liam Andrews, "Northern Nationalists and the Politics of the Irish Language: The Historical background," in John J. Kirk and Dónall P. ó Baoill, eds. *Language and Politics: Northern Ireland, The Republic of Ireland, and Scotland*, Queen's University Belfast, 2000, pp. 43-63.

③ D. MacGiolla Chriost, "The Irish Language and Current Policy in Northern Ireland." *Irish Studies Review*, Vol. 8, No. 1. 2000.

④ Ibid.

当然有些民族主义者相信爱尔兰语可以跨越族群间的鸿沟，也就是即使无法使新教徒改变宗教信仰，却可以改变他们的国家认同。① 尽管如此，那些愿意学习爱尔兰语的新教徒，可能只是想透过语言或文化，来确认自己在爱尔兰这块土地上的定位，也就是“北爱尔兰人”的认同，而非表示支持爱尔兰民族主义。

4. 政党与政治

北爱尔兰的政党可以分为两层：民族派的政党有社会民主工党（SDLP）、新芬党和其他一些小党；统一派的政党有北爱尔兰统一党（UUP）、民主统一党（DUP）和其他一些小党。

新芬党理论上是一个极端的社会主义革命党，它的目标是建立一个全爱尔兰的社会主义共和国，它与爱尔兰共和军（IRA）有联系。它的选民传统地主要来自城市中的天主教工人阶层和一些农村地区。自从 20 世纪 90 年代中 IRA 停火开始它的影响力扩大了很多，并从传统的 SDLP 选民中获得了许多新的支持者。参加政府的经验使它失去了一些极端革命的尖角，在欧洲议会中它一般与欧洲左派/北欧绿色左派联合阵线相连，但不是阵线中的一员。

SDLP 名义上是一个标准的社会民主党，它是欧洲社会党和社会党国际的一员。但北爱尔兰的党派一般不基于社会阶层和经济阶层的分类，因此它的选民是多层的，它也拥有一个中层阶级的选民。SDLP 支持爱尔兰合并，但反对使用武力。在过去十年中 SDLP 失去了许多支持者。党内目前有更加趋向新芬党的民族主义派别和放弃民族主义派别的斗争。

在统一派中有类似的趋势，比较极端的 DUP 在过去一段时间里相比传统的 UUP 更占上风。UUP 是一个超阶层的大众党派，从建立到 1972 年它是北爱尔兰的执政党。从 20 世纪 70 年代 DUP 建立开始它的主要支持者是中层阶级。UUP 在欧洲议会中的成员属欧洲人民党。

DUP 的成员非常复杂，它既有农村虔诚的支持者也有城市里无宗教信仰的工人支持者。在堕胎、死刑、欧洲联盟和女权等问题上它是右派，在同性恋权利问题上它似乎比较开明。DUP 的政治一般比较趋向于帮助

---

① Gordon McCoy, 1997. “Protestant Learners of Irish in Northern Ireland,” in Aodán Mac Póilin, ed. The Irish Language in Northern Ireland, http：// cain. ulst. ac. uk/issues/language/macoy97. htm.

它的工人和农村选民，比如老年人可以免费乘车，欧洲联盟对农业的资助等。近年来，DUP 获得了不少支持，它是唯一一个反对“星期五和平协议”的大党。在欧洲议会中它的成员不属于任何团体，但与民主与多元欧洲比较接近。

爱尔兰共和军成立于 1997 年，成员多是从爱尔兰共和军分裂出来的恐怖分子，反对和英国政府达成任何形式的停火协议。1998 年，该组织在北爱尔兰小镇奥马制造了一起汽车炸弹袭击，炸死 29 人。这是北爱历史上最恶性的恐怖炸弹案。此外，该组织还在英国制造了数起爆炸案，其中包括 2001 年 BBC 总部爆炸案。

大多数北爱尔兰人属于两个不同的政治派别：统一派或民族派。外部的媒介往往用这两个派别的主要宗教信仰来区别它们。大多数统一派人士是新教徒，大多数民族派人士是天主教徒。但并非所有天主教徒支持民族派，也并非所有新教徒支持统一派。与欧洲其他地区相似，在北爱尔兰近几十年中教徒的数目骤减，但这并没有减少两个派别之间的分歧。

总的来说，自从北爱尔兰和平过程开始以来，比较极端的新芬党和 DUP 发展得比较快。但也有比较乐观的人认为，在欧洲联盟中北爱尔兰独立的问题会越来越不重要。

1920 年北爱尔兰成立时，它的地理位置使那里的统一派为多数人。统一派人士担心假如北爱尔兰加入爱尔兰他们的地位会受到威胁，因此他们反对加入爱尔兰，但从此以后天主教徒的比例加大，而新教徒的比例减小。

大多数天主教徒支持与爱尔兰合并，但民意调查证明也有不少人支持留在英国，虽然他们继续支持民族派的党派。在过去 15 年中，这个少数派人不断地减少到 20%。支持与爱尔兰合并的新教徒为 3%—5%，但其人数变化不大。也有不少人，尤其天主教徒，对北爱尔兰今后地位的回答不十分明确。

虽然在新闻报道中北爱尔兰的选举经常被看作对北爱尔兰地位的民意调查，但这个看法过分简化了当地的情况。选民在选举中往往也考虑到通过选举来提高他们自己的社会地位或加强他们的社团的力量。

5. 地理和气候

在上一次冰川时期北爱尔兰几乎完全被冰雪覆盖。北爱尔兰的中心是内伊湖，面积 392 平方公里，是英伦三岛最大的湖。在北爱尔兰的西部还有上厄恩湖和下厄恩湖。北爱尔兰的山区产金、大理石和花岗岩。最高点高 848 米。北爱尔兰的河流地区的平原非常富饶多产，丘陵地带则适合畜牧业。

整个北爱尔兰是温和的海洋气候，西部比东部潮湿，大多数时间覆云。气候变化无常。虽然北爱尔兰有四季，但不十分分明。贝尔法斯特 1 月平均气温为 6.5℃，7 月平均气温为 17.5℃。潮湿的气候和十六七世纪的伐木使今天的北爱尔兰大多数地区是富饶的草原。

（二）问题的产生

北爱尔兰问题由来已久，是英国历史上长期存在的爱尔兰问题的延续，也是西欧的一个典型的民族问题。在北爱归属问题上，前者主张留在英国，后者则坚持回归爱尔兰。

北爱尔兰的问题最早可追溯至 1169 年，英王亨利二世率兵征服由凯尔特人（Celtic）建立的爱尔兰开始。16 世纪，英王亨利八世创立英国国教（the Anglican Church），自任为英格兰教派之主，并欲将英国国教（新教）推行至爱尔兰，但爱尔兰地区仍信奉罗马公教（旧教），双方因此产生隔阂与冲突。之后英国鼓励新教徒移民爱尔兰，目的是希望爱尔兰人效忠英国王室、熟习英国文化与法律、信仰英国国教，却使宗教问题和政治结合，成为英国与爱尔兰间的主要冲突来源。

1541 年，亨利八世自称为爱尔兰王，率兵入侵；1603 年控制爱尔兰全岛。清教徒革命期间，克伦威尔发动对爱尔兰及苏格兰地区的侵略行动。1650 年之后，由于政治主导权握于英国国教派手中，许多信奉罗马公教的教士、百姓皆遭到歧视与迫害。随着越来越多的新教徒移居至爱尔兰北部厄斯特地区（Ulster），英国王室于 1782 年准许他们成立议会机构。然而至 1802 年英国正式并吞爱尔兰，成立“大不列颠及爱尔兰王国”（The Kingdom of Great Britain and Ireland），虽然爱尔兰在英国国会中拥有席次，其代表却没有一个是罗马公教徒，自然更加引起爱尔兰人民的反感。

19 世纪中期，爱尔兰的激进分子开始鼓吹独立自治运动，希望英国王室能给予爱尔兰在内政上的自治，然而这样的请求接二连三遭到失败。1905 年，爱尔兰天主教民族主义分子组成新芬党（Sinn Fein），为爱尔兰最大政党，并与新教徒支持的统一党互相对立。由于英国人对于爱尔兰人提出的独立诉求都采取严厉镇压，使爱尔兰人民大为反感；在 1918 年自行成立临时政府，宣布独立；1919 年爱尔兰共和军（Irish Republican Army）成立，企图以武装暗杀方式争取独立。

1921 年英爱双方签订《英爱条约》，结果造成爱尔兰南北分治，引起了民族主义者的不满。

（三）问题的发展：北爱尔兰和平进程

1921 年

共和军立即宣布自己不再属于自由邦，成立了独立的单位，选出了自己的领袖，并从 1 月起展开了争取南北爱统一的斗争。

北爱尔兰在 6 月召开了第一次议会，成立了自治政府。英国对爱尔兰的分割，是爱尔兰族人一致反对的。爱尔兰政府自成立以来，一直提出和平统一南北爱尔兰的要求，但英国政府不予理睬。这样，爱尔兰共和军就把武力争取南北爱的统一作为自己行动的唯一目标。一场为北爱尔兰而战的斗争延续至今，英国的爱尔兰问题演变为北爱尔兰问题。

第一次世界大战后，英国无力再打一场国内战争，被迫于 12 月与爱尔兰临时政府签订和约，承认爱尔兰南部 26 郡为自由郡，北方 6 郡仍留在英国。这时英国国名“大不列颠及爱尔兰联合王国”改为“大不列颠及北爱尔兰联合王国”。

英国允许爱尔兰南部 26 个郡成“自由邦”，享有自治权，而把北部 6 个郡仍留在英国，因而引起主张爱尔兰和北爱尔兰统一的人民的不满。爱尔兰历届政府都要求英国归还北爱，以实现爱尔兰的南北统一。英爱政府曾就北爱问题举行过多次会谈。但由于英国坚持北爱的归属应取决于当地居民的意愿。

1937 年

爱尔兰“自由邦”宣布建立共和国，但仍留在英联邦内。

1948 年

12 月 21 日，爱尔兰宣布正式脱离英联邦。

1949 年

4 月 18 日英国承认爱尔兰独立，但拒绝归还北方 6 郡，由此便产生了北爱尔兰问题。北爱尔兰留在英国是与爱尔兰大多数人的意愿相违背的，新芬党党内也产生分歧。部分领袖和共和军战士坚决反对 1921 年和约。但是，这时爱尔兰的分割已成定局。当时在北方 6 郡，由于英国几个世纪的移民，英格兰和苏格兰的后裔已占多数，他们坚决主张北爱留在英国。

1968 年

从这一年起，主张北爱脱离英国的天主教徒与愿意继续留在英国的新教徒以及英国当局之间的暴力冲突不断升级，后双方经过艰苦谈判终于达成协议。8 月，“北爱尔兰民权协会”举行了第一次要求公民权利的和平游行，在游行中与部分警察和新教徒发生激烈冲突，导致了一场持续了一年多的流血事件。

1969 年

英国军队进驻北爱尔兰，爱尔兰共和军用暴力驱逐英军。

1972 年

英政府宣布暂停北爱地方议会的活动，由英国实行直接统治。

1973 年

6 月，北爱选出了新的议会，并于 11 月筹组起第一个由英、爱两族“温和派”分掌权力的地方联合政府。

1985 年

11 月，爱尔兰和英国政府就北爱尔兰问题达成一项协议，规定组成两国政府间部长会议，爱尔兰政府有权就北爱事务提出看法和建议。

1990 年

2 月 26 日，根据英爱协议，英爱议会间组织在伦敦成立，旨在为双方政治家提供对话机会，以消除对抗和取得谅解。

1992 年

2 月，爱尔兰总理雷若兹赴英国就北爱问题同梅杰首相会晤，并达成协议，同意就北爱问题举行定期会晤，以保持通过政治谈判解决北爱问题的势头。

1993 年

爱尔兰共和军政治代表新芬党领导人亚当斯和天主教温和派领袖约翰·休姆联合宣布了一项和平计划。12 月，两国政府首脑签署了关于北爱问题的“联合宣言”，确定了北爱主张搞暴力的各派永远放弃暴力，实现持久和平为第一步目标。北爱的所有政党，只要停止暴力，都可以参加有关北爱前途的谈判。双方同意通过协议和合作的方式结束爱尔兰南北的分裂局面。爱尔兰政府同意修改其宪法中有关北爱领土问题的条款，但表示应将其作为整个政治解决的一部分。12 月 15 日，英国和爱尔兰共同签署了一项具有历史意义的“唐宁街协议”，该协议设定了若干框架，成为北爱和平进程正式启动的标志。

1994 年

8 月 31 日，在北爱尔兰进行了长达 25 年的暴力活动后，爱尔兰共和军发表声明，宣布从午夜起实行“无条件的和不限期的”停火，这为北爱尔兰问题的“公正和永久的解决”提供了机会。

1995 年

2 月 22 日，英爱两国政府宣布达成“新框架协议”，其内容包括建立一个北爱议会，拥有有限行政和立法权；两国承诺修改关于北爱地位的法案；根据北爱多数人意愿决定北爱的地位；建立跨边界机构，由两国政府授予其咨询、协调和行政权力等。

3 月 22 日—4 月 21 日，英国从北爱尔兰撤出驻军共 800 人。爱尔兰政府也多次释放爱尔兰共和军犯人作为对爱尔兰共和军宣布停火的回报。

5 月 10 日，英国北爱尔兰事务部国务大臣迈克尔·安克拉姆和新芬党第二号人物马丁·麦吉尼斯进行了会晤。但由于北爱尔兰的主要政党、英国和爱尔兰政府，以及在北爱尔兰事务中发挥重要作用的美国都力图使和平进程按自己的意愿发展，各方争执不下，和平进程进展缓慢。下半年爱尔兰共和军及其政治组织新芬党同英政府及北爱统一党在如何处置共和军武器问题上发生严重分歧，双方相持不下，北爱和平进程陷入僵局。

11 月 28 日，英国首相和爱尔兰总理布鲁顿在伦敦举行会晤，双方为打破陷入僵局的北爱尔兰和平进程提出了一项“双轨制”新建议，但北爱尔兰主要政党对“双轨制”反应冷淡。

12 月 21 日，英国和爱尔兰领导人在爱尔兰首都都柏林再次会晤，双方决心共同推进北爱尔兰和平进程。

1996 年

1995 年年底至 1996 年年初，北爱尔兰发生了一系列的谋杀事件。

1996 年 1 月 24 日，负责监督北爱尔兰对立武装组织解除武装进程的国际委员会公布了有关北爱解除武装步骤的建议报告，试图打破已持续 7 个月的北爱和平进程僵局，但这一建议报告被否定。后来英国和爱尔兰政府又提出了建议，但都没有达成一致。英国和爱尔兰两国政府原来达成的于 2 月底举行有关北爱尔兰的政治谈判计划化为泡影。

2月9日，爱尔兰共和军中止长达17个月的停火，在伦敦制造了一起爆炸袭击事件，造成2人死亡，100多人受伤。这是自1994年8月31日爱尔兰共和军在北爱尔兰宣布停火以来，在英国发生的第一起严重爆炸事件。北爱尔兰和平进程受到了严重打击。

2月28日，英爱达成协议，确定6月10日为多党谈判日期，新芬党在爱尔兰共和军恢复停火前可同英政府低于部长级的官员对话，并参加北爱地区的选举。此后，由于英政府在爱尔兰共和军必须先交出武器后新芬党才能进入多党谈判问题上寸步不让，双方未能打破僵局。

5月22日，英国和爱尔兰未能就北爱尔兰对立武装组织的缴械程序问题达成协议。

6月10日，在美国前参议员乔治·米切尔的撮合下，英国、爱尔兰和除新芬党之外的北爱尔兰各主要政党代表参加的有关北爱尔兰政治前途的和平谈判在北爱尔兰首府贝尔法斯特举行，会谈没有取得实质性成果。会谈期间，15日，还发生了曼彻斯特爆炸事件。

1997年

5月16日，英国新首相布莱尔前往贝尔法斯特，提出重新与新芬党接触，这次对话由于爱尔兰共和军五天后在北爱尔兰杀害两名警察而再次受挫。

6月25日，布莱尔确定将于9月开始的会谈计划，他提议，裁军谈判和多方会谈同时进行，并表示在爱尔兰共和军宣布停火一个半月后让新芬党参加谈判。7月19日，爱尔兰共和军发表声明，宣布从20日中午起开始正式停火。20日停火决定正式生效，给长期陷入僵局的北爱尔兰和平进程带来新的契机。

7月28日，新芬党和英国政府举行了共和军停火后的首次会谈。9月9日，新芬党正式签署了一项关于放弃暴力的宣言。

9月15日，北爱问题多方会谈在北爱的斯托蒙特举行，北爱尔兰5个亲英国的政党抵制了这次会谈，新芬党自1921年以来首次应邀同英国直接会谈。

10月7日，多党和平谈判在北爱首府贝尔法斯特举行，标志着北爱多党谈判终于进入实质性阶段。这是自1921年北爱尔兰6个郡划归英国以来，8个政党参加的首次直接谈判。

12月11日，英国首相布莱尔和新芬党领导人亚当斯就北爱尔兰和平问题举行会谈。这是 76 年来英国首相与新芬党领导人首次在伦敦举行会谈。12 日，新芬党领袖亚当斯在英国伦敦首相府受到英国首相布莱尔的接见，这是 70 年来的第一次。12 月 27 日，新教好战领袖被杀，引发了一连串宗教仇杀事件，和谈面临夭折的危险。12 月底，北爱尔兰发生了3 起暴力事件，给北爱和平蒙上了一层阴影。

1998 年

1 月 9 日，英国北爱尔兰事务大臣莫勒姆在北爱尔兰首府贝尔法斯特附近的梅茨监狱，同关押在那里的亲英派政治犯举行了一个小时的会谈，并最终说服他们支持北爱和谈继续进行。两日后北爱尔兰各政党和冲突双方参加了在贝尔法斯特举行的和会。17 日，新芬党首席谈判代表拒绝接受英爱关于北爱前途的建议。19 日，布莱尔首相与新芬党领导人亚当斯举行了会谈，商讨政治解决北爱危机等问题。

2 月 20 日，英国和爱尔兰两国政府宣布，爱尔兰共和军的政治组织新芬党由于参与了上周的两次暗杀行动，因此不能参加北爱和平谈判。

3 月 21 日，爱尔兰共和军政治组织新芬党宣布，将于 23 日重新加入有关北爱尔兰问题的多党和平谈判。

4 月 10 日，北爱尔兰和平谈判主席乔治·米切尔在北爱的贝尔法斯特宣布，北爱冲突各方通过不懈努力，终于达成一项旨在结束长达 30 年流血冲突的历史协议。根据该协议，北爱尔兰继续留在英国，但将与爱尔兰建立更加紧密的关系，北爱将成立新议会和负责协调同爱尔兰关系的“南北委员会”。同时，英国和爱尔兰都将修改宪法等。4 月 18 日，北爱尔兰最大的亲英组织“北爱统一党”的执行委员会以 540 票赞成，210 票反对，投票通过了和平协议，为定于下月举行的全民公决铺平了道路。4 月 27 日，应北爱尔兰新芬党的要求，英国首相布莱尔与新芬党领导人亚当斯进行了 90 分钟的会谈，商讨了如何执行 4 月 10 日达成的和平协议等问题。

5 月 10 日，英国爱尔兰共和军的政治组织新芬党通过了上月达成的北爱尔兰和平协议，并表示愿意参加根据协议即将成立的北爱议会。5 月 22 日，英国的北爱尔兰地区和爱尔兰共和国举行历史性全民公决，并分别以 71% 和 94.4% 的投票结果通过了 4 月 10 日达成的北爱尔兰和平协议。

6 月 27 日，英国北爱尔兰地区议会选举结果揭晓，在新议会 108 个席位中，支持北爱尔兰和平协议的候选人获得了 80 个席位，反对和平协议的候选人获得了 28 个席位。新芬党领袖亚当斯当选为北爱尔兰议会议员。这一选举结果为和平协议的贯彻落实提供了有利条件。7 月 1 日，北爱议会举行第一次会议，分别选举北爱统一党领导人特林波尔和社会民主工党副主席马伦为北爱议会内阁（地方行政委员会）的第一、第二部长。7 月 5 日，英国北爱尔兰波塔当市的约 5000 名新教徒在游行中受到警察的阻拦，双方各不相让，处于僵持状态，使北爱和平进程面临自 4 月签署和平协议以来最严峻的考验。（注：自 1807 年以来，奥林人每年夏天都要举行游行，以庆祝他们的祖先在 17 世纪的一次战役中打败了天主教徒。而当地的天主教徒则认为这是歧视性的游行，因此强烈反对游行经过他们居住的地区。在过去的两年中，此类游行已引发多次冲突。）至 8 日，北爱已发生了 430 起骚乱，包括 12 起枪击事件和 25 起爆炸事件，警察局 2 次遭袭击，40 多名警察受伤，另外有数十辆汽车被劫持和烧毁，10 余所教堂和住宅被焚烧，北爱首府贝尔法斯特交通一度中断。12 日，宗教极端分子在凌晨纵火焚烧了巴利莫尼的一处天主教住宅，致使该住宅的三兄弟（年龄分别为 7 岁、9 岁和 10 岁）被烧死。

7 月 10 日，北爱尔兰游行危机双方新教派和天主教派接受了英国政府提出的谈判建议，并定于次日上午 9 时在北爱进行危机爆发 6 天以来的首次会谈，但直到 8 月 3 日，双方才就游行问题达成协议。根据协议，新教徒的游行将如期举行，但仅有 13 名代表到这个城市的战争纪念碑前献花圈。

8 月 1 日，北爱尔兰首府贝尔法斯特以南发生 1 起汽车炸弹爆炸事件，使 35 人受伤，为北爱和平进程蒙上了一层阴影。8 月 9 日，北爱尔兰一新教徒激进组织宣布停火，英国政府对此表示谨慎欢迎。这支亲英志愿军是尚未在北爱尔兰和平协议上签字的唯一一个新教徒准军事组织。8 月 15 日，北爱尔兰小城奥马下午发生了一起汽车炸弹爆炸事件，造成至少 28 人死亡和 220 多人受伤。这起爆炸事件是北爱尔兰历史上最严重的一次爆炸事件，它使刚刚起步的北爱和平进程再次面临严峻考验。8 月 19 日，爱尔兰共和军的分裂组织“真正的爱尔兰共和军”在承认对奥马爆炸案负责的同时宣布停止军事行动。8 月 22 日，英国北爱尔兰地区一极端组织“爱尔兰民族解放军”在贝尔法斯特宣布实行全面停火。至此，北爱地区仅剩“延续的爱尔兰共和军”这一极端组织尚未宣布停火。

9 月 10 日，英国北爱尔兰地区政治对立的统一党和新芬党在北爱首府贝尔法斯特举行两党领袖自 1922 年以来的首次直接会晤。会晤持续了 80 分钟，尽管没有取得具体进展，但舆论认为此举将推进北爱和平进程。9 月 11 日，因卷入北爱冲突而遭监禁的 6 名囚犯提前获释，成为北爱和平协议签订后首批获释的囚犯。次日，英国政府宣布从本日起，英国士兵不再在北爱首府贝尔法斯特进行军事巡逻，成为北爱和平进程取得的又一新进展。

10 月 1 日，英国北爱尔兰地区对立的统一党领导人特林波尔和新芬党领导人亚当斯在贝尔法斯特举行第三次直接会晤，但未就军事组织解除武装问题达成协议，使北爱和平进程陷入僵局。同月 19 日，英国首相布莱尔与新芬党和统一党两党领导人就解除北爱尔兰军事武装问题举行会谈，但由于两党均未作出让步，使此次会谈陷入僵局。

12 月 18 日，英国北爱尔兰地区内阁第一部长、新教派领导人特林波尔宣布，北爱新教派和天主教派已就北爱地方政府机构的设立和爱尔兰岛南北合作等问题达成协议，该协议的达成为 1999 年春天将地方管理权力从国家议会转移到北爱地方议会铺平道路。根据协议，新成立的北爱地方政府将设立 10 个部门和 6 个跨北爱与爱尔兰边界的合作委员会。

1999 年

3 月 8 日，由于北爱新教派和天主教派在缴械问题上的分歧没有得到解决，英国北爱尔兰事务大臣莫勒姆宣布将原定于 3 月 10 日向北爱地方政府移交权力的最后期限推迟到 29 日。

5 月 15 日，英国首相布莱尔确定 6 月 30 日为建立北爱政府的“不容更改”的最后期限。

6 月 24 日，英、爱领导人举行会晤，冲突各方承诺在 2000 年 5 月前解除游击队武装。6 月 27 日，北爱各派同布莱尔和爱尔兰总理埃亨在贝尔法斯特举行马拉松式会谈。

7 月 2 日，为挽救陷入僵局的北爱和平进程，英国和爱尔兰两国政府就下一阶段如何实施去年签署的北爱和平协议提出一项新计划。根据这一计划，北爱尔兰于 7 月 15 日建立由各派分享权力的地方政府；从 7 月 18 日开始，伦敦向北爱转移地方管理权限；北爱准军事组织在数日内开始解除武装，并于第二年 5 月完成缴械，缴械过程由独立的国际委员会监督和仲裁。

为确保新计划的实施，英国政府又于 12 日公布了一项防范措施。14 日，布莱尔作出让步，承诺交出武器的北爱组织将得到安全保证。15 日，由于北爱统一党拒绝出席北爱议会选举地方政府的特别会议，使原定于当日开始实施的北爱和平新计划宣告破产。同日，北爱内阁第二部长的天主教派最大政党社会民主工党副主席马伦宣布辞职。

11 月 17 日，北爱新芬党准军事组织爱尔兰共和军宣布，愿在北爱联合地方政府组建后任命代表同负责解除武装的国际中立机构就缴械问题举行谈判。27 日，北爱统一党以 58% 的多数票通过决议，支持特林波尔与新芬党领导人亚当斯达成的北爱和平方案，使这一和平方案闯过关键性一关。11 月 29 日，北爱议会选举产生权力共享（由新教徒和天主教徒联合组成）的北爱地方政府执行机构，正式吸纳新芬党进入北爱地方政府。30 日，英国议会上下两院相继通过了北爱事务大臣曼德尔森提交的地方管理权力法案。

12 月 1 日，英国女王伊丽莎白二世批准该法案，完成了向北爱地方政府移交管理权力的所有法律程序。12 月 2 日，北爱历史上第一个由原先对立的新教徒和天主教徒联合组成的地方政府开始运作，标志着英国政府对北爱长达 27 年的直接统治正式宣告结束；当日，爱尔兰议会对宪法进行了修改，决定正式放弃对北爱尔兰长达几十年的领土要求。12 月 5 日，爱尔兰共和军与国际中立机构开始就缴械问题进行正式谈判。13 日，爱尔兰总理伯蒂·埃亨率内阁成员在北爱尔兰中心城市阿马与来自北部和南部的另外 24 名部长共同组建了一个跨境机构“南北部长委员会”，并举行了首次会议。建立该机构的目的是促进爱尔兰全岛范围内从贸易到旅游业的发展。

总之，在英国、爱尔兰和美国等国的共同努力下，包括爱尔兰共和军在内的北爱各方签署了“复活节停火协议”。协议包括成立权力共享的北爱地方议会、释放准军事组织囚犯和解除军队武装等。但爱尔兰共和军却多次没有兑现诺言，和平进程也多次陷入僵局。

2000 年

1 月 31 日，负责监督解除北爱准军事组织武装的国际中立机构主席德沙特兰分别向英国和爱尔兰政府提交了一份关于爱尔兰共和军缴械情况的评估报告，声称爱尔兰共和军并没有开始缴械。该报告引发了北爱尔兰冲突各方在解除准军事组织武装问题上的又一次激烈争执，使北爱和平进程再度陷入僵局。

2001 年

10 月，爱尔兰共和军的政治组织新芬党呼吁爱尔兰共和军放下武器。爱尔兰共和军于是宣布开始解除武装，并将部分武器置于“不使用状态”，但是解除武装行动不久后中止。

2002 年

7 月，在英国的北爱尔兰地区以及爱尔兰共和国境内共有 3600 人在暴力冲突中丧生，爱尔兰共和军及其他组织至少应对其中 2000 人的死亡负责。

10 月，北爱各党派出现严重分歧，权力分享的北爱自治政府被迫停止运作，和平进程搁浅。

2004 年

1 月，爱尔兰共和军在北爱首府贝尔法斯特谋杀了共和党人罗伯特·麦卡特尼，还涉嫌卷入贝尔法斯特的一起大规模银行抢劫案。所有这些行为受到国际社会的普遍谴责，使其承受了很大的压力。与此同时，美国民众的态度转变也促使爱尔兰共和军改弦更张。此前爱尔兰共和军的武装活动曾得到不少美国人的支持，但随着极端分子近几个月频繁发动恐怖袭击，这些支持者态度有所改变。

圣诞节前，北爱和平各方经过艰难谈判几乎达成共识，爱尔兰共和军同意以可验证的方式上缴武器。

2005 年

2 月 2 日，爱尔兰共和军发表声明，宣布收回关于加速上缴武器的承诺，令北爱和平进程一波三折。

7 月，伦敦爆炸事件在客观上对爱尔兰共和军造成了极大压力。布莱尔“不向恐怖主义低头”的誓言以及随后实行的新的反恐措施都表明，曾在英国国内被列为头号恐怖组织的爱尔兰共和军如果不放弃暴力行动，将难保在英国的生存空间。

7 月 28 日，北爱尔兰民兵组织爱尔兰共和军出人意料地宣布：从当日下午 4 时起，其下属全部武装组织停止所有武装斗争，转而通过政治运动实现最终目标。但声明表示组织不会解散。

爱尔兰共和军公开宣布加入和平进程的举动受到国际社会的广泛欢迎。英国首相布莱尔称为“北爱历史上前所未有的一步，是北爱尔兰建立民主政府的开始”。爱尔兰总理埃亨认为这预示了一个“新时代”的到来。毫无疑问，这将是北爱尔兰和平进程的重要转机。爱尔兰共和军发表的声明说，所有爱尔兰共和军成员必须放弃使用武器，通过和平方式参与政治民主建设。

面对爱尔兰共和军的这份声明，无论是布莱尔还是埃亨，都在表示欢迎之余留有余地，认为爱尔兰共和军能否言行一致，仍需一段时日来检验。在北爱尔兰，与爱尔兰共和军敌对的党派领导人表示，共和军“历史性”地宣布停火和解除武装都已不是第一次，关键在于它能否切实履行承诺；此外，声明缺乏透明度，没有说明完全放弃武器，更没有提到放弃一切有组织犯罪活动。也有人认为，爱尔兰共和军能否解除武装还得视独立监督委员会有关的监督报告而定。如果这个机构能在 10 月和 2006 年 1 月发表的两份报告确实表明爱尔兰共和军已放弃武装，停止各种犯罪活动，北爱各方则可以启动下一步政治谈判。

7 月 29 日英国政府做出回应：宣布将减少驻北爱军事设施（英国政府在北爱尔兰有一万多驻军），并开始撤除在北爱和爱尔兰边界上几个安全岗哨和瞭望塔，英国还将关闭一个军事基地。这是英国减少在北爱驻军的第一步。英国还表示，很快将公布新的安全正常化方案。当局还准备在秋天提出议案，允许那些在逃的准军事人员返回家园。

二　北爱尔兰问题的症结：英国政府对北爱尔兰政策及其影响

探寻北爱尔兰问题的症结，不仅是我们进一步了解该问题的必要条件，也是探讨该问题的解决方式和未来发展趋向的基本前提。国内学者一般认为，占北爱 1/3 人口的天主教徒与占 2/3 人口的新教徒长期难以打破的双方实力上的相对平衡是北爱问题久存不解的根本原因。但是，问题的关键在于，所谓的“实力上的相对平衡”究竟是如何产生的？我们认为，如果不能回答这个问题，则难以客观认识和理解“症结”及其根源。任何问题的产生都有其历史与现实的原因。事实上，西方学者已经从经济、政治、军事、宗教、历史、文化等诸方面对上述问题进行了许多研讨，但是从政府政策视角出发对问题加以分析的专门著述还不多见，据此，本章试图通过对英国政府对北爱尔兰政策及其影响的探讨，为人们进一步了解和把握北爱问题提供参考。

（一）政治上，实行由新教徒长期掌控北爱尔兰政府的政策

已存在 8 个世纪之久的北爱尔兰问题错综复杂。政治因素，加上民族认同、宗教信仰、语言差异等不同的认知理念，导致北爱尔兰注定走上矛盾与对立之路。如此扑朔迷离的问题的产生，皆源于历史上大英帝国的专制统治、在政经地位上压迫歧视爱兰人。

对英国政府而言，由“英国人”管理“爱尔兰人”的传统由来已久。直至 19 世纪，爱尔兰语被当作叛乱反动分子使用的语言，不断受到英国政府的打压查禁，甚至明定学校一律以英语教学、禁止使用爱尔兰语。因此，几乎只剩下不识字的乡村居民还在使用爱尔兰语，而他们也都是信仰天主教。然而，北爱民族主义者认为语言及文化是独立运动的利器，开始进行对爱尔兰语的保护与推广，自然造成掌握政治大权的新教徒心中的恐惧，爱尔兰语似已成为天主教徒、北爱尔兰民族主义激进分子的同义词。仅仅因为信仰天主教，连稍富的人也被限制不得雇用两名以上的学徒、不能在大学申请学位和奖学金。至于穷苦人所受的歧视就更严重了，大多数人长时期都被扣上“教皇党徒”的帽子。镇压迫害引起人民不断的斗争。1829 年，英国政府把爱尔兰选民的财产资格由 40 先令提高到 10 英镑。1830 年，当局表面宣布停止收取教会什一税，实际上是将其合并于地税之中；同时又颁布“济贫法”所，使之成为劳动者的“巴士底狱”。

1921 年，英国在同意爱尔兰进行分割，让西南方的 26 个郡成立“爱尔兰自由邦”[①]（Irish Free State），北方的 6 个郡继续留在联合王国（United Kingdom）里面，有自己的内阁制区域政府（Stormont），由新教徒依多数决议所控制。

1921—1972 年，在政治参与、教育以及就业上对天主教徒百般歧视，因而强化了原本彼此在国家定位，以及国家认同的歧义。[②] 英爱民族融合的过程虽然开始得很早，但由于统治者对不同种族、不同宗教信仰者的歧

---

① 性质是英国的“自治领”（self - governing dominion）。他们在 1949 年成立爱尔兰共和国脱离英国。

② 英国在 1972 年开始接管北爱尔兰，由伦敦任命“北爱国务卿”（Secretary of State for Northern Ireland），参见 Michael Cunningham, *British Government Policy in Northern Ireland*. Manchester: Manchester University Press, 2001。

视，加之地区经济发展太不平衡，阶级剥削和压迫加重，民族团结与国家统一便产生了危机。

表面上看，从 1921 年北爱成立到 1968 年“民权运动”爆发前的这段时期，英国政府一直都在给予北爱地区充分的自主权；事实上，则是将权力交由新教统一党政府，从而有意无意地忽略了天主教的利益，对该地区的冲突起到了推波助澜的作用。这种权力下放政策符合英国二元政体的要求，使两个相对独立的政体并存。伦敦权力中心控制国家要事，特别是国防和外交。作为附属体的北爱尔兰也有处理一切内部事务的相对独立性。但值得一提的是，这种二元政体实际上使伦敦在地方事务中过多地依赖地方政府。

到 1972 年为止，北爱政府在文化上一直采取排他性的民族化政策，将新教徒的政治支配贯彻在文化活动中。实际上，由新教徒所掌控的北爱政府既不想团结天主教徒，也不想改变他们的信仰；虽不禁止天主教徒的文化活动，但不准其出现在公共场所，譬如禁止用爱尔兰语当街道名称①；同时，刻意扶植新教徒的单一文化特色。在这种环境中，学习爱尔兰语就是一种政治行为、说爱尔兰语就是表达自己的爱尔兰人认同。

北爱政府采取的这种政策自然要引起天主教徒的反感，爱尔兰共和军甚至以直接暴力来对抗结构性暴力。

（二）军事上，长期支持北爱尔兰新教徒反对天主教徒的斗争

在英国中央政府的支持下，北爱新教力量比天主教力量在军备上占有优势。它不但拥有近 1000 支不合法枪支及约 128500 件合法武器，而且还有一支由 2 万全副武装人员组成的治安部队。这种军备力量在保护北爱新教徒“利益”中发挥了重要作用。比如，当新教庆祝“奥伦治日”游行队伍穿过天主教社区时，他们可以推开愤怒的天主教徒，为游行队伍开道。面对爱尔兰共和军具有威胁力的军备（虽然只由随时应征的 300—400 名志愿者和数千名同情者组成，但却是一支组织精良的队伍，目标坚定明确。军械库也颇为可观：拥有超过一吨的可塑炸弹，1500 多支步枪和机关枪

① 根据 1949 年通过的“公共卫生暨地方政府法”，参见 Tony Gallagher, n. d. “Culture and Conflict in Northern Ireland.” http: // www. coe. int/T/E/Cultural_ Co - operation/Culture/Other_ projects/Intercultural_ Dualogues_ a。

以及 10 万发子弹。另外还有数枚防空导弹)，其战斗力有增无减。

自 1969 年英政府派维和部队进驻北爱尔兰至今，已有 400 个团，1.8 万兵力分布在这块弹丸之地。不幸的是，维和部队不但没有维护及促进和平，反而使冲突更加激化。为了搜查爱尔兰共和军及其暗藏的武器弹药，英军可根据英政府制定的“反恐怖令”对天主教家庭进行挨户搜查，随意抓人。抓走并监禁无辜者的事也常有发生。结果，天主教徒常用扔石头和用催泪瓦斯奋起反击。他们对英军已完全失望。暴力活动迅速加剧并扩大。部队到来前的 5 年中，在双方冲突中的死亡人数逐年增加，北爱充满了流血事件。

正是由于双方军备实力相当，裁军成了北爱和谈的一个重要内容。鉴于统一党坚持先裁军后会谈，而新芬党也咬定只有各方，特别是北爱军队也同时裁军，它才能同意接受以上条件。一场互相扯皮的“持久战”开展也是情理中事。

需要说明的是，北爱尔兰的新教和天主教阵营都有坚强的后盾。前者的后盾当然是英国，后者的后盾有爱尔兰、美国等国。当今，4000 万爱尔兰人后裔生活在美国，其社会作用不容忽视。他们对爱尔兰人的直接或间接的支持，具有重要意义。比如，克林顿总统（在竞选中得到爱裔支持）曾不顾英国政府的反对，批准新芬党领导人查理·亚当斯访美。

事实上，1968 年以来新旧教徒民兵组织间的恐怖攻击行动，使两个对立民族间的仇恨与冲突得以不断加深。

（三）在解决问题的方式上，往往选择高压强权手段

英国政府以高压强权手段统治爱尔兰人由来已久。亨利二世在 1172 年以武力征服了爱尔兰，此后英王成为爱尔兰合法的封建领主。但广大人民直到 18 世纪中期并未享受到英国资产阶级民主的任何好处。“人身保护法”不适用于他们；相反，“惩治法典”却规定：未主动登记的神甫随时可能被定以叛国罪，占人口绝大多数的天主教徒被“排斥在土地、军队、选举、贸易和法律保护之外”。进入 19 世纪后，经济上的自由竞争，使爱尔兰仅有的少数企业被英格兰摧垮；1846 年《谷物法》的废除，外国廉价的粮食大量涌入不列颠市场，爱尔兰的农业呈现一片萧条；加上自然灾害的影响，19 世纪中叶，人口由 800 多万锐减至 500 万。爱尔兰已变为“一个完全赤贫的民族”“真正的人间地狱”。

事实上，北爱尔兰问题是在英国存在了700年的爱尔兰问题的继续。

英国以高压强权的手段统治北爱尔兰，许多不合理、不平等的法规与命令，加深了北爱尔兰人民对英国当局的不满与怨恨。1886—1893年，在贝尔法斯特不断发生骚乱，不同信仰、不同政见的两个民族之间的暴力对抗使百人丧失生命。1916年爆发了新芬党领导的都柏林的复活节起义，目的是争取爱尔兰独立，由于英军武装镇压，起义最终失败，几千名起义者牺牲。从1968年起，北爱天主教徒与新教徒以及英国当局之间的暴力冲突不断升级，最终导致一场持续了一年多的流血事件。英国政府军队随即进驻北爱尔兰，爱尔兰共和军用暴力驱逐英军。政府派大量军队前往镇压，后宣布撤销北爱议会和政府，由中央政府对北爱实行直接统治。

20世纪60年代末，随着北爱天主教居民中民权运动的发展，北爱地区新教徒与天主教徒居民之间的矛盾激化，爆发了大规模的流血冲突和骚乱，英国中央政府派大量军队前往镇压，并于1972年宣布撤销北爱议会和政府，由中央政府对北爱实行直接统治。虽然英国耗费巨资，试图依靠武力在北爱恢复秩序。1969年，北爱尔兰居民中的天主教教徒和忠于英国的新教教徒发生冲突，英国军队进入北爱尔兰。爱尔兰共和军随即成立，并宣称保护天主教团体。在70年代动乱的高峰时期，在北爱的英国军警人数曾达到2.2万多人，但收效甚微。爱尔兰共和军针对英国军警和政界要人的恐怖活动以及他们同新教徒准军事组织之间的仇杀、暴力冲突频繁，还不时酿成群众性的骚乱。暴力浪潮甚至蔓延到英国和爱尔兰本土。据统计，自1969—2000年，爱尔兰共和军在英国实施了一系列针对警察、士兵和平民的恐怖袭击，北爱尔兰问题一共造成北爱尔兰3372人死亡，并造成英国、爱尔兰与欧洲其他地区共235人死亡，1万多人受伤。[①] 英、爱两国为防范暴力活动支付的费用，每年都在4亿英镑以上。[②] 从北爱尔兰冲突发展可以看出，暴力并不能使冲突得到缓解和彻底地解决。冲突双方的民众对多年的暴力冲突已经感到了厌倦，希望能停止暴力，实现最终的和解。

就目前形势来看，英政府将派驻在北爱尔兰的军队撤走是完全不可能

---

① Darby, John. *Conflict in Northern Ireland: The Development of a Polarised Community.* Dublin: Gill &Macmillan, 1976, pp. 62 - 64.

② 王振华：《北爱尔兰问题的历史性突破》，载《欧洲》1998年第4期。

的，增兵倒成了一种可能性。当爱尔兰共和军于 1994 年提出停火后，英政府虽然也随即宣布只要停火协议能持续下去，它将逐步从北爱尔兰撤走全部兵力。从维和部队自身角度而言，其难以维和的主要原因在于他们高度情绪化的、带有极强敌对情绪的态度。这使北爱问题具有了非理性色彩并更趋复杂化。

（四）在解决问题的态度上，通常是体现为被动的、非积极的作为

在解决北爱问题的过程中，英国政府的态度通常是采取被动的权宜之计。这些治标的措施和旨在给予新教徒更多利益的改革，大都无助于北爱问题的彻底解决。

总的说来，英国政府对北爱政策大都缺乏解决问题的积极性、诚信度和一贯性，随意性比较强。

在解决北爱民族分布问题方面：为了保证新教徒占多数，1922 年将北爱尔兰从爱尔兰中分离出来，使天主教人口感到他们遭到占多数的基督教人口的压迫。从地区的人口分布来看，多数派新教并不占绝对优势。新教只在弗尔纳和蒂龙两郡占有绝对的多数，可在伦敦德里、阿马和当这 3 个郡，新教和天主教人口各占一半（在伦敦德里后者甚至超过一半）。在首府贝尔法斯特也有相当一部分天主教徒。鉴于这种不够悬殊的人口分配，英政府曾考虑过把天主教人口多的郡划归当时的爱尔兰自由邦，以使该地区的新教人口占绝对压倒的优势。但控制北爱议会的统一党采取“我们已得到的土地就绝不出让”的态度而拒绝重新划分界线的提议。结果，1969 年 8 月，正是在两派力量相当的伦敦德里和贝尔法斯特首先发生了天主教徒反抗新教徒的暴动。

在解除爱尔兰共和军武装方面：在长期持续的暴力冲突之后，冲突双方曾达成了一个休战协定，规定执行一项新的政治妥协，希望由此结束民间的暴力冲突。这个休战协定目前岌岌可危，因为，在转变的关键时刻，基督教人口的代表坚持主张，爱尔兰共和军是为天主教徒的权力而斗争的武装，应该在被看作其政治分支的新芬党可能被接收到临时政府之前正式解除武装，而爱尔兰共和军则争辩说，只有政治妥协得到彻底实施之后，它才会放下武器。在北爱尔兰，左翼一般对爱尔兰共和军不愿此刻放下武器表示同情，他们觉得时机还不成熟，而更保守的势力却往往认为这是政治进程的一个基本的前提条件。而中央政府出于自身利益考虑，始终没有做出明确的、可行的决定。

在对待公民投票决定北爱前途方面：英国政府以尊重北爱尔兰人民的自治权，由北爱尔兰人民以公民投票方式解决北爱前途问题，而以天主教为首的反对派拒绝参加公民投票为由，在经历北爱共和军 20 年来的武装斗争过程中，英国政府从未片面召开北爱和平进程会议和单方举行公民投票。直到 1998 年天主教徒与新教徒真正愿意坐下来和谈，英国政府才真正召开北爱和平会议，北爱才真正开启了和平的曙光。

权宜之计不胜枚举：1921 年英政府曾计划牺牲统一党的利益，促使爱尔兰统一，使之成为英联邦成员之一。1940 年，为了在第二次世界大战中争取爱尔兰的支持，英政府提出以爱尔兰的统一为交换条件。这种为了自身政治需要而不顾及原来同盟者利益的做法使北爱统一党对伦敦权力中心产生疑虑，甚至不信任。这也就是 80 年代英政府在北爱问题上转而寻求与爱尔兰政府合作的原因之一。1968 年后北爱尔兰的动乱局势危及伦敦时，英国虽然不再袖手旁观，但两党的基本政策也还是权力下放，保持一定的距离。1974 年工党政府在直接统治北爱尔兰一段时间后又提出“分权”方案，在该地区设立“分权委员会”也是一个例子。因迫于某方压力而随意改变政策的做法时有发生：面对近年来发生的一次新教徒的游行，英政府曾发表讲话表明支持警方反对新教徒游行。但因为此前北爱各地连续发生了暴力事件，新教徒还威胁说如果英方不改变主意，将会出现更严重的麻烦。结果，伦敦的政策果然出现了根本转变。

英政府这种被动的短期行为无疑给北爱问题的解决增加了难度。

三　北爱尔兰民族问题的和平解决

北爱尔兰民族问题最终能否得以和平解决？和平解决的可能性是大是小？这是讨论北爱尔兰民族问题的发展前景时必须回答的问题。

（一）和平解决北爱尔兰民族问题的途径

我们认为，通过非暴力的和平方式解决北爱尔兰民族问题的可能性较大，其具体途径大致有两种。

第一，实现“多重保护机制”。

“多重保护机制”的主要内容包括：

(1) 建立一个得到天主教徒和新教徒共同首肯的政府，改革现行的北爱尔兰政治体制，正式修改1937年的北爱尔兰宪法和1920年英国对北爱尔兰颁布的法令。

(2) 建立新的选举制度，以便政权充分体现“民有”“民治”和“民享”的特点。即使不能建立一个正式的新教徒和天主教徒的联合政府，对于新教徒多数派所享有的颇具争议的参政权也须予以修正，使选举制度更为公正、合理。同时，必须保证少数派天主教徒享有广泛而有效的参政、议政权。

(3) 通过立法，在北爱尔兰建立起民族平等的机制。这一举措包括颁布《权利法案》，以保护有着不同宗教信仰和不同文化、使用不同语言的所有公众的正当权益不受侵犯；建立公平的“雇佣制度”；重新组建北爱尔兰的警察队伍；并使两个民族有均等的参与改革和社会发展的机会，等等。

(4) 建立一个民主的、切实负责的“跨界机构”，这一机构需得到各派力量的认可，对北爱尔兰政府负有咨询、指导之责。它的建立有可能导致在南、北爱尔兰之间，在不列颠各岛之间，甚至在欧盟成员国之间形成具有深远意义的邦联机制。这样的机构可能使北爱尔兰积重难返的诸多棘手问题得到较为圆满的解决，如解散并妥善处理众多的军事武装力量；促使英国撤回它在北爱尔兰的军事力量；尽快释放那些被英军逮捕的无辜者；建立一支能有效地维护社会稳定的警察队伍，等等。

这种“多重保护机制”的突出作用在于，无论将来发生什么情况，南、北爱尔兰统一也好，北爱尔兰继续留在英国也好，北爱尔兰独立也好……这种机制都会对维护北爱尔兰地区的和平局势，保护该地区天主教徒和新教徒的正当权益提供有效的保障。

应该指出的是，“多重保护机制”的实施，需要得到南、北爱尔兰人大多数的支持。这就要求该机制必须能够反映不同民族的利益，使不同民族的利益均能从中得以体现。该机制的运行将有助于各派力量之间形成“均势”。“多重保护机制”的操作若不遵循上述原则，通过实现这一机制和平解决北爱尔兰民族问题的构想便会成为空想。

第二，建立一个由英国和北爱尔兰分享权力的政府。

各派力量间多次磋商失败后，这一解决问题的方式即被英、爱两国领导人纳入和谈内容。在先前北爱尔兰交战双方停火后一些学者为打破和谈中出现的僵局也提出过这一设想。①

“分享权力”须划分英、爱两国政府以及北爱尔兰人各自的权力范围，它是英、爱两国政府在北爱尔兰民族问题的解决方式上彼此妥协、达成共识的产物，它可以为北爱尔兰两个不同民族集团的利益提供持久的保障。“持久性”是该途径很可能被采用并生效的主要原因。有人证实，北爱尔兰天主教徒的数量正在不断增长，而且不久即可能成为北爱尔兰居民中的“大多数”。② 笔者认为，如果“分享权力”得以实现，即使天主教徒在北爱尔兰仍占少数，他们也会留在原地，因为天主教徒们会把“分享权力”看作实现南、北爱尔兰统一的奠基石，并且这种意识很可能会在天主教徒中产生强烈的共鸣。英、爱两国政府从各自的利益出发，可能不会迅速将这一解决问题的方式付诸实施，但这一可能性也蕴含着一种潜在的动力，两国政府的迟缓态度会激励北爱尔兰的天主教徒和新教徒们依靠自己的力量去寻求解决问题的更佳方案。

如果北爱尔兰的军事停火状态能持续下去，北爱尔兰各党派、英国政府以及爱尔兰政府间所进行的磋商、谈判必将为实现上述两种目标而努力。

（二）和平解决北爱尔兰问题的条件

应该相信，北爱尔兰民族问题最终会得以和平解决。和解不仅是饱受战乱之苦的北爱尔兰各族人民的愿望，也是世界各国人民的共同祈盼。和平、合作与发展已成为当今国际社会的主题。英、爱两国政府领导人以及北爱尔兰各派力量的代表们从其自身的利益出发，不会置民意于不顾，继续在谈判中坚持原有的态度与立场。在彼此做出一定让步的情况下，关于和平解决北爱尔兰民族问题途径的意见会较迅速地趋于一致。

在我们讨论有关北爱尔兰和平前景的构想时，不容忽视的是，争取该地区民族问题的和平解决（有人称之“重建北爱尔兰”③）绝非轻而易举之事。

---

① 参见 John McGarry and Brendan O' Leary eds.，“The Politics of Ethnic Conflict Regulation.” *Case Studies*，1993。

② 参见 Brendan O' Leary，*Introduction*：*Reflections on Cold Peace*，Routledge，1995。

③ Brendan O' Leary，*Introduction*：*Reflections on a Cold Peace*，Routlege，1995.

首先，北爱尔兰的两个民族从各自的利益出发，可能会对上述和平解决问题的途径提出异议。从理论上讲，上述方案是可以被新教徒们接受的，因为它们并不意味着南、北爱尔兰的迅速统一。这些方案亦应当能被天主教徒们接受，因为它们可以使天主教徒们感到，即使他们还是少数派，也会得到与现在的新教徒们同样的保护。但天主教徒们也可能会以“多重保护机制”的内容“不甚翔实、明确”为理由而拒绝接受它。他们可能反对成立任何形式的“跨界机构”，认为这些机构是“特洛伊木马”。长期以来他们在北爱尔兰一直处于不利地位，为建立民族平等的法律机制进行了不懈的努力。可是当其理想中的机制可能来临时，他们又对“梦想成真”倍加怀疑。新教徒们可能会反对改变目前北爱尔兰的权力结构，反对与天主教徒分享权力。其中的激进分子可能继续坚持原有的立场，强调北爱尔兰从来就不是爱尔兰共和国的一部分。他们可能坚持这样的立场：即使北爱尔兰大多数人同意南、北爱尔兰统一，北爱尔兰也不应脱离母国而独立。所以，对他们来说，任何可能导致南、北爱尔兰统一的意向都是不可接受的。如果北爱尔兰的天主教徒和新教徒都坚持上述立场、观点，且彼此不做任何让步，对爱尔兰民族问题的和平解决无疑是不利的。

其次，北爱尔兰两个民族的某些传统观念对“重建北爱尔兰”具有阻碍作用。对北爱尔兰人来说，在实现和平的道路上会遇到许多艰难险阻，但也许他们并无觉察，有些羁绊是来自其自身的。在北爱尔兰，不少人对文化歧见、政治冲突和枪声、炮声似乎习以为常。“固执己见”会导致战火重燃，这对一些北爱尔兰人来说似乎无足轻重。天主教徒和新教徒中都有这样一部分人，他们以“战斗”为乐趣和事业，对“智取”的“谋略”津津乐道。那些试图退出战场、做出和解举动的人往往会遭到责难。在一些人眼里，受资者应该被绑在火刑柱上，接受中世纪异教徒所受的那种“待遇”。① 从某种意义上说，这些因素对推动北爱尔兰的和平进程具有相当大的阻碍作用。

再次，各方领导人在推动和平进程中若措施不当，比如具体的管理措施不善，各派力量间的妥协、合作节奏迟缓等，也会干扰北爱尔兰民族问题的和平解决。在这种情况下，北爱尔兰很可能出现面和心不和的僵持局面。

---

① 参见 N. F. Cantor, *The Medieval World*, Macmillan, 1968。

最后，一些“别有用心的人”有可能采取行动，拖延北爱尔兰的和平进程。这些人不多，但的确存在。他们不代表除他们自己以外任何人的利益，终日以“斡旋者”的面目游说于各派力量之间。北爱尔兰持久和平的到来，将使他们无所事事。他们深知此理，所以在北爱尔兰踏上持久和平的道路之前，他们从切身利益考虑，很可能做出一些有悖众望的事。虽然这部分人的力量不大，但也不可不防备他们对和平进程的干扰。

“重建北爱尔兰”的道路可能会很坎坷，但前途是光明的。北爱尔兰完全由英国人统治，或完全由爱尔兰人统治，都不能给该地区带来和平。如不建立民族平等的法律机制，北爱尔兰两个民族间的冲突很可能会重新爆发。无论是新教徒还是天主教徒，他们都必须面对这一事实。在饱受了长期战火所带来的苦难，以及冗长无果的和谈所引致的困扰后，他们中多数人已认识到，拖延北爱尔兰的和平进程，最受伤害的是他们自己。同时，诸方谈判代表已感受到来自各方的舆论压力。从切身利益出发，相信谈判各方会做出必要的让步。

四　北爱尔兰问题的发展前景

北爱尔兰民族问题若通过和平方式得以解决的话，对于北爱尔兰的发展前景，我们可以做出如下估测。

第一，天主教徒的人口数量将保持连续增长的势头，由此可加快北爱尔兰的两个民族从对抗走向合作的步伐。

据统计，1971—1991 年，北爱尔兰西部、南部和农村地区的天主教徒人口，均有较大幅度的增长。1991 年，天主教徒人口已占北爱尔兰总人口的 38.4%，在基督教徒中，天主教徒所占的比例是 43.55%。① 曾有人认为，在 21 世纪的头 10 年中，贝尔法斯特很可能成为天主教徒占多数的城市。天主教徒人口不断增长的势头，会因持久和平的到来而日益迅猛。局势的稳定，以及不离开家园亦可谋求诸多升迁机会，使得天主教徒向外移民的人数不断减少。同时，较合理的雇佣劳动制度的实施，体现民族平等精神之法令的施行，也将成为激励天主教徒们继续在原地生活的重要因素。天主教徒人数不断增长的政治意义在于，它将为北爱尔兰两个敌

① Table 8 of the Northerm Ireland Census of Population.

视的民族创造平等的对话机遇，加快两个民族实现合作的步伐。对生活在同一特定地区的两个民族而言，当它们的经济和政治实力旗鼓相当时，其中任何一个集团都难以对它的邻者进行统治。虽然北爱尔兰的两个民族距离实现经济和政治上的平等还有相当长的时间，但那一时刻将会随着天主教徒人口数量的不断增长而越来越近。这种形势将会有力地推动北爱尔兰实现权力分享和民族平等。我们估计，北爱尔兰的两个民族实现真正的平等与合作，大约还需要半个世纪左右的时间。在今后的日子里，北爱尔兰共和军所制造的恐怖事件将日趋失去民心，失去意义。天主教徒的党派将赢得 50% 的选票。曾有人预测在世纪之交，北爱尔兰的那些小党派将处于“均势”。

第二，新教徒所获得的选票数将继续增长，至少目前，乃至今后的几年内是如此。

更有把握的是，联合起来的新芬党和社会民主与工党所得的选票数会不断增长，虽然选举的性质和方式可能出现这样或那样的变化。这与 1969 年以来北爱尔兰诸党派在选举中所获选票数涨跌曲线表①所反映的状况是一致的。新教徒们已越来越真切地意识到，选举箱的价值要远远胜过枪炮。

第三，在持久和平的条件下，新教徒和天主教徒集团都将可能缓慢地出现组织松散的状况。

有关和平解决北爱尔兰民族问题的政策和措施的实施，将会使一部分天主教徒和新教徒淡化不断加强各自集团内部成员间团结与联系的意识。因此在其总的组织结构上出现松散状态便不可避免。

一般来说，一个种族或者民族面临的政治压力越大，其自身的凝聚力就越强。相反，当某个种族或者民族无安全之虞时，其凝聚力便会相应地减弱。在这种情形之下，多元化的政治很可能从中产生。估计这种情况可能会在北爱尔兰的两个民族集团中出现。

当然，我们也不应夸大这种可能性。北爱尔兰两个民族间因长期对抗而积存下来的问题，不可能在短时间内得到彻底解决。两个民族已经或将要开始松散的组织结构有可能再度聚合，两族间的战火有可能复燃。

第四，英国保守党在北爱尔兰还会保持自己的势力，但不大可能出现

---

① McITarry and O’ Leary, *Explaining Northern Ireland*: *Broken In Ages*, Oxford, 1995.

繁荣之势。英国工党的势力在北爱尔兰也不太可能有大的发展。

总之，北爱尔兰民族问题的解决途径，将很可能沿着和平、“非暴力”的轨迹发展。至今，虽然离北爱问题的彻底解决还有一段时间，但敌对各方共同参加宪政过程，北爱共和军终于交出武器，为北爱尔兰的和平带来希望。虽然在北爱尔兰赢得真正的、持久的和平之前，还会遇到一些艰难险阻，但我们相信一个和平、美好的北爱尔兰的出现将不再久远。

应该说明的是，目前对北爱问题尚不可过于乐观，局势还可能会出现反复，永久的和平还远没有到来。北爱尔兰最大的问题实际就是新教徒和天主教徒之间的矛盾冲突。爱尔兰共和军是天主教派的组织，它要求回归爱尔兰，与爱尔兰统一，抵抗英国的统治。在新教徒和天主教徒的矛盾没有完全解决之前，北爱尔兰的冲突还不能说“尘埃落定”。虽然目前爱尔兰共和军的人员数量和武器装备已经有所下降和削弱，但它仍然有可能转而走向地下。尤其是在“9·11”事件之后，反对势力仅仅少数几个人，就可达到以前一支军队所能达到的威力。爱尔兰共和军在表示缴械的同时也表示不会正式解散，也许就是为今后的行动留下一定空间。共和军的真正目标是实现北爱尔兰完全独立，但英国政府和爱尔兰政府都不会答应这一要求。英国目前正忙于应对恐怖威胁，爱尔兰共和军暴力活动的结束有望成为布莱尔任期内的重要政治遗产。正如爱尔兰共和军的政治组织新芬党领袖亚当斯所说，爱尔兰共和军发表放弃武装斗争的声明是勇敢和坚定的一步，它代表着在北爱尔兰寻求持久和平和公正进程中一个决定性的时刻。联合国秘书长安南已呼吁北爱各方抓住机遇。他认为，如果爱尔兰共和军的声明能够落实，这将是“北爱的分水岭”。我们可以做出断言：在爱尔兰岛上和平将最终代替战争、政治最终代替恐怖。

英国对北爱尔兰和平进程的处理是一个值得借鉴的例子。爱尔兰新教与天主教的斗争是一场数百年来的争斗。这场斗争也造就了今日爱尔兰与北爱尔兰的分裂，自 1960 年之后数以千计的人员死伤。

国家如果通过暴力的方式来解决民族冲突，在短时期内可能会取得一定的效果，但从长远来看，不仅不能从根本上解决问题，反而会导致矛盾的激化。而政府作为公共权威机构，正是冲突社会化的产物，从根本上来化解冲突是政府应尽的基本职责。在民族冲突中的弱势者、受到伤害者总是希望能从政府那里得到保护或者补偿。人们希望政府能成为冲突的调解者。国家不仅对于民族冲突的各方的生存权与宗教、文化等方面的基本要求必须加以保护，同时，应尽最大努力去平衡这些冲突中不同民族的主张，实现能够最大程度包容各方主张的制度安排。

在民族冲突各方互不相让的情况下，就会出现零和状态。民族冲突各方不仅各自的民族认同不同，有着自己独特的民族宗教、文化和民族意识，也有着不同的经济、政治和社会地位，在多方面形成一种直接对立的关系。如果只是一味地考虑到自己一方的利益和民族意识，而不肯与对方妥协，民族冲突各方的激烈，最终很可能就是一种零和的博弈。为了避免出现这种零和的结局，冲突各方就必须通过谈判和协商，相互妥协。政治妥协是对零和政治的否定。就其理想状态而言，人类政治不应该是一种一方所得必以另一方所失为前提的零和博弈，而应是一种通过它各方都有所获的正和博弈。而政治妥协通过各方的谈判协商、互谅互让正有助于实现这种“双赢”“多赢”局面。

在一个以强权统一的国度中，如果不顾及地区和民族差别，经济相对落后的民族很容易为经济比较发达的民族所左右。而民族压迫的结果，往往会导致民族独立、国家分裂事件的发生。马克思在 1840 年曾认为，“爱尔兰从英国分离出去是不可能的”；但是，20 多年以后，看到民族压迫的现状，他又得出了完全相反的结论，即“分离是不可避免的”。

在北爱尔兰的民族构成中，新教徒要多于天主教徒，如果仅仅是实行的简单多数决定的民主体制，那么天主教徒往往被排除在社会、经济、文化及政治等有关决策之外，天主教徒永远是少数，他们很难得到公正的待遇。这样天主教徒自然也很难认同新教徒所控制的北爱尔兰议会具有民主正当性。相反，权力共享是肯定一个国家或民族地区由多个民族组成并难以分离，那就由各个民族共同来管理这个国家和地区。民族权力共享可以包括两个层面：一是在国家层面的权力共享；二是对民族地区的权力共享。权力共享机制的最大好处，是各民族利益可获得保障或自治，而不用担心被多数民族或中央政府的决策体制所牺牲，少数民族的权益可以得到更多的保护；然而，其最大的后遗症，可能因为有的民族权益的不平等发展，或要求获得更大权限的自治，因而可能引发新的民族冲突。

在长期的历史发展中积累的冲突能量不可能随着和平协议的签订在短时期内得到释放，特别是双方认同的分歧也不可能轻易地被弥合。但是北爱尔兰按照权力共治的政治架构使双方得以实现政治上的妥协，这不失为谋求实现北爱尔兰和平的对策。在这种协和式民主的机制之下，北爱尔兰人民开始学会共享权力、共同建设家园，也慢慢学会了相互了解，渐渐地互信也增加了。最为值得高兴的是，在 2005 年 9 月，共和军宣布交出其拥有的全部武器，① 这表明北爱尔兰冲突暴力对抗基础的消除，北爱和平进入了一个新的阶段。

从北爱尔兰民族冲突的化解可以看出，民族冲突的化解还需要各方学会相互合作和妥协。对此，美国社会学家菲利克斯·格罗斯认为："合作或更高超的协调人类行为的艺术，是任何复杂而发达社会存在的基本前提。合作意味着，协调并有效联合各个追求相同或不同目标的组织及个人多种多样的行为和努力，避免不必要的甚至危险的冲突。合作与协调的艺术需要自律和妥协。"② 这可以看作对北爱尔兰民族冲突走向化解的最好注脚。

---

① http：//www. belfasttelegraph. co. uk/.

② ［美］菲利克斯·格罗斯：《公民与国家：民族、部族和族属身份》，王建娥等译，新华出版社 2003 年版，第 215—216 页。

第八章　历史与比较视角下的族裔民族主义

一　族裔民族主义的历史演进

自1648年《威斯特伐里亚和约》问世以来的三百多年间，民族主义所表现出来的生命力和影响力已为人们所熟知。但是，“族裔民族主义”（Ethnonationalism）一词迄今为止尚未被学者普遍认识和广泛应用。

20世纪后半叶的欧洲①“民族主义”有别于“民族主义”的最初状态，即发轫于17世纪的西欧，以民族—国家（Nation - State）为诉求的社会、政治和文化运动。它通常关注的是族类共同体（Ethnic Community）成员作为主权国家公民所能够享有的“自治”权利，而未能达到建立现代民族国家的层面。因此其相关理论被称为“族裔民族主义理论”。②

我们之所以选取这个题目，主要基于以下考虑：一是迄今为止，专门研究“20世纪60—70年代西方族裔民族主义理论”的著述并不多见；现有研究成果在谈到相关内容时，通常表现出认识上的偏差。

作为当今世界引人注目的政治文化现象，“民族主义”思潮及其实践已经成为社会科学研究者关注的一个热点。近年来，西方学者从宏观上探讨民族主义的定义、历史起源、性质和表现形式等方面的研究成果相继问世，但有关“西方民族主义理论”的研究大多集中在近代和当今这两个

---

① 西方学者普遍认为，“欧洲”不包括苏联和东欧社会主义国家，本章的“欧洲”概念将借用此理念。

② Walk Corner, “The Politics of Ethnonationalism”, *Journal of International Affairs*, No. 1, 1973.

时间段上，在涉及 20 世纪后半叶的有关问题时或一带而过，或避而不谈。[1] 国内学者则常常将相关内容划归为“民族主义”范畴，统而论之。[2]

二是中外学者对这一时期欧洲族裔民族主义运动的重视程度，相对它在世界“民族主义”发展历史中的重要地位而言是不相称的。

在世界民族主义发展进程中，20 世纪后半叶是一个特殊时期。一方面，两次世界大战让世人看到民族主义极端发展的后果并由此对它产生恐惧和厌恶的心理；另一方面，民族主义思潮和运动在战后初年表现出的“平静”状态，使很多人乐观地认为民族主义已成为昨天。欧洲族裔民族主义运动为什么在这个时期逐渐兴起且在 20 世纪末期呈高涨态势？为什么面对逐渐兴起的欧洲族裔民族主义运动，一些人倍感惊异，不知所措？如果不能客观认识这段历史，就难以应对上述问题。而只有历史地、客观地把握这些问题，才能科学认识和研究当今西方民族主义理论的内涵和实质，准确分析和把握民族主义的现实表现与未来走向，深入理解和探讨民族主义与国际关系的互动。

三是“族裔民族主义”这一概念突出了“民族主义”的“族性”（Ethnicity）意义或曰“族类”属性。

“族裔民族主义”可以比较客观地体现当时西方“族裔”实践的实质和发展态势。希望在完成相关学术探讨的过程中，能够从一定程度上认识下列问题：族裔民族主义是否等同于民族主义、地区主义或地方主义？如果不是，其联系是什么？从而为人们进一步认识和研究西方相关理论提供点滴可借鉴的东西。

本章的基本思路是，在对西方民族主义研究概况进行评介的基础上，通过对 20 世纪后半叶欧洲族裔民族主义理论内涵、实践特征探讨，揭示战后以来欧洲族裔民族主义理念和实践日渐兴盛的史实，分析相关理论观点的误区所在，从而为人们能够比较客观地认识这些理论观点和相关史实、把握当今世界民族主义的发展趋向，提供一方学术平台。

---

① 主要参见“Nation – Building and Nation Development”, ed. Karl Deutsch and William Foltz, New York, 1966；Arend Lijphart,“Consociational Democracy ”, *World Politics*, January 1969，等等。

② 主要参见赵锦元《欧洲民族主义发展新趋向》，中央民族大学出版社 1996 年版；李毅夫《世界民族概论》，中央民族大学出版社 1993 年版；宁骚《民族与国家》，北京大学出版社 1995 年版，等等。

（一）西方民族主义研究评介

最早提到现代意义民族主义的是历史学家和文物工作者，他们在从事探寻和发掘本族起源与古墓的研究中，明确表达出了一种民族认同意识。历史、语言、民间传说、领土、文化与宗教等诸方面相关因素均被用以证明民族传统和历史连续性的象征符号存在的真实性在传播民族国家产生的“自然性”和必然性思想意识的过程中，致力于学术研究的历史学家发挥了重要作用。特别是在19世纪40年代之前（从19世纪晚期直到第二次世界大战几乎都没有间断过）。这些历史学家以目的论方式阐释其国家（在那些封建王国或共和国寿终正寝而走向民族国家的过程中）的历史。他们在论述一个民族的“命运”时，不仅要解释其过去，也经常要证明其所属主权国家的帝国主义理想的正确性。实际上，在这类阐释中，主权国家是包含、收编了民族的国家。国家形象的具体化是通过民族表达出来的。正如黑格尔的名言：“民族在到达其最终目的地——将它们自己整合成国家——之前，还需经历相当长的时间。”① 所体现的原则对当时德国的史学家而言并非如教规般圣明，首先起来反对这种观念的是容克，他们认为国家是具有道德的，甚至是神学的内涵。但是，纵观欧洲，当时以实证主义方法编纂历史正处巅峰状态。从19世纪后期起，欧洲的政治精英们开始致力于加强新老民族国家中各民族之间的联系，在这一过程中，人们对“民族的塑造”进行了深入的思考。

谴责这些史家故意歪曲本民族的历史很可能是错误和不公正的。虽然其中也有例外，比如英吉利人约翰·希雷（John Seeley）和意大利人高奇诺·沃尔波（Gioacchino Volpe），他们分别痴迷于帝国主义和法西斯主义。对诸民族国家而言，其值得一提的成功之处在于，确认和巩固了民族主义编年史的合法地位。可以设想，100多年来众多历史学家孜孜追寻“民族精神”（放弃学术权威的地位，转而充当世俗领袖，引领人们在学校和家庭中不断简化和重复“民族精神”）的结果体现于，他们在建立和传承民族自豪感和集体意识方面做出贡献的同时，也推动了富有侵略性的

① E. Gellner, *Nations and Nationalism*, Oxford 1983, p.48.

极右翼统治力量的兴起，比如 20 世纪 30 年代欧洲法西斯力量的兴起。①

因中东欧多民族帝国的消失和“民族自决”原则的广泛传播所招致的第一次世界大战的爆发，对历史学家们的理论阐释产生了强烈影响。同时，民族自决原则并未得到正确运用，无论何种少数民族问题，都会被转引至民族自决的前沿阵地，② 进而成为人们提出民族应以一种原生的、超越历史以外的造物主状态存在，民族主义应具有合法地位要求的凭据。两次世界大战期间，民族主义史家汉斯·考恩（Hans Kohn）认为：“在民族主义的发展过程中，保持不变的是民族要求，即由同一民族以多数人的身份建立自己的政府。每一被民族主义唤醒的民族都会了解自己的目标是民族自决。争取同其他民族脱离、区分开来并独立自主，获得同其他民族同等地位，是民族主义者为本族提出的主要要求中所包含的基本因素。”③

考恩的分析在许多方面反映了 20 世纪的真实情况，即民族独立要求的推动力从欧洲散布到世界其他地区。那些主张在主权国家内部和不同民族之间制造疆界的偏狭与犯罪经历（在第二次世界大战中发展到顶峰），使历史学家们开始区分诸种激励民族主义运动的不同观念。最严肃的马克思主义者研讨奥匈帝国发生的民族主义（虽然可能不如俄国的民族主义运动那么激烈，但是更为直观）绝非偶然。奥托·鲍尔（Otto Bauer）坚决反对，民族与国家识别必须围绕在多民族国家内部存在的有关民族文化认同合法性的主张而进行。④

与鲍尔不同，那些在语言上传达其时代实证乐观主义的学者，在他们于第二次世界大战早期完成的著述中却反映出一种深厚的悲观主义情结。其中比较具有代表性的历史学家是霍金斯与凯基，两者均为小国（荷兰和瑞士）人士，这一点有助于我们理解他们努力阐释小国与大国差异的原因，在他们看来后者为彰显其力量具有与生俱来的扩张性。

鲍尔很快就被遗忘了。霍金斯和凯基所完成的小国与大国的比较直至

① P. M. Kennedy, “The Decline of Nationalistic in the West, 1900 – 1970”, in W. Laqueur and G. L. Mosse (eds), *Historians in Politics*, London 1974.

② P. Smith, K. Koufa and A. Suppan (eds), *Ethnic Group in International Relations*, New York 1991.

③ H. Kohn, “Nationalism 1” in *International Encyclopedia of the Social Sciences*, Vol. 11, New York 1968, p. 48.

④ 参见 O. Bauer, *Die Nationalit tenfrage und die Sozial demokratie*, Vienna, 1907。

20 世纪后期才被一位捷克的历史学家重新提及，[①] 或许是因为其表达了较小民族国家观点的缘故。法西斯主义和纳粹主义的各自发展经历，证明了它们的确具备了由一位英国历史学家和一位意大利历史学家提出的所谓不同特性。[②] 他们认为，由德意志民族主义引发的，根据语言、土地和血统界定的自发而主观的民族主义意识，与有组织的、客观的民族实体之间存在明显的差异。[③] 没有人注意到这些阐释所反映的具体问题，即在 19 世纪早期德国的知识分子已开始致力于界定与当时盛行的法兰西启蒙与革命价值观迥然不同的民族意识，原因是出自一种难以理解的、没有历史根据的对德意志人历史连续性的假定，其最终发展结果是，20 世纪的德国人在世界诸多地方制造了无数令人发指的噩梦。

马兹尼（Mazzini）指出，家族是民族的共同生命，此生命在具有某种趋向和影响性的传统中、在民族自己的土地上诞生、成长和延续……费希特（Fichte）认为："首先，对一国内部的那些原始的、真实的民族疆界的质疑一般要超越这种内在的疆界。那些讲同一语言的人们，通过在人类文化出现之前业已存在的自身天性彼此结合……从内在的疆界……开始，建造由居住地引发的外部疆界……人们居住在一起……因为他们早已同属一个由自然法则结合起来的民族。"[④]

这里所提到的所谓历史编纂方法，因史家所处民族国家发展里程、个人经历等方面的差异而具有显著的不同。随着纳粹主义体系的崩溃，所谓"两分法"不仅被用于解释德国历史独特而悲哀的发展途径，而且也用来揭示在该民族国家构建过程中所体现的精神特性：一方面，众多个人有意识地将他们自己认同为民族（寓意在于他们将自由地选择或改变自己的未来）；另一方面，国家将国籍（Nationality）这一概念及其价值强加于人民。

20 世纪 60 年代，随着非殖民化的不断发展，欧洲温和主义开始引人注目。当时亚洲和非洲的民族解放运动虽然接受了欧洲民族主义发展模式，但是放弃了西方的民主模式。最初，那些非欧发展模式对欧洲民族主义研究的影响并不明显。人们对欧洲文化传统的独特性和优越性，以及民

---

① 参见 M. Hroch, *Social Precondition of National Review in Europe*, Cambridge 1989。

② Alfred Cobban, *National Determination*, Oxford University Press, 1944.

③ Ibid.

④ E. Kedourie, *Nationalism*, London 1960, pp. 69 - 70.

族主义形象的泛欧译本坚信不疑。[①] 其间，现代化理论和经济发展问题是人们关注的热点。在进行这类热点问题研究中，美国的政治学家和社会学家开始关注列强在前殖民国家中的诸种“失败”方面的话题。[②]

在当今的欧洲社会，人们对民族主义的研究通常体现为对以往相关编史工作的修正。尽管人们没有做过明确的陈述，但是这种修正主义事实上源自一种判断——富有侵略性的民族主义引发了悲哀的世界大战。对民族主义影响力的这种消极判断自然延及人们对民族主义合法性主张，甚至民族“注定”目标（政治解放）的质疑。这样，民族主义不再被看作积极的、必然的思潮与运动，而被视为一种消极的意识产物。“民族主义是 19 世纪初期欧洲人创造的一个教条”[③]，“是民族主义而不是其他什么造就了国家”[④]。类似的结论不胜枚举。

在中东欧的编史工作中，人们对民族主义传统往往给予了比较积极的评价。中东欧的学者普遍认为，民族争取独立的斗争起初总是包含了进步力量反对帝国独裁的意义，不管后来的民族主义运动的目标如何。[⑤] 在一些西方（特别是法文）的编史工作中，民族解放运动（公众情感的合法性表述）和民族主义运动的相似特性时常被界定为一种十分狭隘的意识形态或党派斗争。但是，在英文编史工作中，民族解放运动和 19 世纪后期的民族主义运动则被认为具有相同的本质。在这类阐释中，民族主义已经被简化为一种具有非常效应的意识形态，一种逐步与右派相结合的、为政治所操作的工具。[⑥]

随着这种激进的修正主义被人们在政治学、社会学和历史学领域中的

---

① S. Woolf, Europe and Nation – State, San Domenico di Fiesole 1991; “The Construction of a European World – Wide in Revolutionary – Napoleonic Years”, *Past and Present*, 1992 (137).

② 参见 K. W. Deutsch, *Nationalism and Social Communication*, Cambridge, Mass. 1962; R. Cameron, “Some Lessons of History for Developing Nations”, *American History Review*, 1967 (57)。

③ E. Kedourie, *Nationalism*, London 1960, p. 1.

④ E. Gellner, *Nations and Nationalism*, Oxford 1983, p. 55.

⑤ 参见 M. Hroch, *Social Precondition of National Review in Europe*, Cambridge 1989。

⑥ E. Kedourie, *Nationalism*, London 1960; E. Kamenka eds., *Nationalism. The Nature and Evolution of an Idea*, London 1976; 参见 T. Schieder and O. Dann eds., *Nationale Bewegung und Soziale Organisation*, Munich 1978; A. D. Smith, *Nationalism in the Twentieth Century*, Oxford 1979; Breuilly, 1982; Gellner, 1983; E. J. Hobsbawm, *Nation and Nationalism since 1780*, Cambridge 1990; T. Schieder, *Nationalismus und Nationalstaat: Studien zumnationalen Problem in Modernen Europe*, Goettingen 1991。

反复应用，传统的政治史不再为人们所关注。因为民族不是从来就有、注定要出现的人们共同体，允许民族认同意识建构、传播并将其转变为一种社会力量的条件，需要通过民族主义传播的意识形态、民族主义的社会基础成分及其文化符号功能，根据社会机制加以分析。

在对其他学科某些概念的探讨中，学者们获得了研究民族产生条件方面的启示。盖尔纳（Gellner）、史密斯（Smith）和布瑞利（Breuilly）采纳了政治学和社会学领域中的“现代化”和“工业化”概念，他们将它们的属性视为现代民族主义出现的必要（而非充分）前提。在他们看来，不管构成民族认同的要素如何，至少部分由于社会和经济发展水平方面的问题，并非所有的民族认同均会发展成为民族解放运动。① 人类学者坚持认为，社会集团通过与“其他人”比较来界定自己已经成为有关文化差异的历史阐释的核心内容，比如语言或宗教可能会成为民族认同和所谓“想象的共同体”意识产生的基石。② 社会语言学家的贡献在于，他们揭示了语言成为民族主义有效推动力的原因；象征主义学者的贡献在于，他们扩大了对民族符号联合机制研究的视野，比如对纳粹主义礼仪的研究。③

毋庸置疑，这些探讨使得民族主义发展历史更易为人们所了解。其原因主要在于，它们关注到了民族主义意识形态的建构过程、推动各种民族主义思想观念传播的条件及其所操纵的社会机制。但是，很可能由于它们需要集中力量应对因其对民族主义自我形象的批判所挑起的争端，而未能阐明为什么民族情感，或言个人归属于某一民族的自豪感（不会因所处环境的险恶而改变，包括在战争中和法西斯统治下，仍然可以不惜牺牲生命与政府政策对抗）已经成为一个不争的事实，一种附属和责任的思想源泉。此外，对于个人的民族自豪感为何在 20 世纪转变为以宗派排他主义为特征的民族主义意识，它们也未能做出令人满意的解释。

今天，在民族主义研究领域主要存在两种观点，但是，其各自的支持

---

① G. Eley，“Nationalism and Social History”，*Social History* 6（1981）.

② 参见 B. Anderson，Imagined Communities. Reflection on the Origin and Spread of Nationalism，London 1983。

③ 参见 M. Agulhon，*Marianne*：*Les Visages de la République*，Paris 1992；G. Krumeich，*Jeanne d' Arc in der Geschicbte*，Frankfurt 1989；P. Bourdieu，*Language and Symbolic Power*，Cambridge 1991；Mosse，1975。

者之间也难以达成共识。一方面，民族运动和民族主义被当作政治权力的表现形式加以研究，而社会、经济和文化方面的有关问题，只有在涉及它们与国家之间的关系时，才被作为解释性因素进行研讨。另一方面，民族认同经常被理解为一种文化建构，而非确凿的客观存在；处于发展和变化的过程中，对他类认同不具有排斥性。事实上，民族运动、民族主义与民族认同的相互依存程度要求人们在从事民族主义研究中应将上述两种观点结合起来思考问题。

（二）20 世纪后半叶欧洲族裔民族主义理论的主要内容

在当今的欧洲社会，民族主义已经成为人们政治和社会生活不可分割的组成部分。欧洲公民的族类认同难以脱离欧洲民族国家而存在，任何一个欧洲民族国家均与民族主义有着千丝万缕的联系。人们或者将自己看作意大利人、法兰西人或英格兰人；或者为反抗异族的统治，争取民族独立与权力而斗争，比如塞尔维亚人、克罗地亚人、波斯尼亚的穆斯林、亚美尼亚人和阿塞拜疆人。民族应归属于民族国家似乎已经成为自然法则：一方面，人们从将本集团的认同与民族、自己受迫害的意识与现存国家结合起来的本能出发，要求独立与领土；另一方面，民族国家所建构的政治和法律屏障，将除他们自己公民以外的所有人的这类要求排斥在外。当初为保护旅行者而设置的护照，现在已经成为一种强制性的法律文件，一种表示个人在民族国家中拥有独立地位的符号，以至于“无国籍”似乎已经成为非常不可思议的概念。

20 世纪后半叶，盛行于欧洲的族裔民族主义理论主要包括如下内容：

其一，战后的欧洲处于“后民族时代”，民族主义已步入退化期。

持此观点的人被称为“（欧洲民族主义）退化派”，认为欧洲民族国家（政治疆界与民族的族裔疆界相重合，境内没有少数民族）将被取代；两次世界大战已使欧洲人铭记：民族主义已成为不可冒险享用的“奢侈品”。在他们看来，战前欧洲人狂热追求本民族“原生意义”的举措，已被强调成为“欧洲人”的超国家理念所取代。发生在北爱尔兰等地的冲突属宗教而非民族冲突，而布列塔尼、苏格兰等地的“民众”运动为“地区或地方主义”运动。为兑现新的“欧洲认同”，欧洲人已普遍接受了欧洲传统政治结构的转变，建构民族国家替代品的方案已被设计完毕。第二次世界大战以来，人们对欧洲的忠诚已开始同以往对本民族的忠诚相抗衡；此进程如发展下去，“欧洲人的后代有一天可能都只会将自己的民族认同定位于欧洲人”①。

其二，战后的欧洲处于“民族国家时代”，民族主义已经消亡。

持此观点的人被称为“（欧洲民族主义）消亡派”，认为西欧处于“民族国家时代”，即西欧国家均为“民族国家”，其境内没有少数民族（National Minority）。这类国家占世界国家总数的10%以下；其政治疆域内只包含单一的族群（Ethnic Group）。这类国家的人民（People）或者“成功”同化了与其本身完全不同的族裔共同体，比如比利时人、法兰西人、西班牙人、瑞士人和英国人；或者他们本身就是由具有同一民族意识的国民（Peoples）所组成的政治统一体，比如德意志人和意大利人。这些国家实现同化其境内异族人口的途径大致有二：一是谋求（或实现）心理性的同化，如英国、法国和西班牙一直致力于文化同化；二是对文化差异，特别是语言差异则持宽容态度，如比利时和瑞士。②

其三，西欧人的建国“经验”对第三世界国家人民的建国实践具有先例性价值。

通过考察民族关系复杂的亚非国家的社会政治整合问题，分析经济发达的西方国家经过同化异族建立民族国家的“非冲突性模式”，一些学者得出的结论是，西欧国家的经验对预测亚洲、非洲多民族国家的政治前景具有先例性价值。其代表性人物卡尔·道奇认为，意大利、西班牙和瑞士都是具有单一民族意识的国家，其成功的同化经验不仅对于成功同化（法国）布列塔尼人、（英国）康沃尔人和苏格兰人具有特别有效的参考价值，而且还可预测亚非多民族国家的未来。③

持类似观点的还有本杰明·阿克兹恩，认为西欧主体民族对像威尔士人、苏格兰人、拉普人和弗里斯人等人们集团进行“同化”的政治意义

---

① 参见 Stanley Hoffmann ed. *Conditions of World Order*, New York, 1960; Dankwart Rustow, *Nation*, Crpwell, Coller, and Macmillan, 1968。

② Charles Lerche and Abdul Said, Concepts of International Politics, ed., Englewood Cliffs, Prentice-Hall, 1970, p. 274.

③ Karl Deutsc, "Nation-Building and Nation Development," ed. Karl Deutsch and William Foltz, New York: Athern, 1966, pp. 1-8. Karl Deutsch, *Nationalism and Its Alternatives*, New York: Knopf, 1969; Karl Deutsch, *Nationalism and Social Communication: An Inquiry into the Foundations of Nationality*, Cambridge: MIT Press, 1953&1956; Karl Deutsch, "Nation-Building and Nation Development," ed. Karl Deutsch and William Foltz, New York: Athern, 1966, p. 324.

在于，这些民族的经历为第三世界各族人民构建自己未来的国家提供了成功的实例。①

在这些人看来，那些在 17—20 世纪完成民族国家缔造（国家的政治疆界与民族的族裔疆界相重合）的西欧国家的经历，便是战后正在缔造中的亚非多民族国家的发展前景。如果说康沃尔人、苏格兰人和威尔士人已经成为彻底的不列颠人；巴斯克人、加泰隆人和加利西亚人已经成为西班牙人；弗拉芒人和瓦隆人都已成为比利时人；阿尔萨斯人、布列塔尼人和科西嘉人都已成为法兰西人，为什么伊博人、豪萨人和约鲁巴人不应该成为尼日利亚人？为什么俾路支人、孟加拉人、普什图人和信德人不应该成为巴基斯坦人？②

其四，认定 20 世纪后半叶兴起的欧洲族裔民族主义运动是史无前例、令人惊奇的事件。经济、文化权利的不平等是民族冲突的根本原因。包括主体民族对少数民族经济、文化权利的剥夺，“部落主义”的回归，主流社会对少数民族的“边缘化”影响，主体民族优势的丧失，等等。

20 世纪 60—70 年代，族裔民族主义运动在一直被西方人视为其主体意识根本不存在的几个民族集团中兴起后，上述学派提出若干理论来阐释这种让其“难以预料”的社会现象。其中具有一定影响的理论包括：经济、文化或政治权利剥夺理论——认为 20 世纪后期族裔民族主义运动的兴起，是由于一些民族的经济、文化或政治权利受到剥夺的结果。强调指出，一个民族所受经济剥削越深，要求民族自治的呼声越烈。社会反常理论——认为随着现代化程度的加深，疏远人性、道德渐丧的社会群体情感在一些少数民族中表现得日益强烈，其结果导致了“部落主义”的回归，或者激发了一种“新的更恰当的”抉择产生。边缘化影响理论——认为在一系列“核心—边缘”关系中，社会主流只对那些“自信（边缘）”的民族集团进行了“边缘化影响”，结果产生了所谓“边缘类型”。其内涵有二：一是空间或地理概念，指像苏格兰或布列塔尼等远离国家政治范围的地理名词，而非现代国家通信和交通网络的组成部分；二是社会概念，指得到社会关注最少、收入和接受教育程度最为低下的人群。而这类

① Benjamin Akzin, *State and Nation*, London: Hutchinson University Library, 1964, p. 63.

② Donald Puchala, *International Politics Today*, New York: Dodd Mead, 1972, pp. 83 - 84, 200 - 201.

人群正是诱发民族斗争意识的策源地。主体民族优势丧失理论——认为欧洲（特别是西欧）国家个体战后已丧失了在全球范围的威望，因此失去民族自豪感的是不列颠人、法兰西人，而非苏格兰人和布列塔尼人。那些民族自豪感相对高涨的族裔集团，为集团获得更多权利而努力的意志和行动比以往表现得更为坚决。

其五，“民族主义”“地区主义”“地方主义”和“族裔民族主义”概念混用。

在当时的西方文献中，人们倾向于将“民族”（Nation）和“国家”（State）两个词语交替使用。作为民族或国家意义的一种延伸，民族性（Nationality）和民族主义（Nationalism）都用于描述对国家的忠诚，而不是对作为民族的族裔集团（Ethnonational Group）的忠诚。因而需要找到另外一个词语来描述对作为民族的人们共同体（如巴斯克人、布列塔尼人和佛兰德人，等等）的忠诚。事实上，一方面由此导致了许多族裔民族主义（Ethnonationalism）“代用品”的问世，比如，次民族忠诚（Subnational Loyalties）、族裔多元主义（Ethnic Pluralism）、地区主义（Regionalism）以及“地方主义”（Sectionalism），等等；另一方面，部分人将“民族主义”“地区主义”“地方主义”与“族裔民族主义”混为一谈，进而对“族裔民族主义”概念以至现象产生误解。①

（二）20 世纪后半叶欧洲族裔民族主义实践的主要特征

20 世纪后半叶欧洲族裔民族主义实践的真实状态如何？是否呈现“退化”或“消亡”态势？如果不将有关事实梳理清楚，我们则很难客观认识、理解上述理论观点。

第一，20 世纪后半叶欧洲族裔民族主义实践是 17 世纪以来民族主义运动发展的自然延伸，相关事件的发生发展是可以做出预测的。

1648 年到战前的欧洲历史很大程度上可视作民族解放运动的历史。自法国大革命正式将抽象的哲学概念“统治权力”授予给“人民”，“人

① 参见 Werner Feld，“Subnational Regionalism and the European Community”，in *Orbis*，18（Winter 1975），1176 – 1192；John Schwart，“The Scottish National Party”，in *World Politics*，22（July 1970）：496 – 517；Jack Haywood，*The One and Indivisible Frence Republic*，Norton，1973，pp. 38，56；Abdul Said and Luiz Simmon，eds.，*Ethnicity in an International Context*，Edison，N. J.：Transaction Books，1976。

民主权论”便开始切实深入欧洲民心。[①] 欧洲人坚信，事物发展的自然属性决定了“异族统治为非法统治”。希特勒在描写其“母国”时便表达了类似的意向：我们的国家只有雅利安人，它将“引导本族人民走向最高层次的自由”。[②] 19 世纪 20 年代希腊人争取民族独立的斗争，30 年代瓦隆人和弗拉芒人的解放斗争，1848 年革命的开展，60—70 年代德意联盟的建立以及 1878—1944 年罗马尼亚等 15 个欧洲国家的建立，都是这种情感推动的结果。战后初期，西欧许多民族主义运动的发展因面临诸多问题而呈和缓态势，但“和缓”并不等同或意味着“退化”或“消亡”。日耳曼民族主义因被等同于法西斯主义，而使其感召力受到负面影响。阿尔萨斯三个致力于地方自治的政党在 1928 年已获 40% 选票，但在战后初期却比较和缓。战后初年，南提洛尔因尚未走出由极端民族主义肆虐所导致的大屠杀的阴影，民族主义运动相对和缓。弗拉芒人和布列塔尼人的相关实践也呈和缓状态：部分领导人曾与纳粹合作，使人们对运动的合理性产生怀疑；而这些人在战后或逃，或亡，以致群龙缺首。[③] 总的说来，凡此种种约在 20 世纪后半叶活跃起来。

第二，对欧洲乃至西方而言，战后即使要给极端民族主义下发讣告都还为时尚早。

法兰西人、荷兰人和丹麦人等所创造的和平氛围，使得部分学者确信，极端民族主义已被欧洲人，乃至西方人远远抛开。事实上，不能否认的是，极端民族主义势力很容易在曾经疯狂追求民族利益的实现的民族中抬头。比如德意志人，战后他们对自己在战争中的行为进行了反思，把曾经放纵的“激情”置放到“潘多拉盒”中。[④] 但是，当战争的痛苦从人们的记忆中消退时，当纳粹主义和德国民族主义的生长成为必然之势时，当战后人们取得的物质和文化成就中吸纳了德国人成就的光彩时，当老一辈德国人认为他们的赎罪和放弃战争的誓言历时已久时，当战后新生代相

① Konstantin Symons - Symonolewicz, *Nationalism - Movements*, Maplewood Press, 1970, p. 4.

② 参见 Walker Connor, “Self - Determination : The New Phrase”, *World Politics*, 20 (Oct. 1967), pp. 40 - 43。

③ 有关欧洲族裔民族主义发展的详细内容可参见 Walker Connor, “The Politics of Ethnonationalism”, *Journal of International Affairs*, 27, No. 1 (1973), pp. 5 - 11。

④ 参见 William Bluhm, *Building an Austrian Nation*, Yale University Press, 1973; Gordon Munro, *Two Germanies: A Lasting Solution to the German Question*, Ph. D. Diss, Claremont Graduate School, 1972。

信他们不可能为父辈在战争中犯下的罪行接受责备时，谁能断定德国极端民族主义痊愈的条件无法具备呢？再比如大和民族，战后政府要人（不顾世界舆论的谴责）频频参拜“靖国神社”，屡次制造“教科书”事件，以各种借口拒付战争赔款……致力于和平发展的人们，难道不应从中得到些许警示吗？

第三，不同于地区主义运动、地方主义运动或民族主义运动的族裔民族主义运动日渐兴起。

“族裔民族主义”与“地区主义”或“地方主义”具有本质的不同。后者会随着现代化不断拉近一国内地区间的距离而逐渐消失，其特性在于既可指发生在一国内部的地方主义运动，也可指发生在较大区域范围（如欧洲）内的超国家整合。将发生在某一民族之中的“族裔民族主义”看作是“地区或地方主义”的认识，源自民族主义的消亡是现代化进步表现的理念。事实上，现代化程度的提高对族裔民族主义的发展往往具有相反的作用。将一国内少数民族具有一定“地方或地区”（如布列塔尼、苏格兰和威尔士）性的族裔民族主义运动均冠名为“地区主义”或“地方主义”运动，实是将不同性质的现象混为一谈。在此思想指导下，族裔认同被视为“地区或地方认同”，其内聚力被从地区或地方主义角度进行评估。20 世纪 70 年代以后，随着旨在分权的“地区主义”“地方主义”运动的开展，发生在西欧国家的族裔民族主义运动通常被指称为同类性质的运动。当然，这种情况出现也有其客观条件，即这些国家的地区疆界与民族集团的分布版图非常接近，甚至是重合的。

当然，族裔民族主义也不同于民族主义。在我们理解民族国家的过程中，有三方面因素难以逾越：作为集体认同的民族、表达政治独立的国家，以及与民族和国家疆界必然一致的位于某一地理区域中的领土。一般说来，就国家范围的民族主义而言，其产生时间可上溯至法国大革命。准备为自己所归属的人们共同体（如王国）而牺牲生命的意识则由来已久，最早大概出现于罗马帝国至中世纪王国时代。① 但是，当时这种意识只是一种个人行为——个人对集团显示忠诚的表达方式，而不是一个民族的集体行为。16 世纪，莎士比亚等人开始用“民族特性”（也被民族主义者用以支持民族特有认同的连续性）表述当时新建立的国家与近代早期出

---

① 参见 E. L. Kantorowicz, *Mourir Pour La Partrie et Autres Texts*, Paris 1984。

现的王朝国家之间的差异，“民族特性”因而成为显贵文学修辞的组成部分。之后，民族主义的部分作用体现为民族爱国主义（一种原生态的本能，如同人们与生俱来的对家庭的忠诚），而“民族”（Nation）虽然长期以来始终表现为一种消极的、蛰伏状态的国家，但是，实际上一直是业已存在的“自然”联合体。民族主义的目标是建立国家、以直接为国家利益服务为宗旨；而族裔民族主义属于“民族忠诚”范畴，并未挑战“公民对国家的忠诚”；德意志人、波兰人和挪威人等民族在近代发动的民族主义运动，与20世纪后半期兴起的西欧族裔民族主义运动具有本质的不同。有学者曾以联合王国的情况为例，说明广义的不列颠民族（Nation）与更加具体的英吉利族（Nationality）、威尔士族和苏格兰族在现实中并不存在激烈的冲突。① 但是，两者又不是截然分开的，族裔民族主义是民族主义的自然延伸。比如20世纪60—70年代发生在巴斯克、布列塔尼和威尔士等地的族裔民族主义行动，实为300多年来民族主义运动发展的自然延伸。

当然，民族主义与地区或地方主义亦不能混为一谈。相对于“民族”而言，“地区”或“地方”往往意味着一个更大的统一体的存在。地区或地方主义与民众对国家的忠诚是可以共存的。而将国家的合法性与族性联系起来的民族主义理念，与某一民族对被异族所统治国家的忠诚是不兼容的。相对民族主义在其他地区发挥的作用而言，民族主义对其出生地西欧的负面影响比较有限。西欧民族主义满足于在已存在的国家地理范围内建立民族疆域。其潜在的危害性主要源于其“颇具扩张性”的政治主张，即“所有操同一国家语言的人具有天赋的权力在独立的主权国家内彼此结成政治联盟”。② 但是，这一点并不能否定民族主义运动那些值得称颂的历史。

如将这些概念混同起来，则难以认识族裔民族主义的性质、发展态势和动因。这样，把20世纪60—70年代视为欧洲民族主义“退化期”或“消亡期”，将这一时期西方族裔民族主义运动高涨的原因仅仅归结为“经济、文化权利剥夺”等问题就是很自然的事情了。

---

① 参见 Dankwart Rustow, “Nation”, *in the International Encyclopedia of the Social Sciences*, New York: Crpwell, Collerand Macmillan, 1968。

② Arnold J. Toynbee, *A Study of History*, Oxford University Press, 1954, p. 536.

第四，事实证明，现代化对族际关系的影响并非一定体现为“同化模式”。

首先，现代化水平的提高所招致的国家内部地区间交往程度的加强，在缓解民族冲突程度的同时，也更易于促使诸民族间原有分歧的积聚和加强。不同民族间同化性交往开展的首要条件是，其中至少有一方不属于所谓“少数民族”。综观现代化在西方国家的演进历程，能清晰感到由现代化程度的提高所引发的地区性交往的加强，推动了各国内地区间在政治、经济等方面一致性的逐步形成。但是，不断深入的地区、族际交往也使一国内部人民间业已存在的地区差异（比如西班牙的加泰隆人、巴斯克人与主体民族西班牙人之间的分歧，英国北爱地区的爱尔兰人与英吉利人之间的分歧等）不断扩大。因此，应将不同民族的文化同质程度和彼此交往范围统一起来加以理解。不同民族多样文化的日渐趋同与民族界限的日益凸显并存，是战后以来让许多西方学者颇感困惑的问题。[①] 事实上，值得关注的并非所谓“文化相似性”及其结果，而是“同化（包括心理同化）问题”，即生活在现代社会的少数民族能否对其归属产生忧患意识。因此，在单一民族国家中，确实可将“民族主义与社会交往”联系起来；而“民族主义与非社会性交往”则更适于表述多民族国家的内部关系。即现代化水平的提高，并非一定招致第三世界人民必将重复西欧人建国历程的结果。

其次，20 世纪后半期，现代化程度的加深与族际交往的频繁，实已成为激励民族自治要求日益强烈的催化剂。不同民族同化性交往开展的另一基本条件是，被同化者属相对弱小的民族，且往往在前民族阶段已处于被同化状态。伴随现代化而来的地区性交往的加强，正规教育及民族自治知识（包括“同化现象”和成功的自治运动案例）的普及，少数民族的自觉性得以加强，其致力自治实践而言得以鞭策和鼓舞。受民族分离主义倾向的激发，克什米尔人给印度政府制造了难以驾驭的问题，而克什米尔的独立又难以不激发印度其他民族的自治、自决行动。

第五，民族冲突的根本原因并非简单地体现为文化、经济或宗教权利的不平等。

事实清楚地告诉人们，民族冲突的根本原因，并非仅仅体现为文化权利的不平等。巴斯克族裔民族主义运动是 20 世纪后半期西欧族裔民族主

① Arend Lijphart, “Consociational Democracy”, *World Politics*, January 1969.

义运动的重要组成部分，巴斯克人的骁勇善战在西班牙各民族中最具盛名，但对于在日常生活中使用、教授自己的语言兴趣索然。佛兰德人应为享有充分文化自由的民族，但他们从自己的愿望出发决定将法语作为第一语言教授。① 威尔士民族党的大多数成员不会，也没有兴趣讲威尔士语，他们公开宣称威尔士语并非学生的必修课。苏格兰人中要求“走自己的路”的人数要多于威尔士人的相应数字，但几乎没有几个人会讲或关注苏格兰语。在爱尔兰解放运动中，爱尔兰人并不支持被“解放”地区的人们使用（或作为第二语言学习）爱尔兰语。② 在俾路支、厄立特里亚、库尔德斯坦、米佐拉姆邦和那加兰邦活跃着的族裔民族主义运动表明，欠发达地区的族裔民族主义运动的发生并非人们要与现代社会疏远的结果。

可说明“经济剥夺理论”局限性的例子也不胜枚举。比如，巴斯克人、加泰隆人要富于卡斯蒂利亚人，克罗地亚人和斯洛文尼亚人要富于塞尔维亚人。1958—1968 年，佛兰德人从“比利时方式”投资中获得了巨大利润，但其族裔民族主义实践在同期反而日渐发展起来。战后西方（包括加拿大）族裔民族运动的主要支持者是中产阶级职员。1974 年，瑞士有 1/3 以上的选民要求政府草拟旨在驱逐大批外籍工的法令。苏联境内的少数民族为避免俄罗斯化程度的加深，反对中央向其聚居地附加投资。③ 可见，“经济剥夺理论”片面夸大了物质利益在民族冲突中的作用。

同时，民族冲突的根本原因也并不能仅仅归结为宗教权利的不平等。将北爱尔兰的冲突视为宗教性的斗争，就是这方面的典型实例。持此类观点的人，大多根据唾手可得的表面带有宗教色彩的文字材料，生硬地论证和报道发生在北爱尔兰的斗争，而不是从民族视角入手来探察北爱冲突各方所持的看似抽象的爱尔兰民族认同理念的异同。《纽约时代》曾发表过对一位北爱清教领袖、非爱族人士所做的专访，那位先生对自己的民族归属问题所作的回答是，“我不知道我是什么人。人们说我是英国人。英国人却把我当成二等公民。我不是爱尔兰人而是一个北爱尔兰人（Ulster-

---

① Joseph Rudolph, “The Belgian Front Democratique des Bruxellois Francophones – Rassemblement Wallon ”, in *Political Science Association*, 9 November, 1973.

② Ibid.

③ Juan Linz, “Easily State – Building and Late Peripheral Nationalisms Against the State ”, in the UNESCO, Conference on Nation – Building, Normandy, August 1970, pp. 85 – 86.

man)"[①]。类似的例子比比皆是。另据一家媒体披露，致力于将布列塔尼从法国分离出去的布列塔尼分离主义天主教徒，帮助爱尔兰共和军运送武器。[②] 该报道将视点聚焦于作为天主教国家公民的布列塔尼人的天主教信仰，追索事发的宗教根源，而没有涉及布列塔尼人与爱尔兰人间存在的凯尔特人祖先关系和凯尔特民族意识的作用，双方关系因此被直接定性为宗教关系。然而，北爱冲突的宗教性却遇到一系列非宗教性个案的挑战。比如，北爱社会民主与工党（受爱尔兰人支持的党派）在 20 世纪 70 年代制定的一项政策表明，认为自己属于"广义的爱尔兰人"（包括属于爱尔兰的爱尔兰人和属于北爱的爱尔兰人）的人数占北爱人口 1/3 以上。[③] 政府应该关注的是这种民族认同内部的差异与冲突，以及这种民族认同与北爱存在的不列颠民族认同间的关系；应从北爱与英国和爱尔兰共和国的特殊关系中去理解北爱的这两大对立的民族认同意识，找到解决北爱问题的根本。事实上，在爱尔兰民族主义者的意识中，独立自主是与地理意义的爱尔兰统一体和构成自由的领土联系在一起的，认为爱尔兰民族应自由地管理自己，整个爱尔兰都应团结起来。这样，爱尔兰问题便在两种民族主义主张（一方主张建立统一的爱尔兰；另一方主张建立独立的北爱尔兰）间引发了第二个冲突。

第六，一个民族争取或获得自决权利的经历对其他民族产生影响程度的大小取决于许多因素。

爱尔兰的独立从时间、亲近性、人口数量和领土面积的可比性和有关祖先关系的传说、两个民族曾经同时受制于一主五个方面，对苏格兰人和威尔士人产生了示范效应，从前四方面对布列塔尼人产生了示范效应，从前两方面对巴斯克人产生了示范效应。威尔士的民族主义运动的发生和发展，主要应归功于匈牙利民族主义运动和爱尔兰民族主义运动，特别是后者。爱尔兰人的斗争行动所以能够对布列塔尼人产生重要影响，主要由于他们都是凯尔特人的后裔，而二者之间并非存有共同的历史或政治联系。在影响苏格兰人和爱尔兰人关系的诸多因素中，其共同的凯尔特性反而成为双方难以建立和谐关系的障碍，因为在爱尔兰的非爱尔兰人中，苏格兰

① *New York Times*, 16 November 1974.

② Associate Press, 30 January 1975. *Keesing's Contemporary Archives*, 22 - 29 September 1974, pp. 267 - 232.

③ *Le Figaro*, 5 July 1971.

人的祖先是其中占有优势的民族。从族性上说，苏格兰人与爱尔兰人比较接近，其程度要高于他们愿意承认的水平。事实上，奥斯特（Ulster）既属于爱尔兰也属于苏格兰，确切地讲，从地理上说它属于爱尔兰，从文化上说它属于苏格兰。20 世纪 60—70 年代，作为泛民族性潮流发展的一种政治后果，爱尔兰人建立的以爱国主义为宗旨的“凯尔特人代表大会”和“凯尔特人同盟”等泛凯尔特组织活跃起来。①

事实证明，20 世纪西方民族自决运动兴起和发展所产生的影响主要体现在两个方面：

第一，用事实证明一个民族的人口规模与其争取自决的能力并非成正比。在西欧民族主义的历史演进中所表现出的不规则的，但具普遍性的倾向，民族的人口数量与获得民族自决地位的成功率并非成正比。1905 年挪威的政治独立可以看作西欧民族主义发展进程中的一个重要里程碑，因为挪威的人口比加泰罗尼亚和苏格兰都少。② 爱尔兰的解放在这一方向上又迈进一步。冰岛人在第二次世界大战中获得独立地位的事实证明，人口数量并非一个民族获得独立的障碍。而长期以来一直被学者和政治家所关注的理念和事实——民族的脆弱性会造成其实现政治独立难以逾越的障碍，也引起了众多民族的普遍重视。否则，要理解民族主义运动领导人开始用一些小民族成功取得独立地位的个案来支持自己的主张（比如，苏格兰民族主义者指出，世界上只有 39 个国家的人口少于威尔士人，特别强调其中包括冰岛、卢森堡和新西兰③）的原因，就会比较困难。无论怎样说，西欧都算不上多民族的地区，但在那些人口数量甚至少于冰岛人口的民族中，却存在着诸多潜在的民族主义运动领导者实现民族独立的梦想。1944 年，阿尔弗雷德·考班，以假定的获得独立的冰岛和马耳他为典型，来奚落“民族自决原则的合理发展”。④ 令人关注的是，就在考班著述发表的同一年，冰岛获得了独立。发生在欧洲的这两个生动、真实的案例表明，长期以来一直从心理上有力禁锢

---

① Kenneth Morgan, “Welsh Nationalism: The History Background,” *Contemporary History*, 6 (1972); Owen Dudley Edwards et al., *Celtic Nationalism*, Routledge & Kegan Paul, 1968.

② “苏格兰民族党”经常以挪威的独立为例证，以表明其坚持“苏格兰能够走自己的路”的可行性。Sandy M. Intosh, *Scottish National Party Publication 100 Home Rule Questions Answered*, Oliver McPhsern, 1968, pp. 27, 45.

③ Christian Science Monitor, 2 August 1974.

④ Alfred Cobban, *National Determination*, Oxford University Press, 1944, pp. 131 – 132.

人们思想发展的理念——小民族不具备获得政治独立的能力——已经被从政治公理中驱除出去。

第二，“异族统治为非法统治”理念在列强的海外属地的迅猛传播，最终导致了殖民时代的终结。如前所述，由某一具体国家获得政治独立所引发的“示范效应”对不同民族的影响不尽相同。印度获得自由对联合王国各民族的影响最大，阿尔及利亚获得自由对法国各民族的影响最大。但在全球范围出现的民族独立局面，其发挥示范效应的范围超越了国家边界。一些亚洲、非洲和美洲国家非殖民化的完成，在欧洲被压迫的少数民族中引起了普遍而激烈的反响——“为什么达喀尔（塞内加尔首都）、布拉扎维（刚果共和国首都）、阿尔及尔（阿尔及利亚首都），甚至蒙特利尔（加拿大）的观念和爱好不应在布雷斯特（法国港口城市）、斯特拉斯堡（法国）和敦刻尔克（法国）不可阻挡地发展起来呢?”① 即使不发生非殖民化，仍然没有明确的理由可以确认，民族主义的浪潮不会像先前它在德意志人、斯堪的纳维亚人和爱尔兰人发挥的作用一样，波及西欧不同的民族。第二次世界大战后民族主义运动的迅猛发展并非突发事件，民族主义运动的发展历史可上溯至第一次世界大战。众多民族主义运动在20世纪50年代后期至60年代突然取得了令人注目的发展，表明了民族主义运动具有较强的催化剂作用，而由全球性非殖民化形势所引发的“示范效应”便是所谓催化剂作用之一。战后，被法国、英国和美国的领导人看作可孤立存在于东欧范围的民族主义，已经扩展到非欧地区，并冲击到西欧尚未独立的民族。

（四）走出20世纪后半叶欧洲族裔民族主义理论的误区

如何认识、评价上述理论观点？西方学者对此或褒或贬，意见不尽相同。但总的说来，迄今为止前者仍占主流。我们认为，上述观点有值得肯定的因素，主要表现在相关学者认识到了战后世界“民族主义”理念与实践的变化，并且试图通过自己的理论阐释来反映这种变化；但更为重要的是，应该阐明他们的结论是难以经受住实践的检验和理论推敲的，属于缺乏事实例证与科学理论依据的学术观点。

---

① Pierre Fougeyrollas, *Pour une France federale : Vers l' Unite Europeenne Par La Revolution Regional*, Paris, 1968, p. 12.

第一，欧洲并非处于后民族时代。

史实表明，20 世纪后半叶欧洲民族国家特性依然比较彰显。

民族主义理想在战前曾催生了诸多欧洲民族国家，但其诞生与民族自治、自决过程的结束和民族主义的消亡并非具有因果关系。从某种意义上说，成立于 1918 年的塞尔维亚、克罗地亚和斯洛文尼亚王国（后更名为南斯拉夫）可谓一大进步。然而，这却使克族和斯族走向民族自决的步伐比其作为奥匈帝国臣民时更进一步。曾经遍及非洲和亚洲的“分离主义运动”提醒人们，只要没有完成民族自决，任何想要阻止民族自觉意识发展的企图都易受到挑战。20 世纪后半期，克罗地亚人和塞尔维亚人，斯洛文尼亚人和捷克人，马扎尔人与罗马尼亚人，阿尔巴尼亚人、斯洛文尼亚人、马其顿人、保加利亚人和罗马尼亚人之间的紧张关系已经公开化。虽然，第一次世界大战后和平条约的设计者们坚信，可以对民族主义抱负的发展做出种种限制，但是，“巴尔干化”使得民族主义情绪很久以来一直困扰着这一地区。

超越民族国家的“大欧洲”的构建任重道远。战后，“欧洲观念”实际面临着一系列挑战：因为法国不信任德国军国主义而导致的欧洲安全共同体的流产。法国内外对戴高乐总统提出的欧洲一体化理念，尽管表现出了广泛的宽容，但支持力度有限。欧洲经济共同体遭到了成员国（如挪威）全体选民的拒绝。一些偶发事件（比如，当阿拉伯石油生产国决定继续实行有选择的贸易政策时）证实，西欧各国在欧洲利益和民族国家利益面前，大多抛弃前者选择后者。同时，种族、民族歧视和排外事件在西欧诸国频发不断。美国学者通过研究西欧国家主体民族接受外籍工作为自己同胞的自觉程度，对超国家（欧洲）理念的力量进行了检验。① 认为尽管各国对外籍工的态度不尽相同，但真正将外籍人视作本国公民的人微乎其微。

第二，欧洲亦非处于“民族国家时代”。

20 世纪后半叶，在素有“民族国家”之称的西欧诸国接连出现的民族冲突，使人们清楚地看到，欧洲“民族国家”大多并非由单一民族组成。苏格兰和威尔士民族主义运动的复兴，发生在弗拉芒人与瓦隆人、南提洛尔德意志人与罗马人、巴斯克人与马德里人、北爱尔兰的爱尔兰人与

---

① 参见 Arnold Rose, *Migrants in Europe*, University of Minnesota, 1969。

非爱尔兰人及瑞士伯尔尼行政区操法语族群与操德语族群之间的冲突都是有力的例证。另外，一些民族的自治情绪也在与日俱长，像西班牙的加泰隆人、加利西亚人，法国的阿尔萨斯人、巴斯克人、布列塔尼人和科西嘉人，意大利的斯洛文尼亚人，奥地利的克罗地亚人和斯洛文尼亚人，法罗群岛上的挪威裔居民，丹（麦）属格陵兰的爱斯基摩人（又名因纽特人）。

西方学者在阐释欧洲国家的民族构成时，常常会忽略除主体民族之外少数民族的存在。比如他们认为，法兰西民族与国家是同义语，其文化与国籍相重合，少数民族为犹太人、吉卜赛人和外籍人，不包括阿尔萨斯人、巴斯克人、布列塔尼人、加泰隆人和弗拉芒人等。1973 年有人因提醒人们关注发生在布列塔尼的民族骚动而受到众人的批判。但两个月后，法国政府受到四股民族自治运动力量的威胁，其中两股来自布列塔尼，两股来自巴斯克和科西嘉。①

可见，欧洲处于“民族国家时代”的理论是缺乏事实依据的。

第三，“第三世界人民注定要重复西欧人的建国经历”的观点，无论从理论上还是从实践上看都是行不通的。

我们的问题是，这种“连接”学说和“预言”的理论基础是什么？如果第三世界人民注定要步西欧人的后尘，只是根据建国时间顺序做出的推断的话，那么阿富汗、埃塞俄比亚、伊朗和泰国等国的建立无疑要早于西欧国家，但为何未被视作未来主权国家的发展模式？所以，问题的关键不在于建国时间的先后，而在于开始或完成现代化的先后。若此结论成立，“现代化必然导致民族同化”或“西欧人建立的国家注定不会被同化”的推论则应顺理成章。

一个民族争取自决权利的经历对其他民族影响程度的大小取决于许多因素：一是时间。一般说来，所引用例证的发生时间距引用者生活的时代越近，其激励作用越强。值得注意的是，一些民族分离主义者致力创立的国家，通常被认为不具备形成经济实体的能力。如果以这样的个案作样板，其存在时间直接关系到其作为示范的有效性。二是亲近性。一般说来，所引用例证的发生地点距引用者生活的地点越近，其影响力

---

① Collette Guillaumin, “The Popular Press and Ethnic Pluralism: The Situation in France”, *International Social Science Journal*, 22/1971: 576 – 593.

越大。发生在西方外部世界的一些事例可说明问题。如比夫拉事件，它对于非洲国家领导人的威慑要远远高于对亚洲国家领导人的恐吓。当孟加拉事件发生时，印度和巴基斯坦领导人目睹了整个过程，在他们看来这是对次大陆本身最具意义的大事。1968 年苏联政府决定干涉捷克斯洛伐克问题的基点是，担心斯洛伐克自治运动的影响可能会越过边界，使原本难以驾驭的乌克兰人因此失控。三是有关祖先关系的传说。被示范者感到与示范者的亲缘关系越近，“示范效应”越强。独立的阿拉伯国家的建立，对“阿拉伯人都是自由人”的呼声无疑是有力的支持。处于异族统治下的斯拉夫各民族，自然会将每一个斯拉夫国家的创建均视作特有利益的实现。四是人口数量和领土面积的可比性。五是两个民族是否曾同时受制于一主。比如，当某国的一块海外殖民地获得自由时，其前宗主国内其他少数民族从中受到的影响，要远远大于该事件对其他国家的海外领地的影响。这种事件可让受制于该国的各少数民族领悟到“本民族将不再配属该国”的可行性。当然，诸因素叠加在一起，“示范作用”便可得到强化。

第四，20 世纪后半叶出现的欧洲族裔民族主义运动是并非史无前例、令人惊奇的事件。

那些将 20 世纪后半叶欧洲族裔民族主义呼声的高涨视为史无前例的学者，没能注意到先前的历史上已发生了诸多对后人具有昭示意义的类似事件。比如，20 世纪 30 年代西班牙的巴斯克人、加泰尼亚人和加利西亚人投票决定实行自治。再如，第一次世界大战后南提洛尔的德意志人开展了一系列民族主义活动，力争将本民族祖居地归并意大利，但随之受到希特勒的蛊惑，决定离开家园到第三帝国定居；第二次世界大战结束后，该地区又成为族裔民族主义运动较早复兴的地区。此外，希特勒还曾与弗拉芒和布列塔尼的极端民族主义分子勾结，为第三帝国的扩张寻找帮凶。墨索里尼求助的对象是科西嘉人。第二次世界大战期间，分离主义运动在撒丁岛和西西里都表现得比较活跃；法裔加拿大人也纷纷起来参加“反英战争”；为得到斯洛伐克人和克罗地亚人的支持，希特勒分别为其从捷克人和塞尔维亚人手中夺得了自治权；面对德国对苏联的侵略，乌克兰人、克里木半岛的塔塔尔人和其他一些非俄罗斯民族均做出自治的举动。这种事例比比皆是。战后初年，人们对“民族主义”理念及其实践的漠视与冷淡，表面上中断了民族主义运动发展的连续性，的确易给人造成认识上的错觉，即民族主义已成为历史。事实上，这也许可解释为族裔民族主义在当时尚未发育成熟。

通过历史的视角、运用比较的方法分析可以看到，西方民族主义理念与实践在当时并非具备“退化”或“消亡”的条件。

首先，族裔民族主义运动发展具备了完成从量变到质变的条件。事实上，实现“现代化”对于战前“原生态”民族而言实属勉为其难。战前现代化的发展水平并未达到必须进行国际性交往的程度。相对闭塞的交通和通信条件使少数民族的自我满足感得到保护。在他们看来，布列塔尼人的文化未曾受到法兰西人的侵犯；爱丁堡属脱离于伦敦的世界。而大多数瓦隆人和弗拉芒人很少与其他民族交往。① 简言之，发达国家中的少数民族与尚未完成工业化国家的民族之间的差异只是量的区别。然而，战后这些民族间交往的性质和强度与战前相比的确发生了变化。越来越多的西方国家的少数民族意识到其族性意义因族际交往的加强受到了挑战。布列塔尼人在这方面表现得较为典型。当他们与其他法兰西人间的交流加强时，其民族认同意识变得敏感起来。“许多人从广播和电视节目中发现，他们是布列塔尼的一部分。而从前他们认为自己只属于所居住的某个较小区域和行政单位。”②

其次，族裔民族主义理念的传播获得了便捷有利的途径。工业革命成果为人们进行超越民族边界的交往提供了便捷条件。但人们通常忽视了同时发生的另一现象——民族主义的速扩和激化，即经济上的国际主义的发展是与政治上的民族主义的日益成长相伴随的。要理解这一看似矛盾的现象，关键在于认识工业革命的“非智能性”。工业革命本身既不属于民族主义范畴，也不属于国际主义范畴。它关注的核心内容是机械和材料。对于各种思想的传播而言，工业革命为其提供了较为便捷的方式和更多的机会。在工业革命开始时，民族主义也变为一场具有重要意义的“智能”运动。不应否认的是，当新的工业机械被用于实践国际主义目的时，它甚至更多地被用于实现民族主义的理想；工业革命丰富多彩的国际主义成果对于民族主义的发展具有重要的促进作用。

第五，有关民族冲突根本原因理论大都难以自圆其说。

---

① Oriol Pi – Sunyer ed. , *The Limits of Integration*: *Ethnicity and Nationalism in Modern Europe*, The University of Massachussetts Department of Anthropology, 1971, pp. 77 – 10.

② Suzanne Berger, “Bretons, Basques, Scots, and other European Nations,” *Journal of Interdisciplinary History* (Summer 1972), pp. 170 – 171.

我们认为，相关理论阐释有些是经不住历史事实检验的，有些至少从某种程度上说是前后矛盾的，有些则因为缺乏具体的量化的说明而使人难以信服。比如前面提到的“文化权利剥夺理论”的非客观性和“经济权利剥夺理论”“宗教权利剥夺理论”的局限性。有些理论观点的前后矛盾是显而易见的。例如“社会反常”理论，它一方面指出现代社会的颓废状态淹没了远离主流社会的“边缘”群体；另一方面又强调，人性渐丧的现代社会群体情感在一些少数民族中表现得日益强烈的结果导致了“部落主义”的回归。“边缘化影响理论”“主体民族优势丧失理论”因缺乏具体的量化的说明而使人难以信服。“边缘化”“主体民族优势丧失”具体指什么？它们达到怎样的程度才会产生相关的影响？如何理解不列颠等民族是优势丧失的民族？上述理论没能对这类问题做出具体的量化说明，人们因此对其可信性自然会产生疑惑。

20 世纪后半叶欧洲族裔民族主义理论与实践的确存在值得关注之处。对前者而言，应肯定是相关学者认识到战后世界“民族主义”理念与实践的变化，并且试图通过自己的理论阐释来反映这种变化。但其诸种症结也是不容忽视的——结论大都难以经受住实践的检验和理论推敲。其症因主要包括：由于术语混淆而导致的对于“族裔民族主义”现象的误解，由于理论误用而导致的对民族冲突原因与西欧民族自决运动“示范效应”的错判，以及由于研究方法的偏差而导致的对通过历史的视角、运用比较的方法分析问题意义的忽略。对后者而言，不容忽视的是，战后初期，欧洲许多民族主义运动的发展因面临诸多问题而呈现的和缓态势，并非意味着民族主义运动的“退化”或“消亡”。

民族主义思想最初诞生于法国，后逐渐被世界各民族认识和接受。其历史并非全部由偶发、突发事件构成，在纷繁的表象后存在诸多演变规律。其理念和实践在战后的西方并未“退化”或“消亡”，其能量亦非全部释放完毕，即使要给极端民族主义下发讣告都还为时尚早。族裔民族主义与地区主义、地方主义与民族主义不能混为一谈。20 世纪后半叶欧洲族裔民族主义理念和实践的发展，可视为 17 世纪以来民族主义力量不断扩展的一个步伐，相关事件的发生发展是能够做出预测的。无论从理论上还是从实践上看，将民族冲突的根本原因归结为语言或宗教权利的不平等及“第三世界人民注定要重复西欧人建国经历”的论点都是行不通的。

现代化对民族主义发展速度的影响要远远超过对其主旨的影响。事实上，它催化了20世纪后半叶欧洲族裔民族主义运动的发展。不同民族间的联系越密切，就越容易在经济、政治、军事和文化等方面形成同盟。随着社会交往媒介革命性变化的开始，“主权在民”思想迅速普及并深入人心。这一点有助于我们理解战后民族自治思想之所以能迅速传播的原因。

通过历史的视角和比较的方法研究民族主义是非常必要的。只有了解民族主义的发展历史，并对其不同表现形式进行比较研究，才能客观认识与把握现实存在的民族主义的影响和发展态势。著名民族主义问题专家考恩曾强调指出，如果要研究某个（几个）民族主义运动，首先要考察历史上发生过的，以及在其他国家（地区）的正在发生的诸多民族主义运动。①

学术思想大多难免存在这样或那样的不足，并非所有的相关西方理论都有助于我们客观理解民族主义现象。即使我们能够相对客观地把握民族主义发展史，仍然难以通过预测其未来发展方向来消除其固有的危险。但是对民族主义发展态势的正确评估，可为人们做出比较准确的预测提供更大的可能性，至少可以帮助人们在面对民族主义的种种表现时，保持一种客观而冷静的心态。

二 全球化时代的公民权利与移民权利

人口的地理流动的经验是人类生存经验的核心特质之一，并且创造了很多调查研究与方法论范式。在20世纪的最后10年，移民的数量和质量都达到了非同寻常的维度，我们因此不得不面对一系列问题，比如，在金融资本主义全球扩张的现实语境下，跨国人口流动的意义是什么？一方面，通过银行汇款、开展移民社团活动和实行双重公民身份等方面的实践，跨国人口维护了两国或两国以上民族—国家之间经常性的经济、社会和政治互动，正在社会代理者（包括国民、外国人和移民等）与社会机构（包括民族—国家和欧盟等其他超国家组织）之间创建一种新型的接合；另一方面，跨国移民实践也对被民族—国家世界体系下的“国际性

① 参见 Hans Kohn, *The Ideal of Nationalism*：*A Study of Its Origins and Background*, Macmillan, 1944; *Nationalism*: *Its Meaning and History*, Princeton, 1965。

逻辑”（logic of internationality）[①] 所合法化的国籍与公民身份提出了质疑。跨国移民实践的发展受制于政治机构所采取相关举措（国民—国家颁布的移民政策，欧盟等超国家机构颁布的法令法规等），以及个人、社会集团的价值取向和战略选择（比如，发动大规模的报复性行动为移民争取选举权），超越民族—国家世界体系下所界定的地理疆域成为其紧迫、必然的选择。

大约在一个半世纪的时间里，世界各地的民族—国家通过设立申请国籍（逐渐被认同为公民身份）[②] 的法定标准，掌控了接受或排斥不同的社会集团实现社会和政治参与的权利。跨界人口分布范围的扩大和数量的提升，已经对于与公民身份密切相连的国籍认同提出质疑，进而对民族—国家的权威性发出挑战，即民族—国家身份还能充任公民权利担保人的传统角色。随着“未有证件的移民”（所谓“非法移民”[③]）数量的增加，没有政治（或公民）、社会权利的人群开始大量涌现，人们从中可以明显看到民族—国家世界体系的诸多裂隙，即一些社会群体被排斥于构成主权国家的公民共同体之外，相关群体成员被称为“无国家的国民”（nations without state）。[④]

本章将考察移民过程正在质疑的民族—国家世界体系的特权及其正在设置的新的跨界世界体系（transnational world - system）。主要关注跨国移民所能享有的公民权利（在地方选举中的投票权等），可以与主权国家的概念发生冲突，并为新的社会认同和政治忠诚的发展提供基石的维度。文章将从以下三个方面对上述问题加以讨论：一是探讨当今世界“真正”

---

① 参见 J. Rée, “Internationality”, *Radical Philosophy*, 60（1992）, pp. 1 - 3。作者认为，所谓“logic of internationality”可视作一种面向全世界、面向全人类的思想体系或全球性社会组织，应对“国民的权利与责任”作出明确的解答。

② 诸多学术著述认为，国籍（nationality）与“共同的国民文化”（common national culture）密切相关。各类民族主义者据此证实，由国民组成的“人民”群体的存在，以及包含（或排除）于由公民组成的国民共同体之内（或外）的标准设定均具合理性。事实上，一国之内的“国民”难以具有所谓“共同的”文化，这类“合理性”形式经常被边缘化、碎片化，但是，在移民问题上，欧盟等超国家机构仍然将文化标准作为“包含”或“排除”的合理手段，在《欧盟宪法》的序言中出现了“欧洲的文化、宗教和人类遗产”字样。

③ 所谓“非法（illegal）移民”或称“非常规（irregular）移民”在欧盟国家中的数量增长迅速。其主要原因：移民总量的日渐增加，以及相关国家和组织对边界地区跨界人口管理的不断强化。

④ 从另一角度看，未得到文件承认的移民（“无国家的国民”）亦可被视作“无国家公民”（citizens without state），其作为社会集团成员和独立个人的公民权利未得到国家的确认。

的跨界达到了怎样的程度？换言之，我们是否已经超越了民族—国家的世界体系？认为，我们所处的时代可以称作“跨国化（transnationalization）时代”，而非“跨国（transnational）时代”，在相当长的时间里，作为一种世界体系的民族—国家仍然持有特权，它的一些机构仍然有能力保护其权力（power）领域（如充任公民权利的授予者与保护者）。二是探讨建立一种介于国籍与公民身份之间，有别于“公民”权利和“移民”权利的新型表达的可能性。本章指出，无须归属某个“国民共同体”进而获得公民身份，的确存在一些可以选择的路径。但是，迄今为止，其中相当一部分尚处于理论探讨阶段，并非已被付诸实施的现实。三是探讨通过开展社会实践（比如履行投票权）发展“跨国公民社会”（transnational civil society），使移民与国民享有同样的权利，在公民政治共同体中享有“平等”地位的方式方法。

（一）跨界视阈下的移民

本章使用术语“跨国”（transnational）指称一种理论范式、分析的视角，以及跨越主权国家边界的社会群体及其相关实践。“跨国”的维度体现在两个方面：从形式上看，超越或扰乱了民族—国家的象征性疆域和领土性边界；从本质上看，正在创建一个新的社会领域，既不破坏民族—国家的地理情景，其范围也不会被扩展到全球。20 世纪 90 年代，随着由格里克·席勒（Glick - Schiller）主编的《走向跨国视阈下的移民》一书的出版，跨国主义（transnationalism）作为一种分析视角出现于世。作者们在书中分析了在跨界社会领域中发展起来的政治、经济和社会关系结构及其以观念、民族（peoples）、商品和消费模式互动为标志的特质。作为一种理论范式，将移民置于跨国的视角下加以考虑，意味着重新将视线投向有关种族、阶级和族体的传统论述，分析这些人们共同体在超越现代民族—国家结构的框架下建立的新型关系中的生存与发展，探寻发生在某些特定的地区或地方的移民过程的渊源。“跨国逻辑”（transnational logic）并非从全球或国民的视角思考跨界移民的战略性行动，而是将跨界移民视为全球化和民族—国家建构过程中的一种现象，从一种非排斥性的视角关注处于地区整合领域中的移民经验与实践等社会行动。

我们认为，当拥有不同国籍的社会行动者长期置身于持续不断的跨越国家疆界的社会关系中时，其社会实践可以被视为“跨界”。从这个意义上说，当前跨国界的移民可以视为一种"跨界"实践。原因如下：一是任何移民计划的出台都需要一个决策过程，需要关注移民的对象、方式、地点和时间等基本问题。但是，至今为止，在移居地的类型和范围方面并未有明确的规定，移民从未被限制可以迁移到两个民族—国家。在计划制订者们研讨移民可能选择的目的地时，不同民族国家可以提供的就业条件得到了关注，而跨越国界需面对的困难却往往受到忽视。① 二是由跨越国界的移民长期保持的持续不断的社会关系，不需移民对其在原居国所持有体质、心智条件做出更多的调整，以应对传统意义的"这里/那里""国内/国外"② 环境变化的持续挑战。③ 三是跨国迁居在社会行动者（国民、外国人和移民）与社会、政治机构（民族—国家和超国家组织）之间创建了一种新的模式，通过多元、多样的跨界实践，促进了全球范围的机构权利流转。④ 四是跨国移民实践对原居国和目的国的国民认同提出质疑，并加以改变。⑤ 对移民的原居国而言，国民移居出境数量的增加有助于新的社会实践、趋上社会流动的新形式和新的消费模式（可能与传统国民文化的相关

---

① 实际上，移民所选择的移居地、移居时间不尽相同。有些人的临时居住地可以成为其他人的永久居住地，有些地区成为女性移民的首选，有些地区男性移民则更为青睐。政府在做相关计划时，难以得到比较准确的统计数据。有关欧洲人针对移民的态度和动机做出的决定，可参见 Ibánez Angulo, "Los nuevos movimientosmigratorios. El caso de la emigración de la población b lgara a Castilla y Lecón," in L. Díaz Viana and P. Tomé. La *Tradición omo Reclamo*. Valladodid: Junta de Castilla y Lecón, pp. 135 - 172。

② 新的信息和通信技术，已经减少了业已移民的和准备移民的人们之间的持续接触。迁移出境并非意味着"一去不回"，与原属共同体保持有限的接触，跨国移民阶段是趋上社会流动过程的重要组成部分。俄罗斯等国迁居出境的实践表明，对于移民来说，通信和交通工具的进步，使得"距离"不再成为其迁居的障碍，同时从很大程度上冲破了人为的对跨国移民实践的诸多限制，提升了自身完成跨国移民实践的能力。参见 R. Viruela, "Migratión y nuevas technologías de la información y la communicación: inmigrantes rumanos enEspaña", *Revista Migraciones*, No. 21 (2007), pp. 259 - 290; P. Kennedy and V. Roundomet of, "Transnationalism in a Global Age", in P. Kennedy and V. Roundomet of, eds. *Communities Across Borders: New Immigrants and Transnational Cultures*, London: Routledge, 2002, pp. 1 - 26。

③ B. Riccio, "From 'Ethnic Group' to 'International Community'? Senegalese Migrants' Ambivalent Experiences nd Multiple Trajectories", *Journal of Ethnic and Migration Studies* 27, No. 4, 2001, pp. 685 - 711.

④ 参见 S. Sassen, "Global Cities and Diasporic Networks: Microsities in Global Civil Society", in Anheier et al., eds. *Global Civil Society* 2002, Oxford University Press, 2002。

⑤ Ibánez Angulo, "Nation Building within The European Union: Reforming Bulgarian National Identity from Abroad", in E. Marushiakova, *Dynamics of National Identity and Transnational Identities in the Process of European Integration*, Newcastle: Cambridge Scholars Publishing, pp. 154 - 189.

理念相冲突）的发展。在其目的国，多样性的历史、文化和宗教不再在边缘化地区相逢，而是在人们日常生活的核心区交会在一起，激励人们重新思考和界定传统视阈下有关“我们”和“他们”的识别及其相互关系。

我们需要注意的问题是，跨国移民实践究竟要发展到何种程度才能真正对民族—国家权发出挑战，并且为新的世界体系铺平道路？一方面，部分学者指出，“跨国主义”[①] 的确已经瓦解了民族—国家的霸权地位，跨国移民运动正在催生后国民共同体（post - national），并可能在与传统的国民共同体的冲突中，推动“具有进步意义的”“去疆界（deterritorialization）公民身份”的最终实现。[②] 另一方面，有学者认为，在当今的世界体系下，移民仍然是民族—国家权力具体运作的对象，不存在跨越民族—国家的移民，民族—国家可以通过非平等的权利结构和概念界定（“我们是谁”和“我们属于谁”），完成对移民群体的族性分类、数量监控和结构调整等。介于两种观点之间的一种主张是，跨国实践正在动摇民族—国家的主权（与其对立的观点是，民族—国家仍然保留着部分传统意义的特权）[③]，值得注意的是，持此观点的人认为跨国移居者所提出的拥有两国或两国以上公民身份的诉求，是社会政治生活中的“鲜活主张”，表明公民身份和政治忠诚不再只涉及一个民族—国家。[④] 所以，虽然一些跨国实践可能与民族—国家的权能发生了冲突，但是并非意味着对民族—国家的全盘否定。跨国行动虽然对民族—国家体系发出了挑战，但是超越或优于现行的民族—国家世界体系的新的世界体系尚未出现。依据如下：一是在民族—国家的层面上，对于公民共同体包括/排除的对象（“谁”），一

---

① 全球化（globalization）、全球性（globality）和全球主义（globalism）是三个意义有别的概念，分别指称过程、过程的发展结果和导致过程启动的意识。它们可以构成有效的分析框架，用以区别跨国化（transnationalization）、跨国性（transnationality）和跨国主义（transnationalism）。跨国主义可以理解为鼓励和伴随跨国社会实践发展，并对民族—国家所掌控的霸权发出挑战的一种逻辑。跨国化和跨国性的实现过程，可以被认同为一种新的世界体系的生长过程，相关意识的贯彻实践和相关过程的持续发展是其生长的温床。

② N. Al - Ali and K. Koser, *New Approches to Migration? Transnational Communities and Transformation of Home*, London: Routledge, 2002, p. 4.

③ R. Baubck, "Towards a Political Economy of Migrant Transnationalism", in *Transnational Migration Review*, Vol. 37, No. 3, 2003, pp. 700 - 723.

④ 参见 N. Glick - Schiller and P. Levitt, "Haven't We Heard This Somewhere Before? A Reply to Waldinger and Fitzgerald", *Princeton Working Papers Series*, No. WP 0601, Woodrow Wilson School of Public and International Affairs, Center for Migration and Development, 2006。

直存有比较详尽的法律阐释。二是当下的资本主义人口的“再地化”（re-localization）[①] 经济过程，利用了民族—国家世界体系（可反映出不同地区、不同国家在工资待遇、就业条件和社会权利等方面存在的差异）所能提供的有利条件，企业将在相当长的时间里，根据自己利益选择“落脚点”，工作机会成为全球性资源。[②] 三是欧盟、世贸组织等大多数超国家组织中的成员身份，仍然需要将先前在民族—国家中的成员身份作为申请加入门槛。

两百多年前，康德曾经说这样一段话：如果我们被问及“你现在是生活在文明时代吗？”这个问题，可以给出的答案是：“不，我们生活在启蒙运动中的一个时代。”[③] 我们认为，目前的移民运动尚未发展到“跨国阶段”（transnational age），而是处于“跨国化阶段”（age of transnationalization），其间，跨界实践和过程的多元性向民族—国家的权能提出了质疑，但是，民族—国家的结构并未出现实质性改变，“我们仍旧处于全球化过程的某个阶段，而非全球化时代”。[④] 同时，我们也应认识到，任何社会体系都是一种历史体系，可以通过人类社会实践加以建构和改变。

（二）国际语公民身份：公民权利 VS 移民权利

如前文所述，我们并非已置身跨国时代，而是处于跨国化过程中的某个阶段。在这一阶段中，民族—国家仍然保留其部分传统属性，比如界定公民共同体包含或排除的对象；同时，出现了动摇民族—国家在当下世界体系下所享特权的力量（比如超国家机构）。我们将在国家和跨国的情境下，分析介于国籍（属于象征性共同体的国民）与公民身份（属于政治共同体的国家）的身份表达。认为，表达国籍和公民身份的具体形式，可依前文提到的所谓“国际性逻辑”（将认同或排斥的个人、社会集团参与社会和政治实践的依据合法化）为据，并需在跨国化实践不断出现的背景下加以改变。

---

① 生产过程的所谓“再地化”是相对于被广泛使用的“去定域”（delocalization）而言的术语。生产过程并非全部需要离开原位而展开，事实上，出于就业环境和财政税收等方面的利益考虑，生产过程在某些地区和国家的再地化设置比较普遍。

② C. Solé and I. Cachón, “Globalicitiöe Inmigración: Los Debates Actuales”, *REIS*, No. 116, 2006, pp. 13 – 52.

③ J. B. Erhard et al. *Quées Ilustración*? Madrid: Tecnos, 1999, pp. 17 – 29.

④ U. Beck, *Quées la Globlización? Falacias Globalismo*, *Respuestas a la Globlización*, Madrid: Paidós, 1998, p. 166.

在民族—国家世界体系下，公民个人的权利因其拥有国籍而得到承认，据此，国籍遂成为公民身份的象征。国籍和公民身份指向社会生活的不同范围：前者指存在于生活在民族—国家疆域内众多个人之间的“文化共同性”（cultural commonality）；后者指存在于相关人类群体中的“权利共同性”（commonality of rights），比如公民权利、政治权利和社会权利等。有关介于国籍和公民身份之间的身份识别，马歇尔（T. H. Marshall）在《公民身份与社会阶级》（*Citizenship and Social Class*）一书中曾做过探讨，认为民族—国家体系会持久存在，个人权利的演进模式由政治和社会精英掌控，公民权利是阶级特权的进步的“替代品”，只有在民族—国家的体系下公民权利才能得以实现。[①] 但是，马歇尔未能关注到在民族—国家具有的文化和族裔多样性问题。[②] 认为，公民身份需要具备共同体的归属感，其基石是忠诚于被视为“共同遗产”的某种文明。被马歇尔忽视的事实是，国家不会使其属下的每个社会阶层和集团的成员均享有公民权利。[③] 事实上，马歇尔在著述中涉及的许多问题，也是我们今天需要面对和回答的问题。比如，是否有可能将社会公平原则与市场价格原则在一种体系之下加以联合？资本主义的扩张是否伴随着公民权利范围的扩大？阶级差异缩小到何种程度才能实现社会权利扩大的目标？公民权利的平等实践与资本主义体制暗含的不平等结构设计是否相容？

马歇尔对战后社会政策所持的乐观态度，导致他确信资本主义的扩张必然伴随公民权利范围的扩大，虽然其中的部分权利可能会对资本主义体系构成威胁。在马歇尔看来，保障公民权利是市场经济发展不可或缺的条件，而政治权力则不然，它们对资本主义体系是一种威胁。理由是这类权利不是给予个人的，而是给予集体的。他明确提出，要捍卫阶级社会，“社会的不平等是必要的”“阶级社会应兼容公民权利的扩大”。[④]

关于资本主义全球扩张（全球化）过程的若干问题，我们现在所能给出的答案有别于马歇尔的回答。原因如下：一是今天的民族—国家已不再凸显 20 世纪后半期“社会凯恩斯主义国家”的特点，不再

① 参见 T. H. Marshall and T. Bottomore, *Giudadania y Clase Social*, Madrid: Aliannza, 1998, pp. 15 - 82。

② Ibid., p. 46.

③ Ibid., p. 88.

④ Ibid., p. 39.

是公民权利的唯一担保人，NGO 等组织和其他公共政策领域中的社会团体在国际舞台上扮演的角色，获得了法律保障。① 二是马歇尔忽略了移民的权利问题。② 马歇尔的著述发表于 20 世纪中叶，当时的移民实践与今天以多样化的跨国移居形式为特征的移民形势多有不同。诚然，如果看到公民、政治和社会权利受到剥夺的移民（包括非法移民）数量的增加，我们就会认识到，全球化的实际发展过程并非与公民权利的夸大相伴随。三是近 30 年来，主权国家在商品和劳动力市场中不断践行“放任逻辑”③，导致资本主义迅速扩张，危害部分群体的社会和政治权利，成为另外一些群体和个人获得经济利益的前提，随着对工人阶级队伍的地区分隔和族裔分化（ethnification）④，全球劳动力资源和劳动条件的差异被进一步扩大了。

如上文所述，资本主义的扩张并未与公民权利的扩大相伴随。因此，我们自然要回到前面提到的问题：在什么条件下，可供选择的公民身份可以出现？它是否能够出现？我们在这里试图选择一个专有的术语来表达这种可供选择的公民身份。大多数学者同意使用“国民的/正式的”公民身份的表达方式，我们称之“跨国公民身份”，它的获得意味着在享有国籍的同时，可以拥有公民、政治和社会权利。

至于“跨国公民身份”可能出现的条件，我们认为可以从以下方面理解：一是将公民权利与正式属于某个民族—国家的国籍联系在一起。二是将公民权利的认同与人权联系起来，虽然形式上未归属于具体的民族—国家，但是

① E. J. Ruiz Vieytez, “Spanish Immigration Policies: A Critical Approach from a Human Rights Perspective”, in D. Turton, et al., ed., *Immigration in Europe: Issues, Policies and Case Studies*, Bilbao: University of Deusto, 2003, p. 185.

② 公民权利问题一直是民族主义论述的核心议题之一，将移民排斥于公民权利之外而并未得到应有的重视：首先，跨国移居往往容易被理解为一种“间歇的”“偶发的”现象。其次，移民所受到的权利排斥，通常被视为作为文化同质的国民，其公民政治共同体具体建构的一种结果。应该说，如果我们能够看到跨国移居实践在资本主义扩张过程中具有的长期性和连续性特征，能够将民族—国家视为文化同质的政治共同体，移民权利可能会在有关公民身份的讨论中得到更多的关注，可能会推动更多的人思考在公民权利方面移民所受排斥的合理性、合法性，较少地纠结于移民的文化、原居国差异和不平等地位等话题。

③ 但是，几乎所有的欧盟成员国都直接干预市场运作，它们将一系列数字庞大的资本不断注入“国家银行”，以确保储户的储金安全，特别是要维护资本主义世界体系的持续发展态势。

④ 族裔（ethnic）是一种社会建构，在当今的跨国移民，以及不平等和种族主义的再生产过程中，成为将移民群体分类的一种标准。受内容和篇幅所限，本章对于少数族裔群体在民族—国家中所受到的权利侵害问题不做讨论。

能够得到确认和保障。三是将移民生活和工作的共同体中的每一个成员都界定为人权受体，相关人权独立于其原居国国籍及其相关的公民身份。① 尽管最后一种选择可能导致对集体（族群和劳工群体）权利的忽视，以及新的不平等的出现，但是，仍然被一些人视为迄今为止最现实的选择。

超国家机构下的公民身份的表达形式（比如欧盟属下的公民身份），不能视为我们所需要的身份选择。因为这类公民身份依赖于先前在某个成员国中享有的国籍/公民身份，并且只在欧盟成员国内才可得到。② 当然，在欧盟边界以外的地区，比如在美国，欧盟公民享有的权利亦有别于世界其他国家公民。欧盟的公民身份是在超国家而非跨国领域内既有公民身份的延伸，尚未能成为可供选择的方式。

三　全球化时代的地区建构

民族主义与地区建构是世界范围内引人注目的思潮和国际现象。在现代国际关系中，民族主义是建构国家利益的文化符号和政治思想，国家利益是民族主义存在和发展的衡量标识，决定国家对外政策的原动力，以及构成国际关系体系的内在动因。在全球化语境下，随着民族国家相互依存关系的逐步加深，地区建构变得日趋重要。一方面，战争的洗礼使民族国家大都清醒地认识到，过分追求国家利益的结果必然导致驾驭彼此关系能力的丧失，没有任何一个民族国家能够对其他国家保持长久的霸权地位，对古典民族主义的传统理念及其实践方式不能再抱有幻想。另一方面，全球化所营造的现实，也使得许多曾极力推崇国家与权力的民族主义者接受了新的理念——“民族国家缺少实现当前众多要求的能力”，而“地区合作远比诉诸国际机构更为实际和令人满意”，“地区建构可使其免受大国对其主权和自主权的干涉”。

---

① 参见 T. H. Marshall and T. Bottomore, *Giudadania y Clase Social*, Madrid: Aliannza, 1998, p. 128。

② 非欧盟成员国（但是位于所谓欧洲经济空间范围之内）的公民亦享有类似的权利。但是，不是所有成员国国民都可享受此待遇，比如马恩岛人和香奈尔群岛人是联合王国的国民，却被排除于“自由运动”之外。通过延期偿付方式组织保加利亚和罗马尼亚工人迁居等举措亦表明，欧盟成员国的公民并非总能被纳入“欧洲公民”群体。

众所周知，因地区民族①所引发的世界地区性民族问题②具有强烈的地区化倾向，争端的发生致使两国或两国以上的国家牵涉其中。出现问题的一方通常希望得到居住在边界另一侧的“同胞”的支持，干涉的一方往往通过政府力量和民间活动等形式参与相关事务的处理，而大国总是会利用各种借口插手其中，争端随之呈现国际化态势，相关地区国家关系和族际关系陷入紧张状态。

国外学者曾从历史学、政治学、社会学等角度对地区性民族问题进行了介绍和研究，取得了一定的成果，积累了大量宝贵的资料。但人们对从民族主义的角度考察地区性民族问题并未予以充分的重视，对问题产生的民族原因尚缺少深入的分析和认识。比如有人将争端产生的原因仅仅看作大国争霸的结果；③ 有人则单纯强调经济利益关系对争端发展

---

① 学界对这一概念的界定尚存争议。事实上，使用该概念的著述还不多见。本章所谓的“地区民族”是指跨越国家疆界而居住的民族，通常由“历史民族”经历了若干质的变化后，发展、分化而形成。这类群体既包括跨界民族（people across national boundaries）、居住在岛屿争端发生地区的民族，也包括居住在残存殖民地的民族。是在人类社会文明进程中，人们共同体的民族过程与人类社会的国家过程普遍发生的一种叠合现象。从政治人类学角度看，基本限定于那些因传统聚居地被现代政治疆界分割而居于毗邻国家领土、领海岛屿的民族。其基本特征为原生形态民族本身为政治疆界所分隔，传统聚居地为政治疆界所分割。作为一种特殊的人们共同体，其自治或独立诉求通常直指领土主权、领海主权等国家的重要物质基础。

② 可理解为地域范围涉及两个或两个以上主权国家的民族问题。其形成是近代列强划分势力范围的结果，众多民族因被人为强行划分到不同的国家而形成了日后以领土为核心的争端。此类问题大都与国家疆域争议相伴随，不仅关系到主权国家的国防建设与国家安全，而且对相关地区的和平与稳定具有重要影响。

③ 参见 Abdalla Ahmed Abdalla, “Environmental Degradation and Conflict in Darfur: Experience and Development Options”, in Environment Degradation as A Cause of Conflict in Darfur, Conference Proceedings (Khartomun, December 2004), Africa Progress of University for Peace, Addis Ababa, 2006; Helen Chapin Metz ed., Sudan: A Country Study, Federal Research Division, Library of Congress, 1991; Dustan Wai, *The African - Arab Conflict in Sudan*, New York: African Publishing Company, 1983; James Morton, A Darfur Compendium, HTSPE Limited, Hemel Hempstead, UK, 2005; C. Townshend, *Northern Ireland's Troubles: The Human Costs*, Clarendon Press, 1983; T. F. O'Rahilly, “Early Irish History and Mythology,” *Dublin Institute for Advances Studies*, 1976; S. Howe, Ireland and Empire: Colonial Legacies in Irish History and Culture, www.books.google.com. 2000; T. W. Moody, *The Course of Irish History*, Weybright and Talley, 1967; S. J. Connolly, *The Oxford Companion to Irish History*, Oxford University Press, 2002; Donald Chandraratna, *Sri Lanka: Perspective on Resolution of Conflict*, University of Western Australia, 1993; B. Pillai Bastiam, “Survey of Conflicts among Communities in Sri Lanka in Modern Times”, *Center for South and South - East Asian Studies*, Madras University, 1995; Rohan Guanratna, “Al - Qaeda: The Asian Connection”, *The Strains Times*, 4 January 2002; Fred R. Von Der Mehden, *Two World of Islam: Interaction Between Southeast Asia and the Middle East*, University Press of Florida, 1993; Aspects of Islamin Thailand Today, http: //www.isim.nl/newsletter/3/3regional/4.html; Abdullah Ahmad Badawi, Islam Hadhari, MPH Group Publishing Sdn Bhd, 2006; Soliman M. Santos, *The Moro Islamic Challenge, Constitutional Rethinking for the Mindanao Peace Process*, University of the Phillippines Press, 2001。

态势的影响。① 中华人民共和国成立以来，国内学者对地区性民族问题的研究日益增多，出版了一些专著，发表了许多文章。但是从民族主义角度，特别是从民族主义与地区建构关系的角度考察地区性民族争端的著作、文章还不多见。②

有鉴于此，本章试图通过分析民族主义与地区建构的相互关系，以及世界地区性民族问题对当今国际政治的重要影响，探讨解决此类争端可遵循与采取的原则和措施，以期能抛砖引玉，使更多的人关注地区性民族问题，为地区性民族问题的和平解决、探求实现冲突地区国富民和的路径，提供点滴参考。

---

① 参见 Wei - chin Lee, "Troubles Under Water: Sino - Japanese Conflict of Sovereignty on the Continental Shelf in the East China Sea", *Ocean Development and International Law*, 18, 1987; G. Edwards, S. Stavridis and C. Hill, *Domestic Sources of Foreign Policy: Europe and The Falkland Islands Conflict*, Berg Publishers, 1996; Trickett, P., UK Rep and the Falkland Islands Conflict Driving the Machine, http://hdl. handle. net/10068/397228, United Kingdom, 05 Humanities, Psychology and Social Sciences, 1999; D. Scarr, *The History of the Pacific Islands: Kingdoms of the Reefs*, *Palgrave MacMillan*, 1990; Orent and Qeinch, "Pacific Ocean Islands. Sovereignty," *American International Law Magazine*, Vol. 35, 1941; The Clippertton Island Arbitration Case, 1932, UN Reports of International Arbitration Awards, Vol. 11; International Court of Justice Reports, 1969, Papers; The Conference Records of Proceeds, US State Dept Publication, December 1952; M. Leifer, *The Security of sea - lanes in South - East Asia*, Routledge, 1983; L. Jae - Hyung, Contemporary Southeast Asia, 2002; M. S. Samuels, *Contest for The South China Sea*, Methuen, 1982。

② 参见葛公尚《当代国际政治与跨界民族研究》，民族出版社 2006 年版；葛公尚：《试析跨界民族的相关理论问题》，载于《民族研究》1999 年第 6 期；葛公尚：《当代政治与民族问题》，中央民族大学出版社 1995 年版；宁骚：《民族与国家：民族关系与民族政策的国际比较》，李毅夫、赵锦元主编：《世界民族概论》，中央民族学院出版社 1993 年版；周星：《民族政治学》，中国社会科学出版社 1993 年版；王逸舟：《当代国际政治析论》，上海人民出版社 1995 年版；胡起望：《跨境民族初探》，中国社会科学出版社 1995 年版；刘稚：《跨界民族的类型、属性及其发展趋势》，载于《云南社会科学》2004 年第 5 期；范宏贵：《中越两国跨境民族》，载于《西南民族历史研究集刊》1984 年第 5 期；黄惠焜：《跨界民族研究论》，载于《云南民族学院学报》1997 年第 1 期；胡起望：《跨境民族探索》，载于《中南民族学院学报》1994 年第 4 期；姜永兴：《我国南方的跨境民族研究》，载于《广东民族学院学报》1988 年第 10 期；杨金森、高之国：《亚太地区的海洋政策》，海洋出版社 1990 年版；王玉玮：《岛屿在国际海洋划界中的作用》，载于《河南省政法管理干部学院学报》2002 年第 2 期；袁古洁：《国际海洋划界的理论与实践》，法律出版社 2001 年版；陈克勤：《中国南海诸岛》，海南国际新闻出版中心 1996 年版；刘清才、孔庆茵：《亚太地区领土争端的成因及其解决方法》，载于《东北亚论坛》2003 年第 3 期；韩占元：《试析解决领土主权争端的有效控制原则——兼论我国的无人岛屿主权争端问题》，载于《太原师范学院学报》（社会科学版）2008 年第 3 期。

（一）民族主义与地区建构：国际体系变迁中族际关系的理论框架

全球化语境下，国际体系的变迁构成了国家和地区变迁的重要背景，二者形成相互建构的关系。在国际体系框架下，民族国家和地区同样也是互为建构的关系，国家利益和共有的认同是该建构过程的基础变量。它们可以说明民族主义的动力、地区建构的形式，以及它们之间互动关系的结合点。作为当今国际体系结构重要国际现象的全球化对民族主义与地区建构构成了建构性语境，全球化为二者的互动形式提供了参照物。从共有认同的形成来看，民族主义的形态和本质可以决定地区建构的形式、内涵与性质，地区建构反过来能够影响民族主义的形态与实质。从某种程度上说，地区建构主要是国家政策协调的产物，国家政策的协调实际上是国家利益的协调，是民族主义的调和。

第一，全球化语境下的民族国家与地区：国家体系变迁中民族国家与地区的定位。

国际体系是国际政治行为体之间相互作用形成的对立统一的有机整体。① 在国际体系中，国家是最主要的构成体，地区是国际体系主要的子系统。国际体系的建立与形成，对于置身其中的行为体具有重要的影响。体系的性质决定了行为体的目标、利益和行为方式，体系的变迁是行为体权力和力量分配的反映。在国际关系发展史上，体系、地区与国家的互动构成和决定了地缘政治的运行态势，以及族际与国际关系的发展轨迹。

全球化是超越民族—国家疆界的产品、人力资源、理念等要素的广泛流动及其重要性的不断增加。它不仅意味着国家主权观念、国家利益、国家的政策取向等获得重新界定的重要氛围，而且意味着国际体系结构形态与性质的可能变动。“机遇与挑战并存”已成为公认的全球化特性。其衍生后果取决于国家与国际社会反应的方式及其效果。在国际关系语境下，民族国家及其互动既是全球化的“形成者”，也是全球化的“适应者”。

1. 全球化语境下的民族—国家

民族—国家是法国大革命和美国革命的产物。在现代意义上的“民族”出现之前，国家就已存在。国家体制首先从欧洲，然后在世界其他各地崛起，通常是早于民族主义以及今天的许多民族。从 18 世纪开始，

① 参见梁守德、洪银娴《国际政治学理论》，北京大学出版社 2000 年版。

民族意识和民族主义蓬勃发展。“民族产生后在相当长的时间里只存在于人们的思想意识中，而不是现实中。”① 18 世纪晚期，国家和民族整合为一体。民族—国家和民族在时空上的错位是今天许多民族冲突的主要原因。② 不是所有潜在的民族都能够成为真正的民族，许多潜在的民族对此根本没有尝试过，“不可能应用简单的公式计算出哪一个将成为真正的民族”。③ 民族意识最初发生在城市知识分子当中，然后在大众中得到呼应。

回顾近代以来的历史，民族—国家的建构意义昭然可见。当世俗化的国家实行政治统治的宗教基础崩溃以后，国家必须为自己找到新的合法化源泉。民族认同（national identity）在帮助民众克服地域局限的同时，也赋予其为祖国而战的精神和勇气。而民族文化建设，则为法治国家的诞生奠定了文化基础。民族国家的集体认同在形式上可以分为族裔（ethnic）认同和公民（civic）认同两部分。前者来自一种成员的共同历史记忆、文化传统和血缘关系，而后者来自共有的政治、法律等制度规定下的一种公民身份。④ 公民民族主义既反对民族又反对马克思主义，同时，激发了来自不同国家、源自不同传统的学者的想象力。面对共产主义体制的崩溃瓦解以及族裔民族主义（ethno - nationalism）、原教旨主义的兴起，它认为公民的利益在于尊重公民国家的权威而不是国家对公民权的尊重。通过族裔特征来定义民族的观念正在“欧洲思想中艰难航行”。⑤ 越来越多的人已经开始认识到，对于基于同一的民族性、单纯的种族性、血统、宿命或语言的传统民族主义应该给予彻底否定，民族国家应该包含“所有愿意服从该国信条的人，而不考虑他们的种族、肤色、宗教、性别、语言或族性”，“相互平等”“联合在爱国的旗帜下”的公民应为“共同的政治实践和价值观”建构在国家整体框架下的多样性，而“民族国家应因包

---

① ［德］尤尔根·哈贝马斯：《包容他者》，曹卫东译，上海人民出版社 2002 年版，第 131 页。

② 参见 Leonard Tivey, *The Nation State*, New York: St Martin's Press, 1992。

③ Ernest Gellner dam s Navel Primordialists Versus Modernists in Edward Mortimer and Robert Fine People, *Nation & State: The Meaning of Ethnicity & Nationalism*, London and New York: L. B. Tauris Publishers, 1999, pp. 31 - 35.

④ Brigid Laffan, "The Politics of Identity and Politics Order in Europe", in *Journal of Common Market Studies*, Vol. 34, No. 1, March 1996, p. 85.

⑤ Michael Ignatieff, *Blood and Belonging*, London: BBC Books and Chatto and Windus, 1993, p. 4.

含混合杂交的各色人等而感到骄傲”①。的确，民族认同是维系民族国家的社会—政治基础。② 民族认同确定了民族这一群体的地域边界和领土，在时间和空间上确定了民族的身份，也使国家和作为其文化对应物的民族形成有机的联系。在民族的地域范围内，所有成员根据民族认同形成了一个利益共同体。

民族—国家的建立为欧洲资本主义的产生和发展提供了巨大的动力，但是，民族—国家自问世始，便不能不面对一种与生俱来的、难以摆脱的困境。权力平衡原则是其追求的基本目标，但是“以暂时共同利益为基础的权力平衡原则不会产生异种稳定的平衡关系”。③ 作为一种特定的人们共同体，利己和排他是民族认同情感的基本特征。它决定了近代出现的民族—国家的宗旨是“增强自身的力量、财富与繁荣”。一方面，民族—国家从本性出发需要不断追求至高无上的“国家主权”，同时，在现实中又难以摆脱彼此间深厚的依存关系而独立发展；另一方面，依赖于民族国家的技术——工业革命若想求得自身的发展又难以不削弱民族国家体系。

全球化是近年来社会科学工作者在不同的领域经常讨论的话题。不过对于全球化这一复杂多变的历史过程，人们一直难以给出一个统一性的定义。不同的学科倾向于从各自的领域去理解和认识全球化。很多研究大多从通信、商业与金融市场的全球化与经济的整合这一相互依赖的全球市场体系为出发点，把全球化理解为一种同质化的过程，甚至更极端的观点把全球化理解为西化或美国化。作为以研究全球文化中的多样性著称的人类学研究，基于对全球范围中多样性文化的研究和积累，更加强调的是地方化、本土化以及异质化的过程。

作为前所未有的历史性变迁，全球化以其宏大的规模和多重的维度冲击着国际社会的所有成员，而民族国家则首当其冲。一直以来，民族—国家在国际体系中占据着中心位置，但随着全球化的深入，民族—国家的地位受到越来越大的挑战。从地理上看，通信技术革命和全球信息网络打破了民族疆域的封闭性，使其日趋开放。从经济上看，现代资本主义体系迅速膨胀，把绝大多数国家纳入其中，形成了相互依赖的跨国生产，宣告了

---

① Michael Ignatieff, *Blood and Belonging*, London: BBC Books and Chatto and Windus, 1993, p. 4.

② Anthony D. Smith, *National Identity*, London: Penguin, 1991, p. 16.

③ Klause E. Knorr ed., *British Colonial Theory*, London, 1963, p. 5.

自足经济的终结。从政治上看，核扩散、恐怖主义和环境污染等全球性问题迫使各国通力合作，从全人类的利益出发做出回应，主权的不可让渡性遭到了质疑。20 世纪晚期，全球化的不断深入导致了民族疆界不断淡化，世界剧烈的整合与重组使民族认同陷入了前所未有的困境，全球性力量崛起冲击着民族认同的合法性，民族国家在被削弱后，其所属的族体又向原有的认同回归，民族认同的感召力受到了极大的削弱。

在威胁和挑战人类前途的全球化面前，各民族国家需要以多边主义或相互协调的方式实施共同治理，但是超国家治理又难以不对它们的民族认同产生威胁。跨国政治共同体形成的前提是必须有一种相应的政治意志。欧盟委员会主席雅克·德洛尔曾经指出："不考虑这种认同（欧洲认同），不努力确定欧洲人应该对他们自己有什么样的认识，能够重新统一欧洲吗？坦率地说，我认为那样是不可能的，尽管这个使命被证明是具有冒险性和困难重重的。"① 事实表明，民族—国家无法抵制国际行为体所做出的决定以及由此产生的外在效果，不再能够依靠自身力量有效保护其国民，需要将自己的部分权力让渡给国际组织。从现实上看，这必然要招致民族—国家对外、对内主权的丧失，以及民族—国家在决策中不断出现合法性危机。民族—国家是现代国际关系中最重要的效忠和认同的对象，这种认同"来源于个体对自己作为某个或某些社会群体成员资格的认识，以及附加于这种成员资格之上的价值和情感"。② 尊重和保护民族认同是"非安全化"的重要内容。当这种所谓"认同"遭到威胁的时候，民族—国家必须采取措施使之安全化。有些学者认为，欧洲一体化进程已经涉及了民族—国家的"社会安全"，"社会安全"遂成为冷战后欧洲新的安全挑战。③ 跨国政治共同体是否可以形成一种超越民族界限的集体认同，并因此而满足后民族民主的合法性条件是解决问题的关键。④ 当代政治的现实说明，离开民族国家的保护，民族在国际社会和国际组织中得不到承认，甚至连基本的生存权利都难以保障。吉卜赛人、库尔德人以及一定程

---

① Jacques Delors, "Europe: The Continent to Doubt", *Aspenia*, Fall 2000, p. 37.

② H. Tajfel, *Human Groups and Social Categories*, Cambridge: Cambridge University Press, 1981, p. 255.

③ 参见 Ole Waever, Barry Buzan, Morten Kelstrup and Pierre Lemaitre, *Identity*, *Migration and the New Security Agenda in Europe*, New York: St. Martin Press, 1999。

④ ［德］尤尔根·哈贝马斯：《后民族结构》，曹卫东译，上海人民出版社 2002 年版，第 103 页。

度上的巴勒斯坦人，都提供了这方面的佐证。国际体系的生存竞争决定了任何成功的实践（创新），必然在整个体系内被迅速模仿和扩散开来。①

2. 全球化语境下的地区

所谓“地区”是地区性问题分析中的基本概念。它是一个比较宽泛的概念，有人因此称之“模棱两可”的概念。② 在汉语中人们习惯上容易将此概念与“区域”“地方”等混同。地区识别的主要工作是对某一特定的区域构成明确实体的程度做出多维的估测或评判。新功能主义认为相互依赖的程度是界定“地区”的重要标准。一般说来，在国际范畴里，“地区”是指“国际地区”（international region），而不是民族—国家内部的地区（region within a nation - state）。

学术界对“地区”的界定不尽相同。约瑟夫·奈认为，国际关系中的“地区”是指“由地缘关系和一定程度的相互依赖性聚合起来的数量有限的国家”。③ 卡尔·多伊奇认为，“地区”可以视为在广泛的不同层面具有显著的相互依存关系（经常但非永远是通过区分不同国家集团的经济、政治交往和社会交流范式表现出来）的国家群体。④ 布鲁斯·拉希特认为，可以根据如下标准来划分“地区”：一是成员在社会与文化（即内部属性）方面的相似性；二是成员对外行为（如在联合国的投票立场）的相似性；三是成员在政治上相互依赖；四是成员在经济上相互依赖；五是成员在地理上彼此接近。⑤ 威廉·汤普森认为，“地区”或“亚地区”存在的必备条件如下：一是行为体的互动关系体现了某种规律性和强烈性；二是行为体彼此接近；三是行为体和外部观察者认同其相关体系为其

---

① George Modelski, *Long Cycles in World Politics*, Seattle: Washington University Press, 1987, p. 208.

② Norman D. Palmer, “The New Regionalism in Asia and Pacific”, *Lexington Books*, 1991, p. 6.

③ Joseph S. Ny ed., *International Regionalism: Readings*, Boston: Little Brown & Co., 1968, p. 5.

④ Karl W. Deutsch, “On Nationalism, World Region, and the Nature of the West”, in Per Torsvik, ed., *Mobilization, Center - Periphery Structures and Nation - Building: A Volume in Commemoration of Stein Rokkan*, Bergen: Universitetsforlager, 1981, p. 54.

⑤ Bruce M. Russett, *International Regions and The International System: A Study in Political Ecology*, Chicago: Rand & Mcnally & Company, 1967, p. 11.

明确的“行动平台”；四是相关体系理论上应包含至少两个行为体。[①] 戴维·赫尔德认为，“地区”所指的民族国家群体“处于同一地域，共同关心某些问题，这些共同关心的问题可能使它们通过成员资格在特定的组织（欧洲联盟）实现彼此间的合作”。[②] B. 赫特纳将“地区”划分为以下类型：一是“中心地区”（包括北美、欧盟区和东亚），特点为政治稳定，经济富有生气；二是“中间地区”（包括中欧、拉丁美洲和加勒比地区、东南亚和南太平洋地区等），特点为正处于被整合进“中心地区”的过程中；三是“边缘地区”，特点为政治动荡，经济停滞。[③] 迄今为止，学界没能对“地区”给出准确的定义。有的学者提出，“地区”是继民族—国家之后的第二种人类一体化形态，如同民族—国家一样，也是全球化运动深化和高级化的必然产物。因此地区不是“给定的”，而是在全球化进程中被创造和再创造出来的。作为人类一体化的更高级形式，地区是以领土和地缘经济政治联系为基础的国际体系的次级体系。[④] 在国际政治语境下，它一般是指一群相邻的国家所组成的地理与政治的空间，往往被用来认定国际事务发生的场所。传统的国际关系结构中，地区只是作为一个不变的背景和被动的客体对国家、国家间关系和全球范畴的互动产生影响，并不是一个比较完整和独立的体系单位，也不作为一个国际政治的自变量存在并发挥作用。相应地，在人们对国际关系的解释与理解中，地区因素很少得到考虑，即使是在强调国际体系与结构的新现实主义和世界体系理论中也很难发现分析地区（一般意义上的）含义与特性的话语。显然，对地区概念及其作用的这种传统观念，满足不了理解当代国际关系发展变化的需要。

可以说，“地区”不是一个绝对的概念，而是一个具有相对性的概念。地区政治通常体现为一个聚合体和国家利益的协调体。虽然，学者们对“地区”概念的论述不尽相同，但是，总的说来，国际层面上的“地区”大致具有以下基本特征：一是地理位置的接近性；二是在政治、经

---

① William R. Thompson, “The Regional Subsystem”, *International Quarterly*, Vol. 17, No. 1, March 1973, p. 101.

② ［英］戴维·赫尔德：《民主的模式》，中央编译出版社 1998 年版，第 448 页。

③ Bjorn Hettne, “The New Regionalism”, in Bjorn Hettne, Inonai Andras and Osvaldo Sunkel (eds.), *National Perspectives on the New Regionalism in the South*, Finland: UNU/WIDER, 2000.

④ 参见庞中英《族群、种族和民族》，载于《欧洲》1996 年第 6 期。

济和文化等方面拥有某种程度的认同感；三是彼此间存在相互依赖关系；四是“区域”成为民族—国家与国际机制之间的重要“媒介”。

在族际关系语境中，“地区”是一个具有政治、历史和文化意义的实体。地区性族际关系的建构一般是地域内民族国家在内外背景的影响下互动的结果。

随着全球化时代的到来，人们对地区的认识发生了改变。地区主义和全球主义是冷战结束以来国际关系研究中引起普遍争论的两大问题，是对全球化语境下的国际关系结构和现状发生重大变化的概括和总结。地区主义对国际关系的贡献不仅仅在于它促进国家间的合作，更重要的是它赋予不同的地理区域以政治和经济的意义，改变了地区在传统上单纯的地理含义。[①] 冷战结束之前，地区常常被看作介于全球层次和民族—国家之间的中间层次，是行为的层次和空间，而不是行为体。但随着全球化进程的不断深入发展和地区性的提高，地区逐渐成为一个多种共同因素塑造出来的、有着地缘色彩的国际关系概念，是国际体系中现实存在和正在出现的一种以经济合作和解决共同问题（如市场、发展、安全和生态）为目的的区域性次级国际体系。它拥有自身权利的行为体，“正在从客体转变为主体”，国际政治已经成为“一个地区的世界”。[②]

作为全球和民族国家的中间地带，地区对国际体系的变动具有重要影响。地区意识形态趋势的兴起，制约着地区内各国和其他政治力量变体或为其创造发展机会。由此产生了超越地区的影响，在地区政治中具有利害关系的领域，非地区行为体因相互依赖关系对重大的地区变迁做出反应，相关的理念、经济或技术等随之扩散到整个地区，并影响着其他地区的政治。[③] 地区内民族—国家通过地区对焦点国家的变迁做出反应的形式在地区蔓延，即使全球变迁的条件不存在，世界也将发生变化。

同时，地区与地区内的民族—国家具有紧密的关系。地区内民族—国家的变化会对地区，乃至全球体系产生不同层面、不同程度的影响。相关的范围和程度取决于作为行为体的民族国家在国际体系中的现实地位。民族—国家对利益和政策的界定取向是产生变迁的主要途径。一个国家的变

① 参见朱锋《关于区域主义与全球主义》，载于《现代国际关系》1997 年第 9 期。

② 参见 Bjorn Hettne, “Development, Security and World Order: A Regionalist Approach”, *The European Journal of Development Research*, Vol. 9, Issue 1, June 1997, p. 97。

③ 参见 Zeev Maoz, *Domestic Sources of Global Change*, The University of Michigan, 1995, p. 18。

迁会导致地区甚至全球的变化。当这样的国家发生变迁的时候，外在的环境以不同的方式做出反应。首先，地区里具有既得利益的外部力量可能做出反应。其次，变迁的精神或理念可以扩散到整个地区。

地区从客体变为主体的条件就是由地理单元逐步发展为安全共同体。卡尔·多伊奇于20世纪50年代提出了两种安全共同体概念：合并型安全共同体和多元型安全共同体。前者是指由原来相互独立的各政治单元组成一个有统一政府的单一安全共同体，后者指由彼此分离并在法律上保持独立的政府组成的安全共同体。[①] 曼纽尔·阿德勒和迈克尔·巴奈特继承和发展了多伊奇的理论，将安全共同体定义为由主权国家组成的跨国地区，在该地区内的人民对和平变革有着可靠的预期；同时，依据共同体内互信和制度化水平，将安全共同体划分为松散的安全共同体和紧密的安全共同体。多元安全共同体要求成员间能确保彼此不会开战，可通过其他途径妥善解决彼此间的争端，其前提是一组国家存在持久的积极交往和互动关系，这种关系造就了共有的认同，排除了使用武力解决争端的可能。安全复合体不仅包括已经存在安全共同体的地区（如北大西洋），也包括尚不存在安全共同体的地区（如南亚）。认为，在安全复合体存在的地区里，安全互动也是紧密的，但起决定作用的是竞争和敌对而不是合作的逻辑。[②] 地区安全共同体的特点体现为，共同体的成员拥有共有的认同、价值观念和思想意识；成员之间在广泛的领域有着直接的联系和交往；以及共同体表现出着眼于长远利益的互惠及体现责任和义务的利他主义。[③] 共同体的成员之间通过非武力途径解决地区争端，采取共同行动解决威胁本地区安全的问题。

第二，国家利益、国家政策：地区建构中的民族主义的动力与外在表现。

民族主义与国家利益、国家政策之间存在密切关系。国家是民族的最高代理人，是维护民族属性和实现民族目标的基本载体，民族主义因此在界定国家利益、国家政策的过程中具有决定性的影响。民族主义的重要性

---

① 参见［美］詹姆斯·多尔蒂、小罗伯特·普法尔茨格拉夫《争论中的国际关系理论》，阎学通、陈寒溪等译，世界知识出版社 2003 年版。

② 参见 Bjorn Hettne, "Development, Security and World Order: A Regionalist Approach", *The European Journal of Development Research*, Vol. 9, Issue 1, June 1997, p. 97。

③ 参见 Emanuel Adler and Michael Barnett。

在于“能够依靠或反对现存的国家以及国家体系，动员全球各个地区的许多人民，联合起来进行政治行动”，① 其目标是“使公民的或族裔的民族成为国家的模子和尺度，使国家服从于、并且表达民族的意愿”②。在国际关系语境下，国家利益应是民族利益的体现，国家政策是体现国家利益的基本途径。

1. 国际关系语境下的民族主义

多年来，民族主义一直是中外学者关注的话题。民族主义内涵随着民族主义的扩展而铺陈开来。各国学者都在不同程度上给民族主义加进了新的内容，使人们对民族主义的理解进一步复杂化。有关民族主义的基本概念理论、运动和内涵的认识众说纷纭。

从理论上讲，民族是一种“对他而自觉为我”的社会分群形式，也是一种“想象的政治共同体”，并且是被想象成范围有限、享有主权的共同体。③ 作为民族的信条，民族主义强调民族与国家的关系，本质是民族国家的内部事务或国家的基本属性，内涵主要包括从本族利益出发的社会和政治运动、属于本族的情感或意识、本族的语言和符号体系以及国家的建立和发展过程等。④ 国家是民族的代表，国家利益是民族意志的体现。民族主义的内涵是国家属性，民族主义的表现形式往往以国家行为的面目出现。

虽然，学界对于民族主义的界定一直未能达成共识，但是，民族主义表现形式的多样性和与生俱来的反应机制（对外部环境变动所做出的主动反应，包括寻找应对策略等）是为世人所公认的。西方思想家们提出了两种理想的民族主义形式。一是公民民族主义，它建立在认同感的基础上，主体为那些因共同的诉求被联系在一起的共享公民机制的人，其诉求被尤尔根·哈贝马斯（Jurgen Habermas）称为“宪法的爱国主义”。⑤ 公民民族主义认为，民族是开放的，所有认可公民机制的人都可以自愿加

---

① 参见［英］安东尼·D. 史密斯《全球化时代的民族与民族主义》，龚维斌、良警宇译，中央编译出版社 2002 年版，第 131—132 页。

② 参见［美］本尼迪克特·安德森《想象的共同体：民族主义的起源与散布》，吴叡人译，上海人民出版社 2001 年版，第 94 页。

③ 同上书，第 5—6 页。

④ 参见 Anthony D. Smith, *Nationalism: Theory, Ideology, History*, Polity Press, 2001, pp. 6-7。

⑤ 参见 Jurgen Habermas, *Between Facts and Norms*, Cambridge: Polity, 1997。

入。二是族裔民族主义，强调由历史，甚至是基因决定共同体的自决，这种共同体具有文化上和渊源上的归属感。人们通常认为，民族主义是19世纪产生于欧洲的一种学说，“大体上是工业化及伴随它而来的民族与平等意识形态的产物”。[①] 有些学者认为，民族主义可划分为“温和”与“邪恶”两种形态。但是事实上，此种两分法在理论上回避或否定了民族主义在政治实践中存在的各种可能性。有学者将这种做法理论称为“内在绝对性理论”。[②] 尤尔根·哈贝马斯指出，无论“民族主义”曾经在反殖民主义的斗争中以及在福利国家的建设中发挥过怎样的作用，“现在它已死去”，“制度爱国主义”取而代之并开始发展了。[③] 我们以为，这种结论值得商榷。应该说，民族主义的形式与内涵会随着社会背景的变化而变化，它是一个形态多样、内涵丰富的国内和国际现象，它以历史和文化为基础，以现实经济—政治生活为平台，但是，它与政治、经济、文化等要素并非一定构成因果关系。西方的国际政治理论对民族主义问题一直没能给予应有的关注。[④] 民族主义关注的重心在民族—国家。但就民族主义发展的历史阶段来说，历史上民族—国家刚刚开始建立时期的民族主义和全球化时代的民族主义具有很大的差别，全球化的特点是跨越民族—国家边界，而且民族主义本身又和不同的地区文化社会环境结合，这样一来，世界不同地区的民族主义意识就有着很大的不同。在欧盟的框架内发展起来的民族主义已经是一种丧失了其原有的政治诉求的民族主义，而在东亚民族主义则和亚洲近代以来的历史社会文化环境结合，产生了一种应急型的，保守型的民族主义，它保护了东亚各民族国家在政治和文化上的特质，为东亚各个国家提供了一种政治上的合法性。[⑤]

在国际关系语境下，在强调民族主义的国内维度的同时，还需关注它的国际维度。国家间的民族主义既可滋生冲突，也可推动合作。共同利益

---

① Anthony D. Smith, *Nationalism: Theory, Ideology, History*, Cambridge: Polity Press, 2001, pp. 6 – 7.

② Howard Caygill, *Walter Benjamin: The Colour of Experience*, London: Routledge, 1998, chap. 1.

③ 参见 Jurgen Habermas, *Between Facts and Norms*, Cambridge: Polity, 1997, Appendices 1 and 2。

④ Rodney Bruce Hall, *National Collective Identity: Social Constructs and International Systems*, New York: Columbia University Press, 1999, p. 3.

⑤ 参见 Richard N. Hass, "What to Do With American Primacy," *Foreign Affairs*, Vol. 78, No. 5, 1999。

和共有认同是这一过程的产物，地区建构的形成因此获得了前提。地区建构的形态与性质为民族主义的重新界定提供了背景，国家利益和认同观念获得了新的语境和对象。在这种背景之下，民族主义可以成为维护和促进国家利益的重要的政治意识形态，在符合民族主义所关注的国家根本利益的前提下，民族主义的形态和内涵并不是僵化的，国家可以采取各种合适的手段和途径以满足自身的利益要求。地区建构因此获得了发展的动力。当然，国家间既可以建构共同利益，也存在着利益冲突。民族主义对这些特殊利益给予了特别的关注，国家间的冲突和地区建构的发展可能因此而引发、延缓。

在国际关系语境下，国家间的民族主义"反应机制"是互动的。在国际体系结构下，民族—国家以追求国家利益为出发点参与到竞争的国家间关系中。在对抗、协商、合作、战争等互动形式下，民族—国家不断做出有利于自己的反应。通过双边互动、地区多边互动和全球多边互动方式，民族主义的反应机制在国际关系语境下得以实现。

当然，民族主义的反应机制可使其因循多种形态演进。大体上说，在国际关系语境下，对抗、保守和合作三种形态是存在与发展的主要类型。战后，对抗型民族主义曾经在新兴民族—国家的独立进程中发挥了重要作用。保守型民族主义是一种被动的民族主义，认为"锁国"是维护国家主权和国家利益的最佳选择。在全球化不断深入的当今世界，选择游离国际体系之外的国家已屈指可数。随着国际体系结构的逐步稳定和国际准则的普遍施行，合作型民族主义在国家间的互动中通过民族主义的反应机制而逐渐成为国家政策及对外观念的主流，国家间的共同利益和共有认同得以构造，国际合作获得了来自民族主义的动力。

目前，民族主义意识面临着来自超国家的、次国家的认同意识的挑战。如果我们不能正视民族主义意识发展中的问题，那么民族主义意识的发展就有可能偏离正确的轨道，而这种非理性的民族主义意识必将给民族国家带来消极的影响。由于特定的历史文化环境，民族—国家对于国家主权有着比较强烈的依赖，正是这种民族主义发展类型和阶段的差异导致了民族国家在未来的民族主义意识有着不同的选择。民族主义是民族由自为进入自主的一种推动力，民族主义依其构建国家方式不同，对现实国家有不同的影响；民族主义内整体利益与个人权利之间的关系对国家制度建构具有重要作用。要防止民族主义的负面影响，现实中的民族—国家应加强其合法性，并且创建一种综合性文化。

2. 国家利益：地区建构中的民族主义的动力

国家利益是一个难以给出明确界定的概念。它涉及的内容十分丰富，其构成要素不具有可操作性。就其界定和实施途径而言，在理论和实践上都存在许多值得探讨的东西。但其内涵所含指的内容则是公认的——涉及国家存亡的因素通常都应属于它所包含的范畴。根据《现代汉语词典》的解释，“利益”的词义是“好处”。① 在国际关系中，行为体所追求的“好处”是极其多样的，可能涉及政治、经济、军事、文化、生态环境等不同领域，从地方到全球的不同范围。不同的行为体可以共享某些利益。国家的生存与发展需要国土、人口、主权、和平的周边环境、充分的能源供应、平等的贸易关系等条件，主权国家的基本职责或义务都是尽可能多地得到“好处”。有人认为，国家现实存在的需求和欲求即可视为“国家利益”，通常指国家相对其他国家而言的基本的需求。② 有人指出，国家利益即权力、权利和利益，“是国际政治的动因和直接目标，是各国参与国际政治活动和扮演行为体角色的出发点和归宿”③，包括相互影响制约、部分主次和不可分割的国家安全权益、国家政治权益、国家经济发展权益和国际社会中的平等互助权益。2000 年，美国国家利益委员会发布了《美国的国家利益》报告，其中将美国国家利益分为生死攸关的国家利益、极端重要的利益、重要的利益等不同层次。④

事实上，由于对国家生存和发展构成影响的因素繁纷复杂，以及概念界定者利益出发点的差异，要对国家利益给出一个具有普遍性的、明确的界定是比较困难的。每个国家都是特定的和独一无二的。每个国家都有它要完成的历史使命。它的命运和使命是不能选择、改变或拒绝的，因为这些东西是深深地植根特定国家的文化、历史和地缘政治地位之中的。不能追随其使命的国家注定要衰落，并最终会崩溃。政治领导的目标就是揭示这种使命，精心地阐述它并把它灌输于社会之中。政治家的智慧就在于他

① 参见中国社会科学院语言研究所词典编辑室《现代汉语词典》，商务印书馆 1983 年版，第 698 页。

② 参见 Frederc S. Pearson and J. Martin Rochester, *International Relations*, New York: Mc Graw - Hill, 1998, pp. 170 - 179。

③ 参见梁守德、洪银娴《国际政治理论》，北京大学出版社 2004 年版，第 81 页。

④ 参见 The Commission on America's National Interests, July 2000, http://www.nixoncenter.org/publications/mono.graphs/nationlinterests.pdf。

们能以适当的方式就国家的长远未来建构这种国家利益概念。这种方法使国家利益变成了一个价值和信念的问题。从建构主义者的角度看，国家利益是由国际共享的规范和价值塑造出来的，规范和价值构造国际政治生活并赋予其意义。从国际关系学的角度看，国家利益的界定与国际体系密切相关。

3. 国家政策：地区建构中民族主义的外在表现

民族主义发展的核心是国家政策，国家政策是民族主义的外在表现。民族国家和民族利益概念在国家政策中得到体现，随着国家合法性的加强越来越大众化，主权国家的多元化必须日益加强。只有国家才能用民族的概念统一普遍主权的概念，以满足人民主权的要求。民族共同体是由文化特性和经济政治利益联结在一起的，国家为寻求民族利益就需要不断地肯定这种联系。如要获得合法性，民族国家必须制定各种为民族群体的不同部分的利益服务的政策。国家政策能否在民族之间体现出公正和平等，大体上决定了民族与国家的关系形态，以及政权合法性的程度。

在国际关系语境下，国家政策是体现国家利益的基本途径，民族主义是国家政策制定过程中的核心理念，其宗旨为国家利益是对外政策的出发点和归宿。作为一种思想或观念，以及最终为国家利益服务的途径或手段，地区建构是合理的；但作为一个具体的政策目标则是非理性的，不仅有悖于民族主义所要求的民族国家利益高于一切的宗旨，也有悖于主权独立的国际体系和国家是民族最高代理人的使命。

4. 民族主义与国家利益、国家政策的相互关系

民族主义与国家利益、国家政策之间存在着互动关系。现实主义、功能主义、新功能主义、新马克思主义往往将民族主义视为国家内部的事务，忽视了民族主义在国家政策制定过程中的重要作用。事实上，民族主义与国家利益、国家政策之间存在的密切的联系是不能否认的。民族主义的表现形式和本质内容对国家利益、国家政策的内涵具有相当的规范作用。

通常来说，在国际关系语境下，民族主义是建构国家利益、国家政策的文化符号和政治思想，国家利益是民族主义存在和发展的衡量物，是决定民族国家对外政策行为的原动力和外在表现，是构成国际体系的内在动因。国家获取合法性的基础是，它作为政治经济组织存在的实质体现为，

服务于国家中的每个人，为其提供不可划分的、普遍的利益。[①] 换言之，国家必须体现民族的意志，促进民族利益。在民族与国家的相互建构中，国家获得了统治人民的合法性，民族集团获得了可以代表他们利益的归宿。在民族国家中，国家利益、国家政策应是各民族利益的叠合，是不同民族集团对国内问题和国际环境享有一致或相近认知的产物。国家利益、国家政策的建构作用通过各民族因应对共同的非安全因素而组建的联盟或联合而得以形成。

在当今地区性民族问题的发生区，理念上的国家利益、国家政策的内涵与现实中各民族对国家利益、国家政策的认知差距甚远，作为各民族利益叠合的国家利益、国家政策，对各族体而言还是模糊的、不确定的概念，一种尚未被全体人民所认同的思想理念。比如，在地区民族占人口大半的阿富汗，其民族主义的表现形式主要包括：大民族主义，即强调主体民族本族人的政治、经济、社会和文化权利；[②] 民族权利主义，其主要依据是血缘和语言，目标是寻求本民族地方自治或实现分裂；[③] 宗教民族主义，主要是指一些宗教或教派突出强调本教或本派的优势、排斥和打击其他教派的狂热信念和行为，其目标是建立一个宗教性的世界秩序。[④] 阿富汗民族主义特有的表现形式，界定了不同民族主义在国家重建中的具体目标指向，也界定了不同民族集团的利益疆界。各族往往将对本族利益的获得与保护放在首位，对自己族体的忠诚超越于对民族国家的忠诚。

可见，国家利益、国家政策是分析民族主义的关键因素，是民族主义的动因和外在表现。民族主义的表现形式和本质内容对国家利益、国家政策的内涵具有相当的规范作用。在国际关系语境下，国家利益、国家政策应是民族利益的体现。国家利益的基本内容是国家安全和经济福利。在当今国际关系交往中，对国家利益的关注已成为各国制定国家内、外战略政策的重大依据。能否实现国家利益、地区利益的最优化已为合作型民族主

---

① ［美］曼瑟尔·奥尔森：《集体行动的逻辑》，陈郁等译，上海三联书店 1995 年版，第 12 页。

② 参见 Anders Fnge, "Afghanistan after April 1992", *Central Asian Survey*, Vol. 14, No. 1, 1995。

③ 参见 David B. Edwards, "Learning from the Swat Pathans: Political Leadership in Afghanistan, 1978 - 1997", *American Ethnologist*, Vol. 25, Nov., 1998。

④ 参见 Nazif M. Shahrani, "War, Factionalism, and the State in Afghanistan, American Anthropologist", *New Series*, No. 3, Sep., 2002, pp. 715 - 722。

义所普遍关注。同时，如何在国内、国际环境整合中，实现国家利益最优化的前提下，协调国家利益与地区利益的平衡已变得十分重要。

5. 国家利益、国家政策与地区建构

在国际体系中，国家之间的互动不仅塑造着国际体系的结构，而且塑造着国家利益、国家政策。国家通过在国际互动关系中建构了共同的利益而参与到地区建构进程中。在当今的国际体系中，国家利益、国家政策在地区建构过程中的作用主要体现为：

其一，相近的地理位置和相似的文化传统，使得同一地区的国家观念具有更多的相似性，地区合作易于形成。随着全球化时代的到来，地区与地区主义正在成为当代世界政治的核心。同一地区不同国家具有的相似文化传统，成为参与地区合作的国家形成共有知识的主要条件。冷战结束以来，经济全球化、地区集团化进程加速，成为两大历史潮流。全球化是世界范围内的互动体系，本质是全球集中趋势，兼具分散趋势，而地区化（区域化）则主要表现为集中趋势。从全局看，地区化是全球化的有机组成部分，在深度和广度上都大大高于全球化。从长远看，地区化是通向全球化的阶梯，是全球化漫漫征途中的中继站，地区化与全球化在本质上是相互依存、相互补促、相互制约、同步进行的，两者是矛盾的统一体。区域化，特别是区域集团化，总带有些排他性，在某种程度上阻滞全球化，但是地区化几乎都是开放性的，都是互动的，都要融入全球化，而不愿作茧自缚。全球化和区域化会并行不悖地迅猛发展下去，需要加以协调，以求得共同的健康发展。地区化的国际政治意义主要体现在安全的地区化及其影响方面。地区国家合作的主要原因是应对共同的不安全因素。包括来自地区内的威胁，可以是一个具有威胁性的国家或组织，也可以是一个能够引发动荡与冲突的事务，地区内各国或组织都将其视作各自安全、地区稳定与和平的决定性问题，因而处理这种地区的威胁处于这些国家或组织安全议程中的优先地位。安全的互动在本性上是自发的，即使国家间不存在任何互动关系，一个有威胁的国家、组织或一个事件也会影响到其他国家的安全，地区内也会有很强的安全联系与相互依存。也就是说，安全的地区化既是有意识的政策结果，也是一个由安全问题的本性与逻辑所决定的自动进程。地区安全互动的后果（代价或收益）更多的是在地区范畴之内，而非直接扩散到全球层面上去。地区内的安全相互依存关系，在地区社会间创造出了“安全外在性”。在地区安全的战略与制度方面，主要是由地区内的国家或者通过力量的相互牵制，或者凭借集体协调与合作来处理所面临的地区安全挑战。当然，在一个相互渗透和不断全球化的世界中，外部力量对地区安全事务的参与和影响是不能排除的，甚至是日益加强的，但安全地区化意味着它们不会成为地区安全与稳定的根本源泉。同时，在地区社会中的中小国家在希望获得发展、安全和参与地区社会中的有关决策的需求方面有着诸多相似性。与超级大国的全球战略相比，中小国家更关心其周边或其所在区域的安全、发展。“在世界发展进程中，多数事态具有区域意义而不是全球意义。对于大多数人与国家来说，全球事务显得过于遥远与空泛，他们宁愿把注意力集中于直接关系到自身安全、稳定、发展、福利的周边区域，周边关系更能体现唇齿相依、生死与共的切身利益关系。”对广大发展中国家而言，地区化比全球化更为实际。① 中小国家实力的提升和现实国际关系中政治、经济等参与程度的相对滞后，必然造成这些中小国家对一定地区内大国所主导的秩序、规则的认同落差。这种落差往往使这些国家产生“挫折感”。与此同时，尽管中小国家的综合国力与其历史上相比较获得了较大发展，但贫富差距继续拉大。“在整个世界上，在收入和财富的分配上存在巨大的不平衡，而且随着全球信息流动的日益加快，对这种不平衡的认识也在逐步加深。世界上任何一个地方的人都可以将其与最富裕的发达社会相比较，而且他们迫切地要缩小收入和消费上巨大的差异。这些不平衡不解决，势必会带来越来越多的不满。”这种“挫折感”和“压力”如果没有相应的缓解机制就会引起国际社会的不稳定。冷战后，随着全球性政治议题与危机的相对弱化，随着国家自主意识的释放，中小国家的参与需要得到了进一步的张扬。

其二，共有的利益观念使得国家之间可以彼此信任，协商解决问题。20 世纪末期以来，全球性的政治议题与危机相对弱化，地区冲突、地区灾难、地区经济的发展趋势日趋强化。世界各国从两极体制下解脱出来后，它们被压抑的活力主要释放于所在区域，逐渐构成地区性的行动集结体，经济地区主义与安全地区主义空前发展，冷战时期的东西方意识形态对立与军事对抗，转向地区多边经济合作与安全合作。在世界发展进程中，多数事态具有区域意义而不是全球意义。对于大多数人与国家来说，

① 参见俞正梁《区域化、区域政治与区域治理》，载于《国际观察》2001 年第 6 期；朱锋《关于区域主义与全球主义》，载于《现代国际关系》1997 年第 9 期。

全球事务显得过于遥远与空泛，他们宁愿把注意力集中于直接关系到自身安全、稳定、发展、福利的周边区域，周边关系更能体现唇齿相依、生死与共的切身利益关系。

其三，地区化所招致的国家利益的重新界定，推动了地区化的深入发展。大多数国家从其以往的经历中认识到，在民族国家体系有限的伸展余地内，国家自我利益和主权的单边认定通常会导致自取灭亡的结果。彼此相邻的国家过分追求自身的安全，实际上是在合力营造更为广泛的不安全氛围。① 致力于大欧洲建设的欧洲人已清楚地感到，为避免因极度坚守国家利益而导致的系列战争，只有把彼此的主权联系起来，对自身的本能要求加以限制，才能有效实现国家主权的根本目标，并获得安全的生存与发展空间。在地区的框架下，民族国家的经济被融入地区经济中，共同的民族经济政策使其得以保持密切的合作关系，主权的作用在合作中得到发挥。尽管国家的本质是私利的，但在彼此依赖、武力不再起主要作用的条件下，各国有可能通过合作的方式来解决利益冲突或者促进共同的利益。欧洲一体化过程也是欧洲联合机构的权限和范围不断扩大的过程。“煤钢联营共同体”既有重要的经济意义，也有巨大的政治意义。从“煤钢联营共同体”“原子能共同体”“欧洲防务集团”“欧洲共同体”到“欧盟”“欧洲防务联盟”，这种机构的变迁是欧洲联合成就的明显标志。这些联合机构在维护民族国家的利益，协调、保证其共同发展方面发挥了日益重要的作用。1958—1970 年，欧共体成员国间的贸易额增长了 6 倍，1970 年其国民生产总值超过了苏联，1995 年欧盟的国民生产总值增长到 7.5 万亿美元，有人因此预言，联合的欧洲将会成为新的超级大国。② 当然，地区合作并不意味着各民族—国家之间所存在矛盾已经终结。其政治生活中的敌对情绪和互相竞争不会因它们组成联盟而消失。互相竞争和权力平衡是欧洲民族国家政治生活中的正常现象。③ 宪政民主制度下的内部团结，是通过为各种政治力量的相互竞争提供一个相对合理的框架来实现，

① 参见 Miles Kahler, “The Survival of the State in European International Relations”, in Charles S. Maicr, ed. , *Changing Bounderies of the Political*, Cambridge University Press, 1987。

② 参见［美］K. 沃尔兹《国际政治理论》，胡少华、王红樱译，中国人民公安大学出版社 1992 年版。

③ 参见 Lord Gladwyn, “World Order and State - Nation: A Regional Approach”, in Stanley Hoffmann, ed. , *Conditions of World Order*, New York: Simon & Schuster, 1970。

这个框架确立了限制强国、保护弱国与推动共同利益发展等一系列原则。欧洲人构建欧盟的出发点在于为其成员国提供一个制度性框架，保护各民族国家的权力，促进共同利益的发展，而并未寄希望于消除欧盟属下各民族国家原有的矛盾。地区合作是自愿形成的，它不应也不能剥夺和损害各成员国的自由、尊严、利益和权力。对于作为其成员国的诸民族—国家而言，加入合作共同体并非意味着要抛弃国家利益，而是要在确定国家利益时，可相对合理地考虑和处理本国利益与其他民族国家利益的关系，在形成国家利益时自觉地与他国进行对话，防止一个占有绝对优势的国家出现。

其四，认同模式的转变：地区建构中的民族主义实践过程的实质是国家间建立地区认同的过程，也是民族主义的实践过程。

对于分属于不同国家的地区民族及其民族国家而言，这是一个将认同对象从民族转变为民族国家、从民族国家转变为地区的过程。认同一词译自英文“identity”，是一个学科交叉术语。“identity”一词的词源是拉丁文相同“idem”，起初主要用于代数和逻辑学，曾一度属于哲学范畴，后为心理学所借用。心理学注重个体研究，往往集中关注个人认同，人类学、社会学、政治学则侧重于从群体层面出发，研究个体对群体以及群体对群体的认同归属。弗洛伊德将儿童把父母或教师的某些品质吸收成为自己人格的一部分的行为称为认同作用，用以表述个人与他人、群体或模仿人物在感情上、心理上趋同的过程，是一种个体与他人有情感联系的最早的表现形式。随着心理学学科地位的不断提升，以及对认同研究的深入，认同的外延不断扩展，认同一词被广泛应用于人文和社会科学领域。20世纪50年代，随着身份认同问题的出现被广泛使用开来。① 它的生成意义在于创建有关“我们是谁”“我们与他人差异”方面的概念。民族认同是国家认同的基础，国家认同是国家利益的重要组成部分，从某种意义上说，是国家存在和延续的关键。实现从民族认同到国家认同的转变过程，也是民族—国家的建构过程。这一过程的完成，是主权国家的基本属性和必然要求。

民族认同的建构是一个持续、动态的进程，表达了民族成员强烈的归

---

① 参见 Philip Gleason, “Identifying Identity: A Semantic History”, in *The Journal of American History*, Vol. 69, No. 4, March 1983。

属感。民族政治认同诉诸法律和权力，统合不同的族裔，实现国家公民的普遍权益；民族文化认同借助历史与文化凝聚民众，抵御他者，捍卫民族身份的特殊性。两者互相借重，互相依存，共同推动民族共同体的发展。问题的焦点在于民族文化中的族裔内核。现代民族国家几乎都是多民族的国家。一般而言，主体民族的文化成为国家文化的主体，其他民族的文化或被同化，或被兼容其中。① 一旦族体间的力量对比发生显著变化，新的文化诉求就会出现，直接威胁到民族认同的维系，“集体认同倾向于以扩张或收缩的方式来填补政治空间”②。

民族认同的出现改变了国内的主权认同。被界定和分割的民族拥有固有主权的自决权的理念，对于国际和国内的社会规范、规则和原则都已经具有了因果关系。民族认同最普遍的基石是语言、宗教、族裔。民族主义者通常利用这些特征作为划分不同民族的特性，并使之成为民族国家合法化的根源。③ 民族主义的动力在于利用一套神化、记忆等符号，在民族领土范围内将公民共同体团结起来，并将之融合在一种可以认同的文化共同体之中。

但是，民族认同并非经久不变。它在表现出高度稳定性和连续性的同时，也在不断地演变。引起民族认同演变的有诸如战争、征服、流放、奴役和移民等多种原因。大体上看，这些原因可以分为两大类：一是历史性的，二是社会性的。从历史性原因看，民族认同产生于特定的历史情境之中，因而不可避免地打着鲜明的历史烙印，其文化诉求随时代的交替而更变。从社会性原因看，同一时代社会结构的变化也会导致民族认同的演变。社会结构的变化主要取决于社会政治力量分布的改变，而国内和国际社会结构的重组都可以引发连锁反应，导致民族认同的演化和更变。民族认同流变本身并不一定是件坏事，但我们要区分流变的不同性质。对于民族来说，遗忘与记忆同样重要；有选择的记忆以及大量的遗忘直接关系到它的生存。不应拒绝那些能够为民族共同体注入新的活力、增进民族自信心的积极的演化，而要抵制那些打断民族的连续性，特别是那些以非法的

---

① 参见 Anthony D. Smith, *National Identity*, p. 39。

② 参见 Donald L. Horowitz, “Ethnic Identity”, in Nathan Glazeretal eds., *Ethnicity: Theory and Experience*, Cambridge: Harvard University Press, 1975, p. 137。

③ 参见 Ernst B. Hass, *Nationalism, Liberalism, and Progress: The Rise and Decline of Nationalism*, Cornel University, 1997, pp. 30 – 40。

政治权力强行扭曲民族意志，伤害民族情感，造成民族身份异化的蜕变。①

伴随着 18 世纪专制国家的种种行为的实施，现代意义上的国家主权认同开始出现。国家认同是国家利益建构的结果。国家认同的出现，改变了帝国主义的行为和社会目的。国家认同不仅动员了整个社会，而且转换了国家的经济结构。民族—国家认同作为现代主权国家的基本属性先后为统治者界定国家利益的主要原则。在当代国际过细体系下，国家竞争实质上是争取认同的竞争。

民族国家认同，简单地说，就是指一个人确认自己属于哪一个国家以及这个国家究竟是怎样一个国家的心理活动。观念塑造并影响着国家的利益与国家认同，观念的变化意味着国家利益的变动，观念的变化意味着认同的改变。如果说国家制度是现代国家构建所必需的“硬件”，那么国家认同就是“软件”。国家认同是一种重要的国民意识，是维系一国存在和发展的重要纽带。国家认同是现代国家的合法性基础，为国家这一共同体维系自身的统一性、独特性和连续性提供保障。国家认同是民族国家通过政治与文化的动员来建构共同意义的过程。在所有形式的集体认同中，它最具根本性和包容性。国家认同不仅确立了民族国家的身份，而且还使它获得巨大的凝聚力和复原力，对其统一与稳定起着至关重要的作用。民族国家认同的危机孕育于国家构建的进程之中，通信等被用来融合或同化其公民的工具，“反过来成为反对民族国家的工具”，其合法性因此受到质疑。② 民族国家为应对挑战，一方面，通过强化国家力量，树立民族主义意识增强人民的凝聚力；另一方面，可以通过地区化、国际化的方式与其他国家一起解决普遍关心的问题，以缓解国内压力和抵御来自国际层面的挑战，地区认同随之形成。

从国家认同到地区认同过程是地区建构的过程。多边主义承诺、安全合作与地区特有的成员资格标准，是地区认同的主要标示。国家认同是国家利益的结构结果，地区认同也同样可以通过国家利益进行构建。国家共有观念的形成既是历史的产物，也是现代国家国际化及其互动的产物。

---

① 参见 Anthony D. Smith, *Identity*, p. 25。

② 参见［英］安东尼·D. 史密斯《全球化时代的民族与民族主义》，龚维斌、良警宇译，中央编译出版社 2002 年版，第 29 页。

地区建构的形成基于地区认同的建构，是现代国家促进国家利益的手段。地区认同的形成要求地区人民改变传统的认同方式，在认同层次中纳入地区这一对象。应该承认，地区认同的出现，地区化的产生和发展已无言地诉说了民族主义的“无奈”，但“无奈”并非等于或意味着“终结”。从欧洲一体化的实际程度看，各成员国政府调节本国经济的职能已经有限，而“经货联盟”意味着它们需将整个经济决策的权力让渡出来。面对经济一体化的深层次发展和冷战后期欧洲局势的变化，形成一种能够进行政治与安全决策的政治一体化应该是顺理成章、势在必行的事情；即便如此，完成这一过程也尚需时日。从目前情况看，民族—国家不可能迅速走向“终结”，至少在国家主权的让渡问题上的“讨价还价”还要持续一段时间。同时，从欧盟机构到各成员国政府、非政府组织和个人，都不能马上接受新的欧洲认同，不能处理好这一新认同与原有国家认同间的关系，因为认同作为一种观念具有相对稳定的性质，不可能在短期内完成变化。换言之，民族—国家及其与之共生的民族主义退出历史舞台并非指日可待。

（三）地区民族与国际政治：和平解决地区性民族问题的现实意义

冷战结束后，地区民族在世界民族主义浪潮中所产生的影响让世人不能不对这一人们共同体给予关注。实际上，地区民族主义的情绪和要求可以激化每一处具体的矛盾，并成为当今国际暴力冲突的媒介。地区性民族问题的存在与发展，不仅关系到主权国家的国防建设、国家和平与安全，而且始终对相关诸国所在地区的发展与稳定具有极其深刻而重要的影响。一方面，不同民族之间多年来的相互仇视和武装械斗，给冲突各方都造成了大量的人员伤亡。同时，为了战争，双方都不得不投入大量的资金和物力，即使某一方在交战中取得了暂时的胜利，但因战争而造成的损失却永远无法挽回，况且这种以武力取得的安宁不可能永远维持下去，一旦某些条件发生变化，战火便会重新燃烧。地区性民族问题是地区民族在现实社会生活和政治活动中，因利益要求、权力规定和政治表达与外界发生矛盾和冲突的国际社会现象，它是地缘政治权力结构和利益资源分配状态的直接或间接的一种体现，是原来同一民族及其聚居地被国家政治分割的外在动力、民族传统文化的感召力和民族自身的驱动等内在动力交互作用的结果。

总的说来，和平解决地区性民族问题的现实意义主要体现在如下方面：

1. 地区民族与列强霸权和现代泛民族主义

地区民族的产生与列强为争霸而推行的殖民主义统治与种族主义暴行紧密相连，西方殖民主义者对欧洲以外地区的人为分割，是今天国家边界争端和纠纷的历史根源和种族冲突的祸根。

今天，认识世界地区性民族问题，必须客观地放在新殖民主义的构造下来理解。在这样一个构造下，地区民族认同对象不是彼此，而是大国。由于彼此之间欠缺一种相互理解与共同体的意识，地区性民族争端发生地区的国家与人民之间的关系更像是维持着一种竞争、对抗、支配的关系，甚至彼此威胁、相互敌视和侵略或企图并吞。在大国强权之下，冲突地区内部仍然缺乏一套属于自己的坐标、认知框架来掌握所面临的问题、决定要走的道路。在大国霸权秩序之下，冲突地区国家间、地区民族间及其与美国等大国之间都还存在着极为错综复杂的利益关系，在很多问题上要看大国的脸色行事，相互掣肘，缺乏互信的基础与氛围来解决自己或外围的事务。随着殖民体系的瓦解，殖民统治已基本消失。但是发达国家对发展中国家的政治干涉从来没有停止过，其主要表现不仅体现为对地区性民族问题的染指，也体现于价值观念的输出以及代理人的培养。① 东帝汶问题的发生和发展就是比较典型的实例。如果认为在全球化的政治体制中，发达资本主义国家仅仅是在灌输所谓“民主、自由、平等”的价值观，而忽略了发展中国家面临的国家、民族利益的威胁和挑战，就不能理解发达国家在全球化政治体制中的强权以及根深蒂固的殖民掠夺特性。

从内外因素的结合上看，“现代泛民族主义”思潮诱发下的大民族主义思想是地区性民族问题的病根。与多民族国家的其他民族共同体相比，地区民族在现实政治和经济生活中具有包括本国其他民族群体和边界另一边的同胞在内的更多的参照物，进而具有更多的精神依托和物质后盾。他们易于把边界另一边的族人当作精神和特质的后盾，并随时准备用此“天性”为自己谋求利益，并向世人昭示本族与众不同的优势和力量。他们也有可能会以被分裂民族的身份出现，以民族统一、建立自己的国家为目标。地区民族的这种特性集中表现在地区民族与领土主权的密切关系中。作为一种民族共同体，地区民族的群体认同的情感总是排他性的。在许多民族文化中，用来指共同体成员的词汇与用来指人的词汇完全相同，

① 参见 Robert J. Holton, *Globalization and the Nation - State*, Hong Kong, 1998。

而共同体以外的人被当成连人的基本尊严都没有的物种，甚至与“野蛮人”具有相同的语言学含义。地区民族主义的这种精神一旦在地区化为现实，就是一种排他性的独自发展本族利益的要求，从而使地区舞台上，各国之间的利益争夺，尤其是涉及领土、边界等争端，往往会成为两相冲突的权利要求和“零和游戏”竞争，甚至演化为国际暴力冲突。比如车臣问题、僧泰冲突，就是比较典型的例子。①

2. 地区民族与领土主权

纵观人类历史的发展进程，因领土而引发的族际冲突比比皆是。② 在研究动物或人类的行为结构时，人们通常认为领土是指“一种或一群动物，借由公开之防卫或宣传之排除手段，或多或少排外性地占据着的区域”。其核心在于有界线的、不一定永久固定的地理空间。③ 排他性是领土的重要特征。领土对人类最根本的意义就在于，人需要领土才能生存。④“从《威斯特伐利亚和约》签订直到第一次世界大战爆发，因对领土的控制、使用和（或）所有权而引发的冲突约占这些年出现的所有战争的一半。不过自拿破仑战败以来，领土问题的重要性在逐渐下降”，“其在所有导致冲突的问题中的百分比以及成为战争根源的频率现在都处于历史的低点”。⑤

领土完整原则适用于一国的领陆、领海和领空。领土对国家的重要性有社会和政治两方面的意义。如果国家定位较低，即使在领土争端中不愿作出让步，也会倾向于保持低调或维持现状；如果定位较高，则会表现得比较强硬。⑥ 1949 年，国际法院在科孚海峡案中指出，独立国家之间尊重

① 参见薛君度、陆南泉主编《新俄罗斯：政治、经济、外交》，中国社会科学出版社 1997 年版；［苏］亚·涅克里奇：《被流放的民族》，王攸其、沈江译，中国社科院民族所，1987 年；Abdullah Ahmad Badawi，前引书；Rohan Guanratna，前引文；Soliman M. Santos，前引书；Fred R. Von Der Mehden，前引书。

② 参见尹庆耀《独立国协研究——以俄罗斯为中心》，台北幼狮 1995 年版。

③ 参见 Edward Wilson, *Sociobiology*, Cambridge, Mass: Belknap, pp. 256 - 278。

④ 参见 Ralph B. Taylor, *Human Territorial Functioning : An Empirical Evolutionary Perspective on Individual and Small Group Territorial Conitions, Behaviors, and Consequence*, Cambridge : Cambridge University Press, p. 22。

⑤ ［加］卡列维·霍尔斯蒂：《和平与战争——1648—1989 年的武装冲突与国际秩序》，王浦劬译，北京大学出版社 2005 年版，第 268—269 页。

⑥ John Bulloch & Harvey Morris, *The Gulf War : Its Origins, History and Consequence*, London: Methuen Lonnd Ltd, 1989, p. 7.

领土主权是国际关系的必要基础。[①] 对于以各种方式袭击别国领土的行为，联合国大会和安理会曾通过许多决议予以谴责。[②] 侵入他国领土的行为被认定为构成对领土完整的破坏。[③]

民族利益是影响民族关系的重要因素，地区民族利益与领土问题息息相关。领土主权已成为争端发生地区相关各国关注的焦点和诱发边界军事冲突或局部战争的一个隐患，也是我们考察地区性民族问题的一个重要视角。领土是民族国家组成的最基本要素之一，是民族—国家主权不可侵犯的象征。发生在当今世界的诸多国家、地区间的矛盾和冲突，无不与领土主权有着直接或间接的关系，而因主权国家间地区性民族争端造成的冲突成为战后局部战争的主要类型之一。在和平与发展的主流下，因霸权主义、强权政治和民族分裂主义等实践所招致的局部战争，会将地区性民族问题推向一个新阶段，从而对民族国家的疆界安全、领土主权与地区安全带来威胁。在世界人口不断增加、生存空间相对减少的现今及未来，由于领土主权所引发的矛盾和冲突还会越来越多，越来越复杂。如何妥善地解决这些问题，可以说是一个世界性的难题。在复杂的国际环境中，每个国家都会根据自己的国家战略来调适心理和行为，领土争端解决意愿作为国家心理的一部分也不例外。对经济利益和国际地位的关注是战后在多数民族国家持续呈现的战略取向。在无政府状态的国际社会中，国家为了保护自己的生存权、领土主权和军事安全总是要追求权力。这些因素使民族—国家深切关注其在国际体系中的权力地位和相对于他国的优势。但是，过分追求国家地位的愿望思维往往使某些国家或在某些时候不能准确地定位。高估本国的现有地位或对未来的国际地位存在过高的预期，民族—国家战略取向的偏误往往会导致在处理与别国的领土争端行为的强硬和激烈。当对大国地位的追求成为不容挑战的意识形态时，民族—国家就会对它认为妨碍其获取更高国际地位的国家实行强硬的敌对或进攻性政策，在领土争端问题上则容易引起外交或武装冲突甚至战争，比如，发生在南亚

---

① C. H. M. Waldock, "The Regulation of thw Use of Force by Individual States in International Law", *Recueildes Cours*, Vol. 81, 1952 (11), p. 492.

② Louis Henkinetal eds., *Right Might: International Law and the Use of Force*, New York: Council on Foreign Relations Press, 1989, p. 3.

③ U. Jimenezde Arechaga, "Elderecbo International Contemporanve", in Bruno Simma (ed.), *The Charter of the United Nations: A Commentary*, Oxford: Oxford University Press, 1995, p. 74.

的克什米尔冲突就是一个例证。[①]

3. 地区民族与地区安全

安全（security）是一个具有多义性的概念，国内外学者对此有不同的理解，也是国际关系研究的一个主题。第二次世界大战结束后，由于核武器的出现和冷战的爆发，在西方国家特别是美国，许多学者开始将安全问题从国际政治研究中分离出来，作为国际政治学的一个次领域做专门研究，即所谓“安全研究”。[②]

地区安全是关系地区民族和国家生存与发展的重大战略问题。安全合作是国家在面临“安全困境”情况下的一系列行为，它能缓解国家间的安全困境，促进各国共同利益的实现。在地区民族族际政治生活中，国家不可能取得永久、绝对的安全，因为其所归属的国家只可期望适当的“安全程度”。地区民族安全空间的变动取决于所在国家安全观的性质和国家经济、科技实力与对外政策。只要其他国家或对手继续存在，任何国家都不会有绝对的安全。相对的安全观使每一个国家都认为，他国是强大的与自己虚弱的成反比关系，只有将本国变得比对手更强大，才能获得安全感。如何维护族际安全秩序，人们对此并没有达成共识。比较一致的意见是，片面强调以军事实力追逐国家安全，当一国发展军备，只会造成整个国际政治环境的更不安全。

对现实主义理论家来说，族际关系的本质是族际争夺权势的斗争。然而多数现实主义者明白，过度或无限制的族际权益斗争，将损毁民族和国家及其利益本身，损毁它们在其中独立生存的主权国家国际体系。在这个意义上，地区民族根本利益即地区安全的实现，不仅取决于民族自助，也取决于国家安全。地区民族问题可唤起地区危机环境及其蜕变。比如，图西人与胡图人的族际冲突引发了非洲大湖地区的动荡。[③] 在和平环境中，地区民族主义通常以一种分散的方式被体验和表达。比如，北爱尔兰和平进程启动以来，爱尔兰统一主义的现实表现就是一例。但是，在某种危机环境里，它可以被强烈唤起，并为解决危机提供有效的出路。因为在危机情况下，存在着多种社会紧张，而原先起社会维系作用的传统惯例（如

---

① 参见 Jeyaratnam Wilson and Dennis Dalton, *The States of South Asia*, London, 1982。

② 参见 David A. Baldwin, “Security Studies and the End of the Cold War”, *World Politics*, October 1995, pp. 117 - 141。

③ 参见葛公尚《卢旺达—布隆迪部族冲突透视》，载于《世界民族》1995 年第 1 期。

道德、习俗或组织制度等）都不再发生作用。人类本体的安全需要随之被惯例的破裂或普遍的焦虑化置于一种危险的境地时，民族象征所提供的公有性就为本体的安全感提供了一种支撑手段。现实主义理论家认为，人类固有的控制他人的心灵和行动的强权欲在国内社会常常受挫，但社会在同时又鼓励个人把受挫的强权欲投射到国际舞台，在那里认同于国家的强权追逐，从中取得替代性的满足，这是民族世界主义的根源。社会稳定性越大，社会成员的安全感越大，集体情感通过侵略性民族主义得以发泄的可能性越小，反之亦然。

4. 地区民族与地缘政治

地区性民族问题与地缘政治形式、地缘政治关系、地缘政治区域和地缘政治内容密切相关。地缘政治是一种极其复杂的人类政治现象，是世界政治的重要组成部分，在国际关系运行中扮演着独特角色。地缘政治因“地”而生，其竞争对象是领土地缘政治、石油地缘政治、水资源地缘政治、海洋地缘政治等地理要素和物质形态。地缘政治是由人类政治与地理环境的相互作用形成的，两者互动决定地缘政治的基本形式，其中人类政治是主动因素，地理环境相对被动。地区性民族问题的产生和发展与地缘政治的基本形式存在着密切的联系。地区性民族问题的特殊性在于，它涉及所在国的政治、经济、文化、宗教信仰、风俗及价值观念等多个领域，对所在国的民族利益、民族感情和民族尊严都会产生影响，并直接威胁所在国的国家稳定。地缘政治区域是人为划分的，不可避免地受到研究者主观因素的影响，但是，它必须建立在对区域中地缘政治性质和区域间地缘政治边界的冷静判断基础上，尤其需要客观地分析以行为体为代表的地缘政治力量之间的互动及其结构特征。地区民族为实现其利益诉求而做出的实际努力，可以作为一种地缘政治力量的运动架构起地缘政治区域，并使地缘政治区域呈现动态性。在不同生产力条件下，地区民族利益的构成不同，地缘政治的具体对象与内容也随之变化，并表现出较强的时空差异。

从时间上看，不同时代地缘政治的主题是变化的，反映了不同生产力条件下生产方式的变化。自然经济时代，其经济形态主要是以土地和劳动力为资源的农业经济为特征，争夺土地成为当时地缘政治的主题。工业经济时代，占有和获取矿产资源和其他形式的自然资源成为地缘政治的重要内容。全球化、信息化使世界地缘政治进入一个全新的时代，表现出新的地缘政治形态。16 世纪，葡萄牙建立了世界上最强大的海军，远征亚洲的马六甲、澳门、爪哇、苏门答腊和美洲、非洲的大片土地，从殖民地掠夺了巨大的财富，建成了海洋帝国。19 世纪末 20 世纪初，自由资本主义向垄断资本主义过渡，此时的地缘政治成为欧洲列强向外扩张，争夺空间的理论工具。各国此时所制定的地缘战略的宗旨是，根据既定的自然地理条件使本国在激烈的国际角逐中处于有利的地位。① 从不同民族集团所处的地理环境看，不同的地理特征在空间分布上的不平衡规律，造成了不同地区和国家之间地缘政治利益的不一致，从而决定地缘政治内容的空间差异。印度和巴基斯坦两国为克什米尔地区的领土归属而处于战争边缘。斯里兰卡政府军与其北部的“猛虎”组织为统独而战。中东地区的族体正在为水资源分配而斗争。当发达国家提出如何通过限制传统工业以保护环境时，许多发展中国家还不得不以牺牲资源和环境为条件保障最低的生存需求。应该说明的是，由地区民族所组织的泛民族主义的组织与活动都有一个共同的特征，这即借用现代国际政治所承认的民族权利原则，追求本族人民的政治统一与地域一体。

“地理上的距离可以产生政治上的吸引力。”② 在地缘政治力量结构中，行为体是相互作用的。每个行为体既是发力方，又是受力方。其中，距离显著地影响行为体之间的相互作用。地理和权力之间的关系体现为：一个国家有能力在任何时候运用权力去影响或控制它视为具有重要战略意义的领土。一国的实力对外扩散时，离本土距离越远，其力量就越弱；另一方面，传送力量的费用将随距离增加而增长。地区民族问题是现存国家分隔力的产物，但它不单纯是现存国家分隔力的产物，而是现存国家政治分隔力和民族向心力这两种相反社会力量交互作用的产物。即是分属于不同国家的同一民族及其聚居地被国家政治所分隔的外在力与民族传统文化的感召力及民族自身利益的驱使等内在动力交互作用的结果。地区民族因地理上的接近性很容易与境外的同胞有着直接的联系，尤其在受宗教影响较深的民族中，宗教因素更是民族机体中的一个不可缺少的组成部分，民族意识和宗教意识往往相互影响、相互渗透。宗教狂热与民族因素相联结，通常会导致其潜在的排他性过度膨胀，成为引发与其他地区矛盾和纠

① 参见萨本望《新兴的地缘经济学》，载于《世界知识》1995 年第 5 期；［美］尼古拉斯·斯皮克曼《和平地理学》，刘愈之译，商务印书馆 1965 年版。

② ［美］布热津斯基：《竞赛方案——进行美苏竞争的地缘战略纲领》，刘晓明等译，中国对外翻译出版公司 1988 年版。

纷的诱因，并产生民族分离主义思想和行为。

（四）从民族认同到地区认同：和平解决地区性民族问题的理性路径

在当代世界范围内的民族冲突中，由地区性民族争端引发的冲突已成为焦点之一。与民族国家内部通常意义上的少数民族相比，在争端发生地区具有跨疆界属性的地区民族背离所属国的可能性似乎更大。由于各民族之间差距的存在，他们易于把边界另一边的族人当作精神和特质的后盾，并随时准备用此“天性”为自己谋求利益，并向世人昭示本族与众不同的优势和力量。他们也有可能会以被分裂民族的身份出现，以民族统一、建立自己的国家为目的。

冷战后霸权主义在其扩张欲望的驱动下，不断地扩展自己的安全空间。随着空间技术的发展，某些大国已把国家安全的空间边界延伸到外层空间，企图单方面谋取外空军事和战略优势。合作安全成为维护国际安全的有效途径，各国需要通过加强各领域合作扩大共同利益，提高应对威胁和挑战的能力与效率。和平只能建立在相互的、共赢的安全利益之上，共同安全是维护国际安全的最终目标。以往的冲突经历让相关国家认识到，探讨地区民族与地区安全相互依赖、相互促进、相互制约的有机联系和特殊规律，从历史与现实、理论与实践的结合上得出有益启示，对指导当前和未来民族国家安全与国防经济发展，实现在宏观运筹和战略指导上的创新和突破将会有所助益。过去，中国最担心的是自身安全受到威胁；现在，周边国家及世界主要大国对中国崛起是否会带来威胁充满疑虑。正是这种内外互动促使我国提出了以互信、互利、平等、协作为核心的新型安全观，通过上海合作组织付诸实践，并将之延伸到中国—东盟自由贸易区的建设之中。

新安全观的实质是安全合作，含指国家在面临“安全困境”情况下的一系列行为，可以缓解国家间的安全困境，促进地区内各国共同利益的实现。新安全观的实践是民族国家地区化的具体表现，它既是民族—国家建构国家利益的结果，也是其投身地区建构的战略目标。从民族学的角度看，地区民族和民族国家在此过程之中需从各自的角度出发，完成认同对象的转换。

首先，地区民族需将认同层次中纳入民族—国家（居住地所属国家）作为认同对象。民族认同虽然具有形成后的惯性和稳定性，但不是一成不变的，可根据环境和条件的变化而不断自我调整。民族认同是集体认同的基本对象，但不是终极指向。随着经济的发展，民族难以完全满足其成员的多元化的诉求。以国家认同取代民族认同，意味着认同的层次多元化的出现。这是多层次、多维度的族际关系与国家关系发展的必然要求。民族主义可以利用民族利益、民族安危等词句去动员人民服从国家利益。

其次，民族国家需将认同层次中纳入地区作为认同对象在全球化背景下，国家利益与利益观念的变化与扩展，可使地区认同的出现成为可能。国家认同是以传统文化符号作工具，通过国家的组织和制度化建立起来，可通过国家政策加以引导和塑造。地区化的形成过程也是地区认同的形成过程。民族国家之间共有观念的形成，既是历史的产物，也是民族国家化及其互动的结果。换言之，地区化是全球化时代民族国家促进国家利益的手段，地区认同也是民族国家利益的建构结果，在国际互动过程中形成的共同利益观念建构着地区认同。

最后，地区民族和民族国家实现认同层次内容的更新，需对可行性的途径做出理性的思考。认同层次内容的更新、转变是理性化活动。在这一过程中，“通过给予人民一套符号，使狭小和局部的认同归属于一个更大的认同”①。而地位与文化是这种集体认同构建的基本因素。对致力于地区建构的地区民族与民族国家而言，可通过以下途径来实践上述原则：一是兼顾和协调个人利益、民族利益与国家利益。地区认同的形成要求地区民族集团、民族—国家改变传统的认同方式，在认同层次中纳入国家和地区观念，并视为新型的认同对象，支持国、本地区的地区化政策，挑战曾作为最高认同对象的“民族”和“国家”。从本质上说，地区民族和民族国家实现民族认同向国家认同、国家认同向地区认同的转变过程，是民族集团、主权国家政府协调个人、民族和国家利益的过程。集团越大，个体获得集体收益的份额就越小；任何个体或集团子集从集体物中获得的收益很可能不足以抵消其为此所支出的成本，而获得集体物所要跨越的障碍却要增多。当这些利益抵触时，民族集团、主权国家政府应当遵循的原则是：尽可能兼顾和协调三类利益。在确实难以充分兼顾和协调的场合，其应有的轻重缓急次序当依据具体情况而非抽象原则来确定。同时，应较多

---

① Ernst B. Hass, *Nationalism*, *Liberalism*, *and Progress* (*Vol.* 1): *The Rise and Decline of Nationalism*, Cornell University Press, 1997, p. 30.

地关注人类共同体利益或全球安全，它们尚无足够有力和独立的权威代表，需予以格外的关照。在这一过程中，民族国家必须不断完善自己，使自己有能力采取向非主体民族倾斜的政策，并为各族共同利益的发展主动做出必要的利益让步，使民族国家获得生存的基本条件。二是民族—国家和地区政策需关注改善不同群体间的不平等地位以及不公平和不合理的社会现象，建立能够容纳不同民族利益观念的文化体系。包括营造适应现代化的政治、经济和文化氛围，提高社会“弱势群体”和“边缘人群”的收入，实行法律面前人人平等，尊重和承认少数民族使用本族语言的权利和合法性等措施，使少数人群体客观认识和解决自身发展的困难，正确对待现存的国际政治经济秩序等。以此增加有关群体改善社会地位的机会，消除不同地位集团之间的壁垒。同时，通过保存和发展族裔框架下的体现血缘意义的本土文化，构建公民框架下体现共享的法律意义的公共文化，将民众的族裔共同体与地域政治共同体相融合，在民族国家领土范围内将公民共同体相联合，并使之融入为各族成员所认同的文化共同体中，地区化的理想和结构，民族认同、民族国家认同与地区认同的统一因此得到巩固和强化。

民族主义不是过时的观念，它的形态与内涵可以根据国际体系结构的变迁及其与地区建构的互动而自我更新，根据人民共有观念和国家政策的引导而改变。国际体系的无政府状态所造成的国家间、族体间的紧张关系，需要通过更加紧密的国际合作加以改进。在民族主义不可能在可预见的时间内退出人们视线的条件下，多边主义则有必要发挥协调利益、缓解冲突的作用。民族主义与地区的建构的相互关系，可以为人们和平处理地区性民族问题，进而解决民族—国家缺陷和国际无序状态中的诸种问题提供一种理论视角。

地区建构的实践是民族—国家地区化的具体表现，它既是民族国家建构国家利益的结果，也是其投身地区建构的战略目标。冷战后，霸权主义在其扩张欲望的驱动下，不断地扩展自己的安全空间。随着空间技术的发展，某些大国已把国家安全的空间边界延伸到外层空间，企图单方面谋取外空军事、海洋、岛屿等战略优势。合作安全成为维护国际安全的有效途径，各国需要通过加强各领域合作扩大共同利益，提高应对威胁和挑战的能力与效率。和平只能建立在相互的、共赢的地区利益之上，共同安全利益是维护地区安全的最终目标。地区民族和民族国家在地区建构进程中从各自的角度出发，完成认同对象的转换，已经成为地区国家和平解决地区性民族问题，进而实现地区安全的基石。

伴随着冷战后地缘政治和地缘经济的再度活跃，与国家主权和民族结构紧密相连的地区性民族问题，在当代国际政治中已成为一种形态敏感多样、影响日益凸显的现象。地区民族作为客观存在已是不争的事实，在相当长的时间里，地区民族作为族际实体不会消失。大量的历史与现实告诉人们，在国际政治舞台上，因跨界民族、岛屿争端等而引发的地区性民族问题已经成为局部战争的敏感点，而由此引发的地区矛盾和冲突也难以根除。如何理性地认识和处理地区性民族问题，将是相关国家和地区需要特别关注的一个话题。

参考资料

Aunger, E. A. , "Religion and Class: an Analysis of the 1971 Census Data", in R. J. Cormack & R. D. Osborne eds. , *Religion, Education and Employment*, Belfast, Appletree Press, 1983.

Bockland, P. , *The Factory of Grievances: Devolved Government on Northern Ireland 1921 – 1939*, Dublin, Gill & Macmillan 1979.

Barritt, D. P. and A. Booth, *The Northern Ireland Problem*, London: Oxford Univ. Press, 1972.

Barry, B. , "Review Article: Political Accommodation and Consociational Democracy", *British J. of Political Science* 5 (October), 1975.

Budge, I. and C. O' Leary, *Belfast: Approach to Crisis, a Study of Belfast Politics, 1613 – 1970*, London: Macmillan, 1973.

—— "Cross – Cutting Cleavage, Agreement and Compromise", *Midwest J. of Political Science* 15, 1971.

Cameron Commission, Disturbances on Northern Ireland: Report of the Commission Appointed by the Governor of Northern Ireland. Cmd. 532 (Belfast, HMSO), 1969.

Connor, W. , "Ethnonationalism in the First World: the Present in Historical Perspective", in M. J. Esman ed. , *Ethnic Conflict in the Western World*, Ithaca, NY: Cornell Univ. Press, 1977.

Cormack, R. J. & Osborne, R. D. eds. , *Religion, Education and Employment*, Belfast, Appletree Press, 1983.

Cormack, R. J. & Osborne, R. D. eds. , *Discrimination and Public Policy in Northern Ireland*, Oxford, Clarendon Press, 1991.

Cormack, R. J. , Gallagher, A. M. & Osborne, R. D. , Educational Affiliation and Educational Attainment in Northern Ireland: the Financing of Schools in Northern Ireland. Annex E. , Sixteenth Report of the Standing Advisory Commission on Human Rights, House of Commons Paper 488, London, HMSO, 1991.

Cormack, R. J. , Gallagher, A. M. , Osborne, R. D. & Fisher, N. , Secondary Analysis of the School Leavers Survey (1989), Annex D. , Seventeenth Report of the Standing Advisory Commission on Human Rights, House of Commons Paper 54, London, HMSO, 1992.

Cormack, R. J. , Gallagher, A. M. , Murray, D. & Osborne, R. D. , Curriculum, Access to Grammar Schools and the Financing of Education: an Overview Paper. Annex H. , Seventeenth Report of the Standing Advisory Commission on Human Rights, House of Commons Paper 54, London, HMSO, 1992.

Cormack, R. J. , Gallagher, A. M. & Osborne, R. D. , Report on school size. Annex B. , Seventeenth Report of the Standing Advisory Commission on Human Rights, House of Commons Paper 54, London, HMSO, 1992.

Cormack, R. J. , Gallagher, A. M. & Osborne, R. D. , Secondary Analysis of the DENI's Teachers' Survey (1989), Annex C. , Seventeenth Report of the Standing Advisory Commission on Human Rights, House of Commons Paper 54, London, HMSO, 1992.

Cormack, R. J. , Gallagher, A. M. , Osborne, R. D. & Fisher, N. , Secondary Analysis of DENI Curriculum Survey. Annex F. , Seventeenth Report of the Standing Advisory Commission on Human Rights, House of Commons Paper 54, London, HMSO, 1992.

Cormack, R. J. , Gallagher, A. M. & Osborne, R. D. , Access to grammar schools. Annex E, Seventeenth Report of the Standing Advisory Commission on Human Rights, House of Commons Paper 54, London, HMSO, 1992.

Cormack, R. J. , Gallagher, A. M. & Osborne, R. D. , Fair Enough? Religion and the 1991 Population Census, Belfast, Fair Employment Commission, 1993.

Daniel, T. K. , "Myth and the Militants: a New Look at the Ulster Loyalist",

Political Studies 24, 4, 1976.

Darby, J., "History in the Schools: a Review Article", *Community Forum*, 4 (2), 1974.

Darby, J., *Conflict in Northern Ireland: the Development of a Polarized Community*, Dublin, Gill & Macmillan, 1976.

Darby, J. & Dunn, S., "Segregated Schools: the Research Evidence", in R. D. Osborne, R. J. Cormack & R. L. Miller eds., *Education and Policy in Northern Ireland*, Belfast, Policy Research Institute, 1987.

Darby, J., Murray, D., Batts, D., Dunn, S. & Harris, J., *Education and Community in Northern Ireland: Schools Apart?* Coleraine, The New University of Ulster, 1977.

D' Arcy, J. & Sutherland, A. E., System Inequalities in Curriculum Provision and Educational Attainment in Northern Ireland. Annex C., Fifteenth Report of the Standing Advisory Commission on Human Rights, House of Commons Paper 459, London, HMSO, 1990.

Doob, L. W. and W. J. Foltz, "The Belfast Workshop, an Application of Group Techniques to a Destructive Conflict", *Journal of Conflict Resolution* 17, 3 (1973).

Dunn, S., A Short History of Education in Northern Ireland, 1920 - 1990. Annex B., Fifteenth Report of the Standing Advisory Commission on Human Rights, House of Commons Paper 459, London, HMSO, 1990.

Dunn, S. & Smith, A., Inter - school Links, Coleraine, Centre for the Study of Conflict, 1989.

Dunn, S. Darby, J. & Mullan, K., "Schools Together?" *Coleraine, Centre for the Study of Conflict*, 1984.

Dutter, L. E., "The Netherlands as a Plural Society", *Comparative Political Studies* 10, 4 (1978).

—— "Electoral Competition in Plural Societies: The Case of Northern Ireland", Ph. D. dissertation, University of Rochester, 1974.

Eliott, S., *Northern Ireland Parliamentary Election Results, 1921 - 1972*, Chichester, UK: Political Reference Publications, 1973.

——and J. HICKIE, *Ulster: A Case Study in Conflict Theory*, London: Longman, 1971.

Epstein, D. "Defining Accountability in Education", *British Educational Research Journal* 19, 3 (1993).

Esman, M. J. "Perspectives on Ethnic Conflict in Industrialized Societies", in Esman M. J. ed., *Ethnic Conflict in the Western World. Ithaca*, NY: Cornell Univ. Press, 1977.

Foster, R. F., *Modern Ireland, 1600 – 1972*, London, Allen Lane, 1988.

Fraser, R. M., *Children in Conflict*, Harmondsworth, Pelican, 1974.

Gallagher, A. M., Transfer Pupils at 16, Belfast, Northern Ireland Council for Educational Research, 1988.

Gallagher, A. M., Majority Minority Review 2: Employment, Unemployment and Religion in Northern Ireland, Coleraine, University of Ulster, 1991.

Gallagher, T., "Community Relations in Northern Ireland", in R. Jowell, L. Brook, G. Prior & B. Taylor eds., *British Social Attitudes: the 9th report*, Aldershot, Avebury, 1992.

Harbison, J. F., *The Ulster Unionist Party, 1882 – 1973.* Belfast: Blackstaff, 1973.

Heskin, K., *Northern Ireland: a Psychological Analysis*, Dublin, Gill & Macmillan, 1980.

Heslinga, M. W., *The Irish Border as a Cultural Divide*, Assen, The Netherlands: Van Gorcum, 1962.

Jackson, H., *The Two Irelands – A Dual Study of Inter – Group Tensions*, London: Minority Rights Group, 1971.

Kelly, H., *How Stormont Fell*, Dublin: Gill and Macmillan, 1972.

Knight, J. and N. Baxter – Moore, *Northern Ireland. The Elections of the Twenties*, London: Arthur MacDougall Fund, 1972.

Laver, M., "Strategic Campaign Behavior for Electors and Parties; the Northern Ireland Assembly election of 1973", in J. Budge, J. Crewer, and D. Farlie (eds.), *Party Identification and Beyond, Representation of Voting and Party Competition*, New York: John Wiley, 1976.

——*The Theory and Practice of Party Competition: Ulster 1973 – 1975*, Beverly Hills, CA: Sage, 1976.

—— "Cultural Aspects of Loyalty: on Hirschman and Loyalism in Ulster", *Political Studies* 24, 4 (1976).

Lawrence, R. J., S. ELLIOT, and M. LAVER, *The Northern Ireland General Elections of 1973*, London: Her Majesty's Stationary Office, 1975.

Lee, S., *The Cost of Free Speech*, London, Faber, 1990.

Lijphart, A., *Democracy in Plural Societies, A Comparative Exploration*, New Haven: Yale Univ. Press, 1977.

—— "Political Theories and the Explanation of Ethnic Conflict in the Western world: Falsified Predictions and Plausible Postdictions", in M. J. Esman ed., *Ethnic Conflict in the Western World*, Ithaca. NY: Cornell Univ. Press, 1977.

——*The Politics of Accommodation: Pluralism and Democracy in the Netherlands*, Berkeley: University of California Press, 1975.

—— "Review Article: the Northern Ireland Problem; Cases, Theories, and Solutions", *British J. of Political Science* 5 (1975).

—— "Consociational Demaocracy." *World Politics* 21 (1969).

Magee, J., "The Teaching of Irish History in Irish Schools", *The Northern Teacher*, 10 (1), 1970.

Malone, J., "Schools and Community Relations", *The Northern Teacher*, 11 (1), 1973.

McAllister, I., "Social Influences on Voters and Non - Voters: a Note on Two Northern Ireland Elections", *Political Studies* 24, 4 (1976).

Murray, D. "Rituals and Symbols as Contributors to the Culture of Northern Ireland Primary Schools", *Irish Educational Studies*, 3 (2), 1983.

Murray, D., *Worlds Apart: Segregated Schools in Northern Ireland*, Belfast, Appletree Press, 1985.

Murray, D., "Identity: a Covert Pedagogy in Northern Irish Schools", *Irish Educational Studies*, 5 (2), 1985.

Murray, D., Science and Funding in Northern Ireland Grammar Schools: a Case Study Approach, Annex G., Seventeenth Report of the Standing Advisory Commission on Human Rights, House of Commons Paper 54, London, HMSO, 1992.

Northern Ireland Audit Office, Department of Education: Provision of School Accommodation, Report by the Comptroller and Auditor General for Northern Ireland, House of Commons Paper 689, London, HMSO, 1993.

O' Connor, S. , Reports— "Chocolate Cream Soldiers: Evaluating an Experiment in Non – Sectarian Education in Northern Ireland," *Curriculum Studies*, 12 (3), 1980.

Osborne, R. D & Cormack, R. J. , *Religion, Occupation and Employment, 1971 – 1981*, Belfast, Fair Employment Agency, 1987.

Osborne, R. D. , Gallagher, A. M. & Cormack, R. J. , Review of Aspects of Education in Northern Ireland. Annex H. , Fourteenth Annual Report of the Standing Advisory Commission on Human Rights, London, HMSO, 1989.

Peldg, I. and S. Peleg, "The Ethnic Factor in Politics: the Mobilization Model and the Case of Israel", *Ethnicity* 4, 2 (1977) .

Rabushka, A. and K. A. Shepsle, *Politics in Plural Societies, A Theory of Democratic Instability*, Columbus, OH: Charles E. Merrill, 1972.

Rose, R. , *Northern Ireland, Time of Choice*, Washington: American Enterprise Institute 1976.

——*Governing Without Consensus: An Irish Perspective*, London: Faber and Faber, 1971.

Seliktar, O. and L. E. Dutter, "Israel as a Latent Plural Society", *Ethnicity* (forthcoming) .

Siraj Blatchford, I. & Troyna, B. , "Equal Opportunities Research and Educational Reform: Some Introductory Notes", *British Educational Research Journal*, 19 (3), 1993.

Skilbeck, M. , "The School and Cultural Development", *The Northern Teacher*, 11 (1), 1973.

Spencer, A. E. C. W. , "Arguments for an Integrated School System", in R. D. Osborne, R. J. Cormack & R. L. Miller eds. , *Education and Policy in Northern Ireland*, Belfast, Policy Research Institute, 1987.

Standing Advisory Commission on Human Rights, Religious and Political Discrimination and Equality of Opportunity in Northern Ireland: Report on Fair Employment, London, HMSO, 1987.

Standing Advisory Commission on Human Rights, Fourteenth Report of the Standing Advisory Commission on Human Rights, London, HMSO, 1989.

Standing Advisory Commission on Human Rights, Fifteenth Report of the Standing Advisory Commission on Human Rights, London, HMSO, 1990.

Standing Advisory Commission on Human Rights, Sixteenth Report of the Standing Advisory Commission on Human Rights, London, HMSO, 1991.

Standing Advisory Commission on Human Rights, Seventeenth Report of the Standing Advisory Commission on Human Rights, London, HMSO, 1992.

Swann, Lord, Education For All, Report of the Committee of Inquiry into the Education of Children from Ethnic Minority Groups, House of Commons Paper 9453, London, HMSO, 1985.

Whyte, J., *Interpreting Northern Ireland*, Oxford, Clarendon Press 1990.

Wolfinger, R. E., "The Development and Persistence of Ethnic Voting." Amer. *Political Science Rev.* 59, 4, 1965.